本书为浙江省属高校基本科研业务费项目“数字经济驱动下浙江企业智慧物流体系的构建及其影响研究”(项目编号:19YQ06)的研究成果。

ZHIHUI WULIU YU ZHIHUI GONGYINGLIAN

智慧物流与智慧供应链

杨伶俐 著

ZHEJIANG UNIVERSITY PRESS
浙江大学出版社
杭州

图书在版编目(CIP)数据

智慧物流与智慧供应链 / 杨伶俐著. —杭州：浙江大学出版社，2022.12

ISBN 978-7-308-23370-5

Ⅰ. ①智… Ⅱ. ①杨… Ⅲ. ①物流管理－智能技术－应用②供应链管－理智能技术－应用 Ⅳ. ①F252.1－39

中国版本图书馆 CIP 数据核字(2022)第 239356 号

智慧物流与智慧供应链

杨伶俐 著

策划编辑 曲 静

责任编辑 许艺涛

责任校对 曲 静

封面设计 十木米

出版发行 浙江大学出版社

(杭州市天目山路 148 号 邮政编码 310007)

(网址：http://www.zjupress.com)

排 版 浙江时代出版服务有限公司

印 刷 广东虎彩云印刷有限公司绍兴分公司

开 本 710mm×1000mm 1/16

印 张 13.5

字 数 214 千

版 印 次 2022 年 12 月第 1 版 2022 年 12 月第 1 次印刷

书 号 ISBN 978-7-308-23370-5

定 价 68.00 元

前　言

2020 年新冠疫情席卷全球，全球各国重构商业格局，尤其是在物流以及供应链方面，无论国家，还是企业，转型升级的愿望前所未有地强烈。大数据管理和人工智能操作从前几年的广泛关注转为实际应用。全球经济、贸易、生产以及人民的生活在特殊时期需要通过精准的数据和无人化的高效操作完成。货物信息溯源、智能物流信息共享以及人工智能操作设备频频亮相，预示着人类社会正式进入大数据智慧时代。

物流管理是指在社会再生产过程中，根据物质资料实体流动的规律，应用管理的基本原理和科学方法，对物流活动进行计划、组织、指挥、协调、控制和监督，使各项物流活动实现最佳的协调与配合，以降低物流成本，提高物流效率和经济效益。供应链管理是指使供应链运作达到最优化，在满足一定的客户服务水平的条件下，为了使整个供应链成本达到最小而把供应链上各环节参与者有效地组织在一起进行的产品制造、转运、分销及销售的管理。随着科技的发展，传统物流及供应链管理理念也在发生翻天覆地的变革，以大数据为基础的云计算、物联网、人工智能等新技术逐渐渗入社会生产与生活中。

“智慧”是以增强系统内外的感知量为基础，通过建立万物间的深度关联，自动发现新规律，将感知、认知、决策相结合，建立真正独立操作并自动决策的自制系统。智慧物流是具有感知、分析和思维能力，可进行自主决策的物流形态，是以实现智能、高效、绿色为目标，综合运用物联网、大数据、云计算和人工智能等新技术，通过新模式——物流操作无人化、物流业务数据化、物流流程可视化等，新管理——精准计划、高效组织、全面协调、集中控制等，实现物流需求即时感知、物流数据实时分析、物流方案科学决策和物流任务精准执行的现代综合物流体系。智慧物流中的新技术、新管理、新模式是智慧物流区别于传统物流的主要方面，物联网、大数据、云计算以及人工智能等新技术使得物流的无人化、数据化、可视化成为可能，而物流的无人化、数据化、可视化也使得物流中感知、分析、决策、执行等各环节更加精准高效。不同于传统物流，智慧物流不仅实现了物流自动化，同时在自动化的基础上可以实现即时感知、实时分析、科学决策以及精准执行的物流智能化，进而实现自主学习、自主优化、自主决策的物流智慧化。

以京东、顺丰为领头的物流企业积极探索智慧物流与智慧供应链的改革，正着力面向产业提供全链路的数智化技术服务。2020 年京东发布了《技术重构社会供应链——未来科技趋势白皮书》，该白皮书是京东多年来深耕技术与垂直行业场景的积累成果，更是扎根供应链十余年的厚积薄发。白皮书指出，未来十年，人工智能、物联网、区块链、自主系统、下一代计算是推动数智化社会供应链 5D 属性实现的关键技术。

在新消费时代，企业需要在最短时间内洞悉市场需求，以及为满足不同客户多元化、个性化的需求而提供实时服务。传统物流和供应链体系模式环节复杂，事后控制重于事前精准预测导致生产过剩或市场需求无法满足的两极后果。智慧物流与智慧供应链在传统产品服务的基础上，实现“参数化”产品创新，聚焦跨境金融、在线融资等创新趋势，建立了更全面的产品体系；系统方面，融合大数据和互联网技术，定制方案，按国家政策导向和实体经济需求，定制最贴合行业特征的综合金融解决方案，满足社会生产需求。

企业按敏捷智慧供应链观念组织生产，其独特的订单驱动生产组织方式，在敏捷制造技术支持下，可以最快速度响应客户需求。敏捷智慧供应链增强了对市场反应的灵敏度，经过供应链上多个合作企业的信息共享，可以全方位地对市场情况做出响应。同时，依靠敏捷智慧供应链、动态组织结构和柔性管理技术三个方面的支持，解决了流水线生产方式难以解决的品种单一问题，实现了多产品、小批量的个性化生产，从而满足顾客个性化需求，尽可能扩大市场。数据高度的准确性和强包容性更容易实现智能决策，人机协调是智能决策最好的应用方向，基于大数据的智慧物流强调以大数据应用为技术基础，通过信息系统把人机结合起来以解决复杂庞大的问题，达到系统解决问题效能最佳的状态，提升智慧化水平。在互联网技术创新的不断发展的背景下，无人技术在供应链中得到应用和发展：无人车试水末端配送，无人仓智慧高效运作，无人机助力偏远地区物流。无人技术的背后是一个以需求为导向的供应链智慧化体系，总目标是在提高顾客满意度基础上降低供应链总成本。区块链技术是一种数字化解决方案，可以在全球托运人、货代、运输公司、港口和海关网络中管理和跟踪世界上数百万个集装箱的交易，这一横跨企业智慧供应链和金融活动的创新解决了中小企业融资难的问题，使得智慧供应链中资金和信息的流转更加顺畅。

作为一个从事物流管理与供应链管理的研究者，笔者通过总结国内外知名物流企业大量实践案例，以及以项目调研为基础，撰写了《智慧物流与智慧供应链》一书，希望给涉及此领域工作和研究的相关人员提供一些指导和帮助。本书参阅的大量中外文献，已在参考文献中罗列，如果有疏漏未列入的文献，希望得到作者的指正及谅解。

目　录

第一章 智慧物流与智慧供应链的产生

一、物流产业变革的背景

随着现代科学技术的发展，物流产业作为现代经济的一个重要组成部分和工业进程中经济合理的一个规模模式，正在全球范围内迅速发展。在国际上物流产业被认为是国民经济发展的动脉和基础产业，它的发展程度成为衡量一个国家现代化程度的重要指标，同时它也是流通领域降低成本、提高效率的一个重要源泉。现代物流产业体现了现代生产与管理的特点和技术上的先进性，促使全球物流产业加速产业提升，尽快与经济发展相适应。随着中国宏观战略政策的提出与国民经济的发展，物流产业面临着需求结构的转型升级、城市群战略对物流行业的高标准要求以及贸易全球化发展等变革，这些巨大挑战也成为我国物流产业转型升级的契机。

（一）物流产业与 WTO

2001 年 12 月 11 日，中国正式加入世界贸易组织，成为其第 143 个成员，此举也意味着更深层次的开放和更为激烈的竞争。特别是在现代物流这个最能体现当今社会生产专业化分工和高效运作特点的服务领域中，开放的物流产业市场可引进新的物流服务竞争机制，既可以对我国物流产业增加压力，又可促使其提高物流服务质量，改善国内经济发展的软环境，推进与物流产业相关技术的进步和物流管理水平的提高。这是机遇也是挑战，开放的物流产业市场，会给我国物流产业带来前所未有的冲击，传统流通服务企业若不能提高服务质量、提升服务技术水平，最终将面临被淘汰的危险。反之，积极应对挑战且及时有效根据全球市场需求进行转型升级的物流企业将助力新时代新经济的发展。

(二)物流产业与电子商务

物流产业与电子商务的关系是一种互为条件、互为动力、相互制约的关系。关系处理得当,采取的措施得力,二者可以相互促进,共同加快发展,反之也可能互相牵制。当信息流、资金流和商流在网上通过网络虚拟空间实现时,物流帮助消费者最终实现在确定的时间和地点取到选购的商品。电子商务交易具备物流、信息流和资金流三个基本要素。其中,物流是基础,信息是桥梁,资金是目的。在信息化的电子商务时代,物流与信息流的配合也变得更重要,必须借助现代物流技术。新型物流配送比传统物流方式更容易实现信息化、自动化、现代化、社会化、智能化、简单化,使货畅其流,物尽其用,既减少生产企业库存,加速资金周转,提高物流效率,降低物流成本,又刺激了社会需求,促进经济健康发展。

(三)物流产业与信息技术

信息时代由于企业跨地区跨国界合作的增多,同类企业间的竞争从成本的竞争转向时间的竞争,以及电子商务的普及促进生产方式向多品种小批量化转变。因此,对物流业提出了更加快捷、更加准确灵活以及物流信息共享和提供物流实时状态的要求。电子商务的发展,更是使物流的重要性凸显出来。在电子商务的交易过程中,物流直接服务于最终顾客,其服务水平的高低决定了顾客的满意与否,从而决定了电子商务能否成功实现。物流已成为制约我国电子商务发展的瓶颈。产品质量、物流配送和售后服务无法保障是网上购物最大的问题。传统物流业特别是我国的物流业由于历史的原因,在配送体系、信息网络的建设、技术配置等方面存在很大的上升空间。优化传统物流业的运作模式,建立适应信息时代的新型物流模式,提高物流服务水平,已成为现代物流企业的核心问题。

(四)物流产业与政策

2020 年 7 月 15 日国务院办公厅发布了《关于进一步优化营商环境更好服务市场主体的实施意见》,其中涉及物流、交通、运输等方面的内容有:首先,要精简优化工业产品生产流通等环节管理措施,进一步提高进出口通关效率。推行进出口货物“提前申报”,企业提前办理申报手续,海关在货物运抵海关监管作业场所后即办理货物查验、放行手续。优化进口“两步申报”通关模式，企业进行“概要申报”且海关完成风险排查处置后，即允许企业将货物提离。在符合条件的监管作业场所开展进口货物“船边直提”和出口货物“抵港直装”试点。其次，拓展国际贸易“单一窗口”功能。加快“单一窗口”功能由口岸通关执法向口岸物流、贸易服务等全链条拓展，实现港口、船代、理货等收费标准线上公开、在线查询，除涉密等特殊情况，进出口环节涉及的监管证件原则上都应通过“单一窗口”一口受理，由相关部门在后台分别办理并实施监管，推动实现企业在线缴费、自助打印证件。最后，持续提升纳税服务水平。2020 年底前基本实现增值税专用发票电子化，主要涉税服务事项基本实现网上办理。简化增值税等税收优惠政策申报程序，原则上不再设置审批环节。强化税务、海关、人民银行等部门数据共享，加快出口退税进度，推行无纸化单证备案。

2020 年 10 月，世界银行发布《全球营商环境报告 2020》。报告显示，由于大力推进各项改革议程，中国已连续两年跻身全球营商环境改善幅度最大的十个经济体，排名跃居全球第 31 位，比上年提升 15 位，中国营商环境正在一步步稳步提升中。不过当前国内营商环境还存在行政效率偏低、行政成本较高和企业经营成本尤其是税收负担依然较高等问题。中国政府早在 2019 年就颁布了《优化营商环境条例》，并于 2020 年 1 月 1 日起施行。而《关于进一步优化营商环境更好服务市场主体的实施意见》是在《优化营商环境条例》的基础上将政策制定得更为细化，是促进公平竞争、增强市场活力和经济内生动力、推动高质量发展的重要举措。从该实施意见可以看出，物流、交通、运输行业的从事者将可以享受到更为便捷的政策措施，以此提高工作效率，降低成本。

国家发展改革委会同工业和信息化部、公安部、财政部、自然资源部、交通运输部、农业农村部、商务部、市场监管总局、银保监会、国家铁路局、民航局、国家邮政局、中国国家铁路集团有限公司等 13 个部门和单位联合印发《推动物流业制造业深度融合创新发展实施方案》。该方案指出，到 2025 年，物流业在促进实体经济降本增效、供应链协同、制造业高质量发展等方面作用显著增强。要探索建立符合我国国情的物流业制造业融合发展模式，使制造业供应链协同发展水平大幅提升，精细化、高品质物流服务供给能力明显增强，主要制造业领域物流费用率不断下降；培育形成一批物流业制造业融合发展标杆企业，引领带动物流业制造业融合水平显著提升；初步建立制造业物流成本核算统计体系，对制造业物流成本水平变化的评估监测更加及时准确。在紧扣关键环节，促进物流业制造业融合创新方面，要促进企业主体融合发展，促进设施设备融合发展，促进业务流程融合协同，促进标准规范融合衔接，促进信息资源融合共享。在突出重点领域，提高物流业制造业融合水平方面，此方案针对大宗商品物流、生产物流、消费物流、绿色物流、国际物流、应急物流等均有所涉及。

国务院办公厅发布了《关于以新业态新模式引领新型消费加快发展的意见》，其中主要目标是，经过3—5年努力，促进新型消费发展的体制机制和政策体系更加完善，通过进一步优化新业态新模式引领新型消费发展的环境、进一步提升新型消费产品的供给质量、进一步增强新型消费对扩内需稳就业的支撑。到2025年，培育形成一批新型消费示范城市和领先企业，实物商品网上零售额占社会消费品零售总额比重显著提高，“互联网＋服务”等消费新业态新模式得到普及并趋于成熟。该意见指出，要加力推动线上线下消费有机融合，进一步培育壮大各类消费新业态新模式。建立健全“互联网＋服务”、电子商务公共服务平台，加快社会服务在线对接、线上线下深度融合。进一步支持依托互联网的外卖配送、网约车、即时递送、住宿共享等新业态发展。要推动线上线下融合消费双向提速。加快推广农产品“生鲜电子商务＋冷链宅配”“中央厨房＋食材冷链配送”等服务新模式。推动电子商务、数字服务等企业“走出去”，加快建设国际寄递物流服务体系，统筹推进国际物流供应链建设，开拓国际市场特别是“一带一路”沿线业务，培育一批具有全球资源配置能力的国际一流平台企业和物流供应链企业。充分依托新型消费带动传统商品市场拓展对外贸易、促进区域产业集聚。持续提高通关便利化水平，优化申报流程。鼓励企业以多种形式实现境外本土化经营，降低物流成本，构建营销渠道。要完善商贸流通基础设施网络。建立健全数字化商品流通体系，在新兴城市、重点乡镇和中西部地区加快布局数字化消费网络，降低物流综合成本。提升电商、快递进农村综合水平，推动农村商贸流通转型升级。补齐农产品冷链物流设施短板，加快农产品分拨、包装、预冷等集配装备和分拨仓、前置仓等仓储设施建设。推进快递服务站、智能快件箱（信包箱）、无人售货机、智能垃圾回收机等智能终端设施建设和资源共享。推进供应链创新应用，开展农商互联农产品供应链建设，提升农产品流通现代化水平。鼓励传统流通企业向供应链服务企业转型。

二、物流发展新方向与智慧物流

（一）物流产业转型升级的方向

党的十九大确立了我国经济转型发展的基本战略和方向：我国经济由高速增长转向高质量增长，转变发展方式、优化经济结构、转换增长动力成为重要任务。同时也提出了三个变革的要求：一是构建产业体系；二是实现产业的网络化智能化运作；三是增强需求捕捉力。除此之外，还有提升核心竞争力等。质量变革，我们要提供高质量的产品，提供高质量的服务，同时要有高质量的要素。效率变革，效率在宏观层面是劳动生产率、资本产出率，以及全要素的生产力的提升。在微观层面需要有三个大的变化：一是企业运行方式变化，要挖掘新价值促进企业合作；二是行业运行模式变化，找到增量后要有增量的运作方式操作；三是产业发展生态变化，税收理念及操作制度需重大变革。动力革命，首先要抓住需求结构变化的重大机遇，当前以外需为主导的经济发展逐步向以内需为主导转变。其次要抓住产业结构变化，以产业链和产业集群来满足对物流产业的需求。最后要抓住要素投入结构变化。

三个变革决定了现代化经济体系下物流业自身要转型，是以信息化为核心的物流企业的转型，来构建完善的物流供应链系统，来支撑引领现代产业链，最终使中国产业占据全球价值链中高端。为了实现这一目标，对物流业而言，就是要为高质量发展的品质经济，这里包括品质制造、品质物流、品质流通、品质消费，提供品质物流，并且是以智慧化为核心的智慧物流。国际产业分工格局和贸易环境正发生巨大变化，新一轮科技革命和产业变革在不断加快，国内生产要素成本上升和消费结构升级已成新态势。我国必须加快改变物流产业转型升级路径，着力突破能够有效提升我国国际分工地位和价值链层级的制约产业转型升级的关键环节，加快物流产业向高端化、信息化、集群化、融合化、生态化和国际化方向发展，进一步拓展物流产业引领的延伸产业链，提升价值链，完善供应链发展路径。

在新的经济形势下，物流产业呈现多样化、个性化的特点，物流产业在云计算、大数据、物联网、人工智能等高新技术推动下向智慧化转型。物流产业的智慧化转型升级主要体现在以下几个方面。

1.信息技术助力物流产业转型升级

随着互联网、大数据、云计算、人工智能等新一代信息技术的推广应用，线上线下加快融合，网络货运、智能匹配、数字化服务平台、无人配送等新业态、新模式、新服务层出不穷、日新月异，智能发展、绿色发展成为新时期物流行业的新风向，为物流业转型升级、降本增效插上了腾飞的翅膀。为适应新时期物流业发展的新特点、新趋势，坚持创新驱动、智慧引领，坚持与时俱进、可持续发展，明确提出要加强信息开放共享，加快发展智慧物流，积极发展绿色物流，提高现代供应链发展水平，着力降低物流信息沟通成本和技术成本，着力提高全行业绿色发展水平，降低物流副外部效应和综合环境成本，着力推广现代供应链理念，优化供应链结构，降低系统性成本。先进的物流信息技术将供应链所有成员高效协同运作，实现供应链一体化操作，通过建立统一的信息标准，消除跨部门、跨行业、跨企业之间的信息沟通障碍，为物流产业智慧化发展打下坚实的基础。通过数字服务中心的建设，企业在产品的改善和可视化、生命周期管理、定制化和主动服务方面，挖掘后市场服务价值，从设计前沿开始，通过全流程保障，创新商品的使用价值，实现客户运营价值的最大化。

信息技术在物流行业的应用，能大大降低制造业、物流业等各行业的成本，提高企业的利润，生产商、批发商、零售商三方通过智慧物流相互协作、共享信息，物流企业便能更节省成本。其关键技术诸如物体标识及标识追踪、无线定位等新型信息技术应用，能够有效实现物流的智能调度管理，整合物流核心业务流程，加强物流管理的合理化，降低物流消耗，从而降低物流成本，减少流通费用，增加利润。信息技术将加速当地物流产业的发展，集仓储、运输、配送、信息服务等多种功能于一体，打破行业限制，协调部门利益，实现集约化高效经营，优化社会物流资源配置。同时，将物流企业整合在一起，将过去分散于多处的物流资源进行集中处理，发挥整体优势和规模优势，实现传统物流企业的现代化、专业化和互补性。此外，这些企业还可以共享基础设施、配套服务和信息，降低运营成本和费用支出，获得规模效益。随着RFID技术与传感器网络的普及，物与物的互联互通，将给企业的物流系统、生产系统、采购系统与销售系统的智能融合打下基础，而网络的融合必将产生智慧生产与智慧供应链的融合，企业物流完全智慧地融入企业经营之中，打破工序、流程界限，打造智慧企业（见图 1-1）。

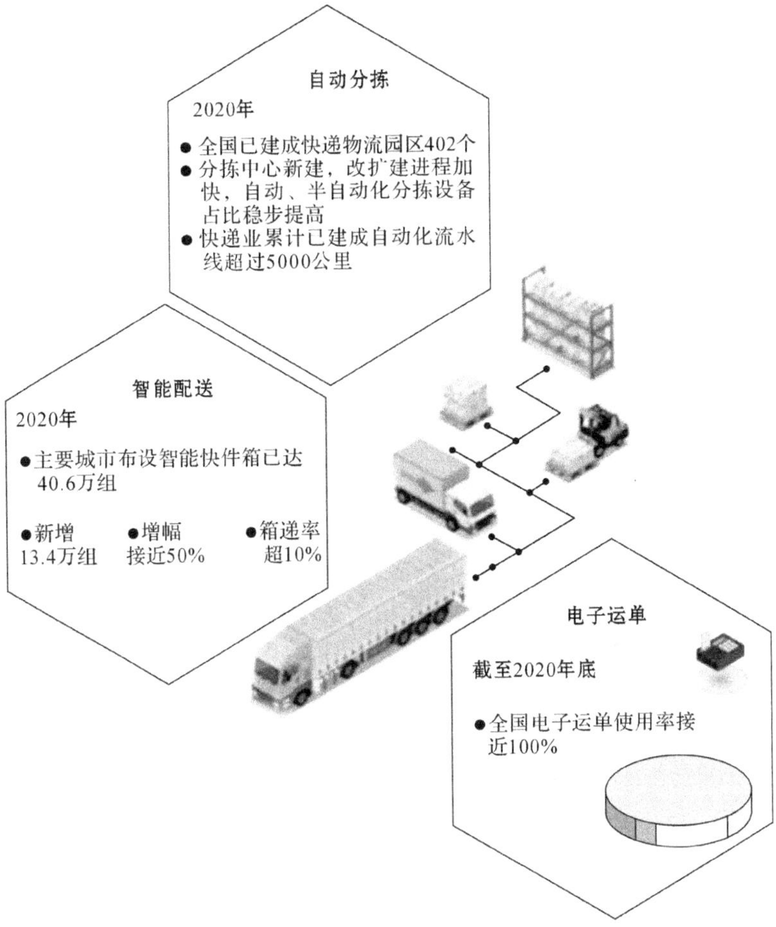

图 1-1 信息技术对物流转型升级的影响数据

2. 数字云平台保障物流产业转型升级

在“互联网＋”的大环境和背景下，生产制造正在产生一系列变革，发起点不再是制造企业，而是最终用户。整个价值链由过去企业推动的模式转变为用户拉动的模式，即一切生产经营的出发点变为最终用户，用户的需求也变得更加个性化、高端化，智能制造已然成为制造业的必由之路。大数据时代的发展，使得市场经济越来越多变，对于物流行业发展来说，是不小的挑战。面对全球化多变的现代市场环境,物流企业逐步结合数字物流,开始打造智能供应链。在提高企业运作效率的基础上,实现真正地降低运营成本,获得更大利润空间。

通过搭建智能仓储和物流系统,构建基于工业云平台的数字化工厂,实时动态监控车间生产及物流信息,实时采集设备数据并上传云端,对云端数据进行分析处理,实现生产环节的数据交换和信息共享,让生产执行管理数字化、过程可视化,实现生产制造过程中的资源配置与优化。根据不同物流企业配送中心的建设目标规划整体方案,自主研发智慧工厂、WMS、WCS等系列软件系统,深度融合各个厂家的ERP、MES等精益化系统软件,把物流嵌入生产环节,实现数据实时交互,构建工厂级智能物流系统解决方案,真正有效地控制并跟踪仓储物流和成本管理全过程,通过数据云平台助力企业实现仓储信息化管理,提升企业的核心竞争力。

3. 智慧物流模式实现物流产业转型升级

党的十九大以来,现代供应链正在成为经济增长的新动能。在《国务院办公厅关于积极推进供应链创新与应用的指导意见》中,用了七次"智慧"、八次"智能",可以体现出智慧经济很受关注。智慧物流的发展和第四次工业革命的出现是密不可分的,所有的创新活动基本都可以围绕这些方面去做一些全新的变革。基于这些新的变革,我们发现近几年物流数字化的转型是最快的。戴尔曾在2018年10月发布了《数字化转型指数II研究报告》,物流是智慧运营发展最快的八个行业之一,可以看出物流业转型的趋势非常明显。智慧物流的发展路径有两条:一是以电商平台为驱动,电商平台驱动了物流数据平台,物流数据平台再驱动全数据的协同和全链条资源的整合。二是以物流企业为驱动,是自下而上的驱动,就是把底层业务通过线上化经营,形成平台化运作,最后给客户提供个性化解决方案。

(二)智慧物流发展的驱动因素

1. 国家大力推进"互联网+物流业"

自2015年以来,国家各级政府机构出台了鼓励物流行业向智能化、智慧化发展的政策,并积极鼓励企业进行物流模式的创新。主要方向包括:一是大力推进"互联网+"物流发展,发挥互联网平台实时、高效、精准的优势,对线下运输车辆、仓储等资源进行合理调配、整合利用，提高物流资源使用效率，实现运输工具和货物的实时跟踪和在线化、可视化管理。如国务院办公厅《关于深入实施“互联网＋流通”行动计划的意见》中提出，鼓励发展分享经济新模式，激发市场主体创业创新活力，鼓励包容企业利用互联网平台优化社会闲置资源配置，扩大社会灵活就业。二是鼓励物流模式创新，重点发展多式联运、共同配送等高效现代化物流模式。商务部《2015 年流通业发展工作要点》中提出，深入推进城市共同配送试点，总结推广试点地区经验，完善城市物流配送服务体系，促进物流园区分拨中心、公共配送中心、末端配送点三级配送网络合理布局，培育一批具有整合资源功能的城市配送综合信息服务平台，推广共同配送、集中配送、网订店取、自助提货柜等新型配送模式。三是加强物流信息化和数据化建设，国务院办公厅《关于推进线上线下互动加快商贸流通创新发展转型升级的意见》中提出，鼓励运用互联网技术大力推进物流标准化，推进信息共享和互联互通；大力发展智慧物流，运用北斗导航、大数据、物联网等技术，构建智能化物流通道网络，建设智能化仓储体系、配送系统。

2.新商业模式涌现，对智慧物流提出要求

近 10 年来，电子商务、新零售、C2M 等各种新型商业模式快速发展，同时消费者需求也从单一化、标准化向差异化、个性化转变。这些变化对物流服务提出了更高的要求。

①电商快速发展，电商带动快递业从 2007 年开始连续 9 年保持 50%左右高速增长，2016 年业务量突破 300 亿件大关，达 313.5 亿件。行业爆发式增长的业务量对物流行业更高的包裹处理效率以及更低的配送成本提出了要求。未来电商将持续高速发展，研究院统计 2022 年全国网络零售额为 13.79万亿元，预计随着零售业的温和复苏，2023 年网络零售额将达到 15 万亿元。2017 年中，阿里巴巴集团董事局主席马云更是提出“一天 10 亿包裹数量，不会超过八年，估计在六七年左右就能实现”。跨境电商快速发展，2020 年保持年均增长 20%，2020 年跨境电商贸易进出口占整体对外贸易的比例由 19.5%上升至 37.6%。②新零售兴起，企业以互联网为依托，通过运用大数据、人工智能等先进技术手段，采用对线上服务、线下体验以及现代物流进行深度融合的零售新模式。这一模式下，企业将产生如利用消费者数据合理优

化库存布局，实现零库存，利用高效网络妥善解决可能产生的逆向物流等诸多智慧物流需求。③C2M兴起，由用户需求驱动生产制造，去除所有中间流通加价环节，直接连接设计师、制造商，为用户提供顶级品质、平民价格、个性且专属的商品。这一模式下，消费者诉求将直达制造商，个性化定制成为潮流，对物流的及时响应、定制化匹配能力提出了更高的要求。

3. 物流运作模式革新，推动智慧物流需求提升

互联网时代下，物流行业与互联网结合，改变了物流行业原有的市场环境与业务流程，推动出现了一批新的物流模式和业态如车货匹配、众包运力等。基础运输条件的完善和信息化的进一步提升，激发了多式联运模式的快速发展。新的运输运作模式正在形成，与之相适应的智慧物流快速增长。一是运力众包，主要服务于同城配市场，兴起于O2O时代，由平台整合各类闲散个人资源，为客户提供即时的同城配送服务。平台的智慧物流挑战包括如何管理运力资源，如何通过距离、配送价格、周边配送员数量等数据分析进行精确订单分配，以期为消费者提供最优质的客户体验。二是多式联运，包括海铁、公铁、铁公机等多类型多式联运方式，多式联运作为一种集约高效的现代化运输组织模式，在“一带一路”倡议的布局实施过程中，迎来了加速发展的重要机遇。由于运输过程中涉及多种运输工具，为实现全程可追溯和系统之间的贯通，信息化的运作显得十分重要。同时新型技术如无线射频、物联网等的应用大大提高了多式联运换装转运的自动化作业水平。

4. 大数据、无人技术等智慧物流相关技术日趋成熟

无人机、机器人与自动化、大数据等已相对成熟，即将商用；可穿戴设备、3D打印、无人卡车、人工智能等技术在未来10年左右将逐步成熟，将广泛应用于仓储、运输、配送、末端等各物流环节。将要或已经实现商用的物流相关技术有：一是仓内技术。主要是机器人技术，包括AGV（自动导引运输车）、无人叉车、货架穿梭车、分拣机器人等，主要用于仓内搬运、上架、分拣操作，可有效提升仓内的操作效率，降低物流成本，如亚马逊在13个分拣中心布局超3万个KIVA机器人。二是“最后一公里”配送。无人机技术，包括干线无人机与配送无人机两类，其中配送无人机研发已较为成熟，主要应用于末端“最后一公里”配送，如京东在2017年“618”期间，已采用无人机在多省市进行农村小件商品配送，完成1000余单配送。三是智慧数据底

盘。大数据分析技术，通过对商流、物流等数据进行收集、分析，主要应用于需求预测、仓储网络、路由优化、设备维修预警等方面，如京东采用数据预测方式，提前洞察消费者需求，并进行预先分仓备货。“最后一公里”中3D打印，干线技术中的无人卡车，以及数据底盘的物联网、人工智能等技术处于研发测试阶段，可分别用于仓内智能分拣、末端产品配送、干线货物运输、产品溯源、决策支持等方面，如在DHL荷兰仓内，员工可根据智能眼镜的图像提示如包裹体积、目的地信息，进行高效分拣。

(三)智慧物流的产生

1. 互联网与智慧物流

随着信息技术的快速发展、国家政策的大力推动以及市场需求的持续拉动，物流信息化得到了越来越广泛的重视与应用，促进着物流产业的智慧升级与发展。物联网、云计算、大数据等全球新一轮科技革命为物流产业转型升级创造了重大机遇。首先，自2015年7月，国务院发布《关于积极推进“互联网+”行动的指导意见》，提出了“互联网+高效物流”等11项重点行动以来，物流的信息化、自动化、智能化成为发展趋势。同时，开展试点示范，探索提高商贸物流信息化水平新路径。如探索智慧物流配送体系，以“互联网+”的理念来指导物流信息化发展；开展农产品冷链物流试点示范；积极推广集中配送、统一配送、共同配送、仓储一体化等先进的物流配送服务模式等。其次，物联网、云计算、大数据等新型技术在物流业得到了广泛的应用，货物跟踪定位、RFID、电子数据交换、可视化技术、移动信息技术、智能交通及定位服务等先进信息技术在物流行业的应用成效显著。其中，物联网正与物流业深度融合，从技术、模式、空间等诸多方面改变了传统物流的运作方式，提高了行业的效率水平。据悉，目前众多行业都以信息互联、设施互联带动了物流的互联，大量的托盘、集装箱、仓库等连接物联网。车联网技术从传统车辆定位向车队管理、车辆维修、智能调度、金融服务等方向延伸。在物流领域，大数据帮助快递企业预测运力需求，缓解“双十一”等特殊时期的爆仓问题。大数据具有多种应用场景，包括个性化、精准化的运力匹配、智能车队管理、高效的多式联运、服务区域经济决策等。未来数据的采集和应用都需要进行动态的分析与优化，同时应用智能化学习记忆的方

(3)工业生产物流系统和商业配送物流系统

根据业务性质可将物流系统分为工业生产物流系统和商业配送物流系统。工业生产物流系统服务于生产，对工厂内部的原材料、半成品、成品及零部件等进行存储和输送，侧重于物流与生产的对接。商业配送物流系统为商品流通提供存储、分拣、配送服务，使商品能够及时到达指定地点，侧重于连接工厂、贸易商和消费者。

(4)智能物流装备产业链

智能物流装备产业链分为上游、中游、下游三个部分。上游为智能物流装备行业和物流软件行业，分别提供物流硬件装备(输送机、分拣机、AGV、堆垛机、穿梭车、叉车等)和相应的物流信息软件系统(WMS、WCS系统等)；中游是智能物流系统集成商，根据行业的应用特点使用多种物流装备和物流软件，设计建造物流系统；下游是应用智能物流系统的各个行业，智能物流系统在烟草、医药、汽车、电商、快递、冷链、工程机械等诸多行业都有应用(见图1-4)。

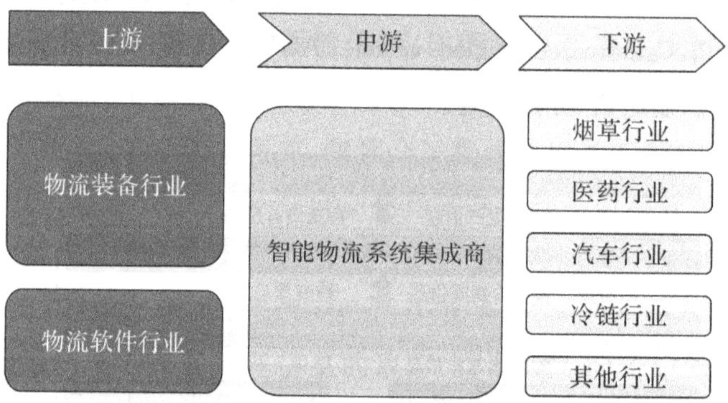

图1-4 智能物流产业链

资料来源：天星资本研究所。

(5)智能物流装备兴起是智慧物流发展的基础

①智能物流技术设备与工业4.0

“中国制造2025”的实施意味着中国版工业4.0即将来临。工业4.0时代，客户需求高度个性化、碎片化，产品研发和生产周期缩短，这不仅是智能生产需要面对的问题，也对支撑生产的物流体系提出了巨大挑战。智能物流系统在标准化、自动化的基础上，集成传感器、互联网、物联网进行信息化，实现物与物、物与人的互联，利用大数据、云计算、人工智能等技术充分提高物流效率，使供给方及时获取信息、迅速做出反应，需求方快速获得所需产品与服务。智能物流是连接供应、生产和客户的纽带，是工业 4.0 不可或缺的组成部分。

②智能物流技术设备与物流效率

中国社会物流费用偏高，有产业结构、流通管理体制、企业管理模式等多方面的原因。采用先进的物流技术和装备，提升物流系统的自动化、信息化和智能化水平是提高物流效率的重要手段。国外很多企业自动化程度超过 90%。我国企业物流自动化普及率低，且行业分化严重，已经实施或者部分实施信息化的物流企业仅占 39%，全面信息化的企业仅占 10%。采用智能物流系统提升物流效率是大势所趋。

③智能物流技术设备与经济新常态及产业升级

随着经济进入新常态，人工、土地、仓储租金成本大幅上升，采用先进的物流技术与装备的成本优势逐渐显现。以自动化立体库为例，以人工成本 6.5 万元/年、土地成本 100 万元/亩计，自动化立体库前期投资已经低于传统仓库，单位面积的存储量是传统仓库的 5～10 倍，占地面积只有 40%～70%。存储同样吨位的货物，节约 2/3 以上的人力，同时，还可以降低劳动强度、提高劳动效率。

国际经验表明，人工成本上升，经济增速放缓，靠降低成本或扩大销售难以获得利润时，物流自动化、智能化降本增效的作用将使物流业作为“第三利润源”战略地位凸显，这将促进先进物流装备市场扩大。随着国内企业发展壮大，对物资管理水平、物流效率提出了更高要求。在“中国制造 2025”全面推进的背景下，产业转型升级同样需要物流自动化、智能化技术的支持。

④智能物流技术设备与电子商务发展

中国快递业务量从 2015 年的 207 亿件迅猛增长至 2020 年的 800 亿件，6 年时间增长 4 倍，年均复合增长率达到 42.76%，最高日处理量超过 6.75 亿件。自 2014 年起超越美国，跃居世界第一位。快递市场发展迅猛对仓储、分拣、配送效率和准确性均提出了更高要求。国内快递业以人工分拣为主，自动化分拣率低于 5%，对自动化输送和分拣设备、自动化立体库需求空间很大。快递企业获得融资之后增加资本开支，加强仓储物流系统建设，提升配送服务水平。

我国电子商务发展势头同样惊人。根据国家统计局发布的数据显示，2015—2020年我国网络购物交易规模呈现连续增长趋势，虽然2017年后交易规模增长幅度逐渐减小，但增速仍然在10%以上。2020年在疫情影响的背景下，网购的便捷性更加显现，使得我国网络购物市场规模仍然保持增长，达到了11.76万亿元，同比增长10.6%（见图1-5）。电子商务更大一部分比重来自企业B2B，占比71.7%。电子商务交易闭环的完成依赖线下物流配送，物流配送的质量直接影响用户体验，高效、准确的物流配送已成为电子商务企业的核心竞争力。电子商务企业为了提升市场份额，纷纷斥巨资自建物流体系，带动了对智能物流装备的需求。

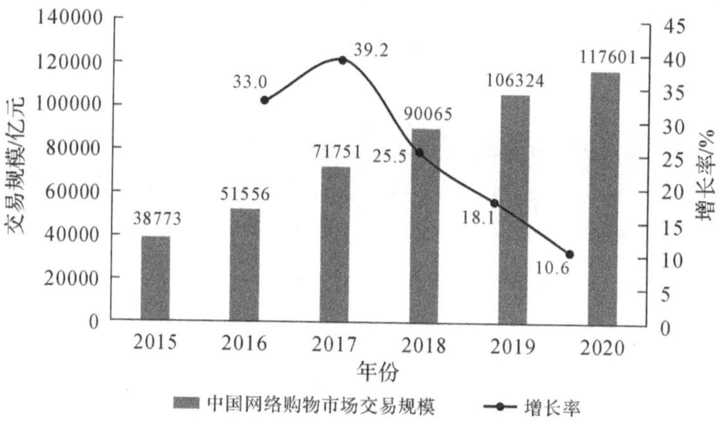

图1-5 2015—2020年中国网络购物市场交易规模统计及增长情况

从网络购物的占比情况来看，2019年我国社会消费品零售总额达到40.80万亿元，其中网络零售额达10.63万亿元，同比增长18.05%，在社会消费品零售总额中的占比为25.83%。2020年受疫情影响，社会消费品零售总额有所下降，为39.20万亿元，同比下降3.9%。但疫情推动了网络购物的需求，使得网络零售额实现了较快增长，2020年共有市场规模11.76万亿元，同比增长10.6%，渗透率占比增长到了30%（见图1-6）。

（四）国内外企业智能物流技术对比

具备整体工程设计、集成能力的国际知名企业主要来自欧洲、美国和日本，这类企业规模较大，具有先进的技术、丰富的产品线和多年积累的项目

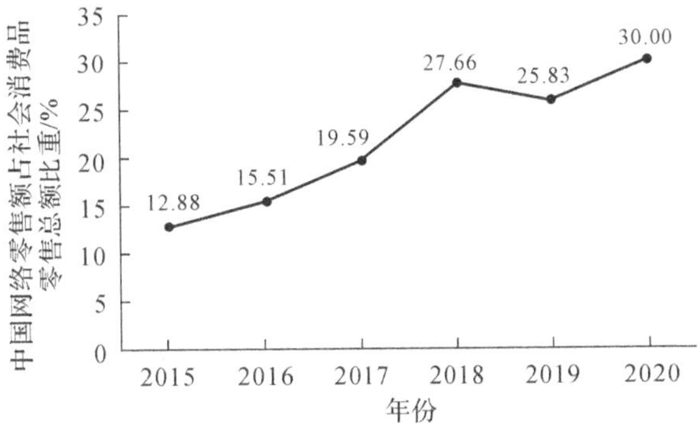

图 1-6　中国网络零售额占社会消费品零售总额比重变化情况

经验，在中国占据约 2/3 的市场份额，其优势在高端市场尤其明显。代表性的企业主要有胜斐迩（SHAEFER）、大福（DAIFUKU）、德马泰克（DEMATIC）、瑞仕格（Swisslog）、范德兰德（Vanderlande Industries）、TGW 物流集团等（见表 1-1）。

表 1-1　国际知名物流自动化系统集成商分析

公司名称	自身定位	主要产品和技术性能	客户对象与应用领域	定价能力
胜斐迩（SHAEFER）	整体解决方案供应商和优质产品系统的组件制造商	货架系统和轻型货架系统、运输和仓储周转箱、物流系统、车间设备，为客户提供增值服务和解决方案	汽车制造、制动系统、食品生产以及电气传动等行业	价格水平高、定价能力强
大福（DAIFUKU）	大型的综合物流系统集合商	将仓储、搬运、分拣和管理等多种技术总和为最佳、最理想的物流搬运系统	汽车生产自动化、基础制造业、流通业、半导体、液晶制造业、机场行李搬运业以及自动洗车机、保龄球、社会福利及环保设施的制造、销售及相关售后服务业	价格水平高、定价能力强
德马泰克（DEMATIC）	大型的综合物流系统集成商	主要生产储存与缓存商品、分拣系统	服装、电子商务、食品饮料、家居产品、保健品、电子制造以及机械零部件生产行业	价格水平高、定价能力强

续表

公司名称	自身定位	主要产品和技术性能	客户对象与应用领域	定价能力
范德兰工业(Vanderlande Industries)	输送分拣物流系统集成商	仓库自动化、包裹及邮政、行李处理产品	食品、时尚、零部件制造、汽车、医药、电子商务以及机场等行业	价格水平高、定价能力强
TGW物流集团	输送分拣物流系统集成商	存储和检索系统、纸箱和周转箱送机系统、托盘输送系统、定制的物流解决方案以及仓库管理软件	服装配送、食品杂货零售、电子商务、食品处理、饮料配送、制造、汽车、图书馆和出版社、制药以及其他行业	价格水平高、定价能力强
英特诺(INTERROLL)	综合零部件提供商	易于集成的驱动解决方案,如电动辊筒	仓储、配送、机场、工业制造、快递、食品及饮料行业	价格水平高、定价能力强

资料来源:天星资本研究所。

国内已经基本形成了完整的物流装备产业链,发展了一批具有较强研发设计能力以及系统集成能力的企业。国内物流装备技术的发展已经从相对粗放阶段逐步过渡到基本技术的普及和产品系列化阶段。和国外一流企业相比,国内企业总体在技术、规模、经验等方面存在一定差距,在市场中处于较分散的状态。国内企业通过高性价比的产品和本土化服务与国外企业竞争,对国外企业造成了一定的冲击(见表 1-2)。优势企业的产品质量已经达到或接近国际先进水平。未来国内企业在研发能力、精益制造、项目经验上还需要提升。与国际一流企业合作是吸取先进经验、实现快速成长的有效途径之一。国内具有代表性的企业主要有昆船物流、今天国际、北京起重运输机械设计研究院等。

表 1-2 国内外物流自动化系统集成商优势对比

企业类别	优势	劣势
国外物流体系综合解决方案	1. 产品技术水平高	1. 价格高
	2. 产品质量好	2. 实施周期长
	3. 行业经验较丰富	3. 服务维护成本高
	4. 品牌知名度高	4. 服务器响应速度较慢

续表

企业类别	优势	劣势
国内物流系统综合解决方案提供商	1. 价格占据优势	1. 品牌知名度较低
	2. 熟悉国情，具有本地优势，便于与顾客沟通	2. 技术积累不足
	3. 售后成本低	3. 规模小、资金不足
	4. 服务响应及时	

资料来源：天星资本研究所。

(五)智能物流技术设备在智慧仓储中的应用

自动化立体仓库是现代工业生产和物流配送的重要组成部分，与传统平库相比，其单位面积存储空间更大，存储和输送效率更高。截至 2014 年底，我国累计建成自动化立体仓库约 2500 座，并以每年 400 座左右的速度增长，仓库规模也在逐步扩大。截至 2014 年，日本拥有自动化立体库 3.8 万座，美国 2 万多座，德国 1 万多座，英国 4000 多座，相比之下中国的发展空间还很大。目前自动化立体库主要用于烟草、医药、汽车、连锁零售等领域(见表 1-3)。2013 年烟草、医药、汽车行业仓储自动化普及率分别为 45%、42%、38%，中国全国平均水平为 20%(见图 1-7)，发达国家为 80%。2015 年自动化立体库的市场规模约为 121.66 亿元，增长率约为 20%；2018 年市场规模已达到 210.22 亿元，年复合增长率约为 20%。

表 1-3 各行业主要自动化立体库供应商

行业	国内设备供应商	国外设备供应商
烟草	昆船物流、山东兰剑、今天国际等	德马泰克、瑞仕格
医药	北起院	日本冈村、日本大福
零售	北起院	德马泰克
机械	北京高科、东杰智能	日本大福
汽车	北京高科	日本大福、德马泰克
食品饮料	北起院、英洛华	德马泰克

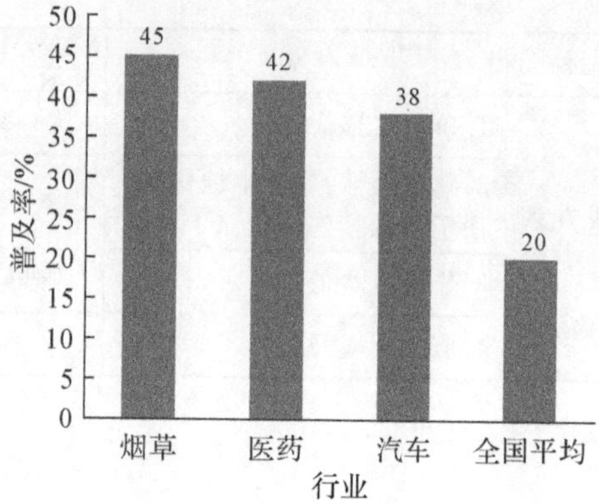

图 1-7　2013 年中国自动化仓储系统普及率

输送分拣设备是智能物流的核心装备之一。电子商务和快递企业需要高性能的输送分拣设备处理数量巨大的包裹，制造业同样需要大量输送分拣设备。现阶段我国分拣作业自动化水平较低。输送分拣设备需要兼顾快速分拣和高准确度，先进的交叉带分拣设备每小时处理物品 1.6 万件，错误率在 0.1%。输送设备技术水平要求不高，我国已有相对专业的制造企业。2014 年自动输送机市场规模 116 亿元，以 30% 增速计，2018 年达到 255 亿元。国内分拣设备与国外有一定差距，但是价格低于进口产品，能满足国内大部分分拣需求。我国分拣设备制造企业主要有中国邮政集团下属上海邮政通用技术设备公司、中邮科技公司、上海邮政科学研究院、昆船物流、新松机器人等。中邮系代表了国内一流水平。2014 年自动分拣系统市场规模约 50 亿元，以每年 30% 的增速测算，2018 年的市场规模约 142 亿元。

2015 年国内活跃的 AGV 机器人厂商约 60 家，新增销量 4280 台，同比增长 34%（见图 1-8）。新增需求主要来自汽车、电商、3C、烟草。新增销量中 AGV 占比 51%，AGC（automated guided cart，可以认为是简化版的 AGV）占比 45%，激光叉车占比 4%（见图 1-9）。外国企业对中国 AGV 市场不够重视给了国内企业抢占先机的机会，国产品牌占据的市场份额超过 80%。国内 AGV 厂商有各自擅长的领域，优势在于高性价比和个性化服务。高端激光引导 AGV 售价约 100 万元，高昂的成本直接影响其推广和应用。新松机器人、昆船集团、机科股份和国外厂商占据高端市场，国内一流企业与国际先进企业技术差距不大。低端 AGV 和 AGC 售价在 10 万元以下，市场增长迅速，但是产品同质化和价格战导致利润不断下降，平均毛利率低于20%。

我国物流业机器人化处于起步阶段。传统制造企业进行升级改造，机器人换人不可避免。汽车制造、家电、造纸、医疗、印刷、食品、化工、军事等行业的AGV需求呈现旺盛增长趋势。未来电网巡检、码头装卸、电商分拣系统AGV等的需求将会扩大。2015年国内AGV市场规模约5亿元，2016年约7.5亿元，2017年约11.25亿元，长远来看AGV的发展空间还很大。

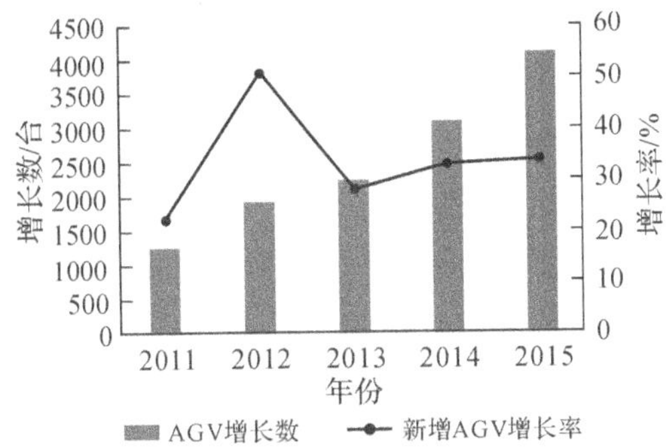

图1-8　2011—2015年新增AGV数量

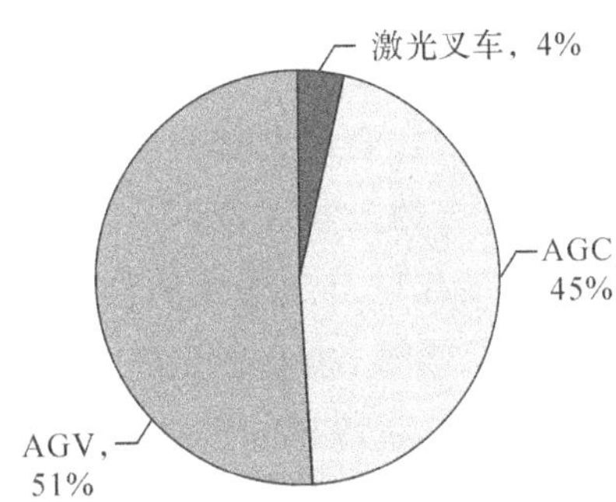

图1-9　2015年中国AGV销量占比

三、智慧供应链产生的背景

1985年，迈克尔·波特提出了"价值链"的理论框架，成为供应链产生的前奏。1996年，詹姆斯P.沃麦克和丹尼尔T.琼斯结合美、德、日的案例，引出"供应链"以及"销售链"的概念，成为供应链的雏形。20世纪末，随着生产力的进一步发展，客户消费水平不断提高，企业的竞争不断加剧，加上政治、社会环境、经济等因素的巨大变化，市场需求日益多元化，市场的不确定性也在加强。传统的经营模式已不再适合当前的经济发展趋势，其为供应链的产生提供了机会。科技的进步提供了先进的管理，为供应链的发展提供了技术支撑。随着人们对供应链的认识逐步深入，2006年，我国将供应链简化为：生产及流通过程中，涉及将产品或服务提供给最终用户所形成的网链结构。

当前，全球经济已进入供应链时代，企业与企业之间的竞争开始转化为企业所处的供应链与供应链之间的竞争。在智能制造环境下，打造高效的供应链，是制造企业在市场竞争中获得优势的关键。随着新一代物联网技术的广泛采用，尤其是人工智能、工业机器人、云计算等技术迅速发展，商流、信息流、资金流和物流等“四流”得以高效连接，传统供应链进而发展到智能供应链新阶段。智能供应链与生产制造企业的生产系统相连接，通过供应链服务提供智能虚拟仓库和精准物流配送，生产企业可以专注于制造，不再需要实体仓库，这将根本改变制造业的运作流程，提高管理和生产效率。

（一）智慧供应链的概念与特点

智慧供应链这一概念由复旦大学罗钢博士后在2009年上海市信息化与工业化融合会议上首先提出，指通过将物联网技术与现代供应链管理理论有效结合的方法和技术，在企业内部和企业间形成一套成熟的智能化、数字化、自动化以及网络化的技术与管理综合集成系统。最终实现供应链中资金流、信息流、物流的无缝对接，提高现代供应链在各类风险事件中的应对抵抗能力，消除不对称信息因子对供应链中各成员的影响，从根本上提升企业内外部供应链的运作效率。与传统供应链相比，智慧供应链具有以下特点。

1. 技术的渗透性更强：智慧供应链管理和运营者会主动且系统地吸收包括物联网、互联网、人工智能等在内的各种现代技术，供应链全套管理过程引入新技术，并在此基础上实现技术创新从而优化供应链管理全过程。

2. 可视化、移动化特征明显：在云计算、大数据以及人工智能等以新一代信息化技术为支撑的智慧供应链在数据信息的传递以及呈现上表现出即时性、移动性和智能性等特点，在访问数据呈现上也以图片、视频及VR等可视化方式为主。

3. 沟通效率高：在主动吸收物联网、互联网、人工智能等技术的同时，智慧供应链更加系统地考虑问题，考虑人机系统的协调性，实现人性化的技术和管理系统，同时通过网络信息化技术完成各类信息更强的整合与共享，供应链上下游各企业之间沟通便捷，在增加供应链延展性的同时提高供应链信息在各层级的有效传递。

（二）打造智慧供应链的意义与价值

1. 保证供应链高质量发展。传统供应链上下游和企业的沟通产生于直接供需关系的企业，不同企业采用的运营标准及信息沟通模式不同，往往导致供应链上信息无法实现全链的整合与共享。当前中国经济进入高质量发展时期，智慧供应链能够帮助打造创新、高效、绿色的供应链，在各行各业实现供应链的高质量发展，为经济提质增效贡献力量。

2. 推动新兴技术的应用。在传统供应链系统中，由于供应链上下游企业存在相对的信息流动性弱、共享性和流通性不强、操作可视化程度低，各企业不能对整个供应链系统的状况做到了解从而做出合适的判断与决定。全球科技正在向智能化方向发展，供应链的智慧化、智能化发展能够为新兴技术的应用提供新的场景驱动，提高供应链各企业之间信息传达的一致性与合作的协作性，保证供应链上企业之间建立良好稳定的合作关系，提高供应链系统整体运作效率的竞争性。

3. 顺应产业发展方向。从产业发展层面来看，国家及各省市在大力发展现代服务业，并积极推进先进制造业和现代服务业融合发展，智慧供应链依托互联网、工业互联网、云计算等信息技术，能为广泛的制造业供应链带来变革与创新，发展智慧供应链有助于推进“两业融合”。

4. 实现供应链全球化管理。供应链智慧化的发展有助于实现供应链系统全球化拓展和管控，在互联网技术和科技发展的助力下有效避免全球化导致的信息流通不顺畅以及运作效率低下等问题。智慧供应链的高效性、共享性以及可视化的特点有助于信息流在供应链各环节高效流通，减少成员之间信息交换的阻碍，最终实现供应链全球化管理。

(三)智慧供应链技术

1. 感知技术。感知技术主要包括硬件技术和识别技术，其中硬件技术主要是指提供外部功能的电子机械设备和提供计算能力的电子设备；识别技术以 RFID 为代表，主要实现对物联网中物体标识和位置信息的获取，感知技术的使用，使得智慧供应链能更加有效地运行。

2. 可视化技术。可视化一词源于英文 visualization，词义是：将不可见的、不能表达的或抽象的一些东西转变为可以看到的或者大脑可以想象的图形图像。早在 20 世纪初，人们已经将表格和统计图等原始的可视化技术应用到科学数据分析中。1986 年 10 月，在美国国家科学基金会的图形、图像处理和工作站讨论会上，提出了科学计算可视化概念，从此可视化技术被正式提出。现代可视化技术的概念更为宽泛，指的是以计算机图形技术为基础，通过计算机生成对人体视觉刺激的图像，以便于人们接受、理解原始数据、信息的技术方法。它作为一门交叉学科，涵盖了许多研究领域，包括：计算机图形学、计算机视觉、计算机辅助设计、几何学、感知心理学和人机交互等。

3. 导航定位技术。导航定位技术是20世纪出现的最有价值的电子信息技术之一。以GPS技术、GIS技术为代表的导航定位技术不仅在军事领域具有非常重要的应用价值，而且它所提供的精确、廉价的导航定位与授时能力在大地测量、气象与地震预报、飞机/船舶/车辆导航、城市交通管理、公共安全、搜索救援、精细农业、精确授时等领域展现出广泛的应用前景。值得指出的是，随着移动通信技术、互联网技术的普及以及物流"智慧供应链"的发展，导航定位系统必将成为物流"智慧供应链"中的重要组成部分。

4. 物联网技术。物联网的定义是在互联网技术的基础上，利用感知手段将物的属性转化为信息，在相关标准规范的约束下，通过传输介质进行物与物之间的控制与管理的一种网络。在这个网络中，物品能够彼此进行"交流"，而无需人的干预，其实质是利用包括射频识别技术(RFID)、传感器技术、纳米技术、智能嵌入技术等，通过信息传感设备，按约定的协议，把任何物品与因特网相连接，在因特网基础上延伸的一种网络，其用户端扩展到任何物品之间，进行信息交换和通信，以实现智能化识别、定位、跟踪、监控和管理。

5. 云计算与智慧供应链。云计算(cloud computing)是基于互联网的相关服务的增加、使用和交付模式，通常涉及通过互联网来提供动态易扩展且经常是虚拟化的资源。云是网络、互联网的一种比喻说法。过去在图中往往用云来表示电信网，后来也用来表示互联网和底层基础设施的抽象化。因此，云计算具有每秒10万亿次的运算能力，这样强大的运算能力可以模拟核爆炸、预测气候变化和市场发展趋势。用户通过电脑、笔记本、手机等方式接入数据中心，按自己的需求进行运算。

6. 大数据。巨量资料，指的是所涉及的资料量规模巨大到无法通过目前主流软件工具，在合理时间内达到撷取、管理、处理，并整理成为帮助企业经营决策更积极的目的的资讯。

四、智慧供应链的发展

(一)供应链前端未来改造空间巨大

以品牌商为中心，前向供应链包含了设计、原材料及生产制造三种职能，后向则是分销/批发、零售、广告营销和消费者触达。后向供应链互联网化已经成熟，而前向才刚刚开始。目前企业的精力通常集中在靠近消费者的后端，对前端的智能化升级投入不够。未来产品设计与开发、供应商合规、原材料采购、工厂采购与生产控制、配送中心与货运代理、批发、增值服务等都是数字化的潜在空间。

(二)数字化供应链的主要特征：敏捷、弹性、智慧

移动互联网驱使制造商生产的款式越来越多，每一个最小库存单位(stock keeping unit, SKU)之下货品数量变少，需求碎片化使得生产也变得碎片化，这要求供应链灵活程度必须提高。敏捷的供应链可以快速研发、生产、补货并及时配送。传统供应链开发一个系列的产品可能需要8个月乃至12个月，仅概念形成就要2个月到5个月，确定面料又需要1个月，而数字化手段可以把研发周期缩短到1个星期。

弹性则指让供应链随需而动，批量可大可小，根据需求自由切换。现在，全渠道经营的品牌商越来越多，供应链需适应电商和线下销售两套不同的节奏。全渠道供应链效率提升手段包括减少最低订货要求，开放生产地选择，未雨绸缪，进行策略性的原料采购和预订。

(三)商品设计和企划的重要性

正如前面提到的，前端供应链的效率正在变得越来越重要，因此企业要关注在企划、生产和物流等节点上如何控制成本。新品满足市场需求的程度越高、开发速度越快，能让库存造成的损失越小，销售机会越多。在生产方面，应综合考量零部件的通用性、原材料是否可得、生产工艺是否成熟及易于生产。在物流方面，要注意包装材料是什么、是否足够节约空间、是否便于运输、破损率有多高。智慧供应链是在传统供应链的基础上将技术和

管理进行结合，将智能技术和管理系统协同综合集成理论、方法与技术，成为系统地指导现代供应链管理与运营的实践。如何构建智慧供应链，既是机遇，也是挑战。

五、典型案例

京东 X/Y 事业部

2016 年 3 月 2 日，京东 Y 事业部首次发布了京东的智慧供应链战略。Y 事业部于 2016 年 11 月 24 日宣告成立，致力于用大数据和人工智能技术打造智慧供应链。京东希望，在 2017 年底，核心品类中实现 80% 以上的商品自动补货，日常价格(促销价除外)调整的 80% 以上由系统自动处理。京东的智慧供应链平台将对外开放，将有百家企业接入这个系统当中。此外，京东还宣布成立“京东供应链学院”，希望在 3 年内，让京东成为中国拥有最多专业零售供应链人才的企业。

Y 事业部的核心也就是智能商业预测系统。具体过程为：首先，通过消费者画像的大数据积累，通过随机森林的算法来对机器进行训练，让机器能够自主地预测消费者对商品的需求，包括商品的种类，会在什么地方消费，能接受什么价格等各种因素。其次，机器给出一个订单的预测值，再找京东的供应商下单，京东的供应商自己完成订单后，会输送到京东相应的仓库中。这样，消费者需要的物品就能出现在他所在的城市里，配送到相应的仓库当中。

京东商城副总裁、Y 事业部负责人于永利认为，智能预测是智慧供应链的核心，可以说是供应链的大脑。在京东的零售体系当中，智能预测主要用于自动补货和动态定价。在智能预测系统当中，京东通过累积的消费者需求大数据、零售经验，通过人工智能预测消费者的需求：消费者想要什么样的商品、能接受什么样的价格、消费者分布在什么地方。然后，整个系统会针对消费者的需求帮助采销人员制订相应的采购、销售计划。之后，按照销售计划进行商品的调配。

这里要解决两个问题：一是京东目前有 1.2 万家供应商，用户需求的商品，应该与哪家供应商对接、单量多少，系统会给出一个预测的方案。二是库存的问题,也就是说商品应该放到哪里。京东目前有北京、上海等 7 个物流中心,300 个仓库,结合京东的仓配网络,系统会预测消费者需要的商品应该放到哪个仓库最为合适,以便配送调拨。

京东 Y 事业部的业绩显示,在 2017 年实现 80% 商品的自动补货和动态定价推荐(促销除外)。具体来说,2017 年 Y 事业部重点发力系统自动补货这方面的应用。在消费品、服饰家居、大家电、3C 数码等 4 个品类,自动补货系统将覆盖 80% 以上的采购场景。2017 年底,消费品和服饰家居 2 个品类,无人监管的全自动化采购订单占比 52.3% 以上。与此同时,Y 事业部将推动自动定价在京东全部品类的长尾商品的应用,在年底实现日常的非促销价格调整 80% 以上可以由系统自动处理。"长尾"这一概念是由美国《连线》杂志主编克里斯・安德森在 2004 年提出的。具体到零售领域,长尾商品是指那些需求不旺或销量不佳的产品,比如《全唐诗》《文心雕龙》这种图书,单一的 SKU 销量不会很高,偶尔会有人买一本,但是由于这类的长尾商品数量很多,加起来的销量又会很可观。长尾理论在图书、音像、软件下载等方面很适用。

智能补货是京东 Y 事业部在 2017 年发力的重点。于永利曾经介绍过智能补货的流程:整个库存从买到进到补到出,整个过程全部自动化,就是说用数据人工智能控制这个过程,可以保障京东 PO(Purchase Order,采购单)50% 自动化。机器会自己下单给供应商,供应商拿到订单后给京东配送,其最核心能力就是补货的能力。如放 10 个满足 10 个人,10 个买走再补 10 个,补多少机器在算,算完之后再去下单。300 万商品,用机器下单,自己去采,自己入仓,自己上架。据京东商城战略部高级经理刘蓉蓉介绍,图书是京东最早推行智能补货的商品。从 2012 年开始,京东在图书这个品类就开启了自动化补货。2011 年时,京东图书有 40 万 SKU,负责采购补货的人员有十三四个,采取手工补货的方式,现货率为 80%。目前,京东有 300 多万 SKU,其中图书有 270 万 SKU,采购人数保持不变,现货率却提高到 95%。于永利表示,在图书这个品类上已经实现了 100% 的自动化补货。在 2016 年的"618 大促"中,京东与某战略供应商通过联合开展了销量预测及促销计划,供货满足率从 60% 提高至 87%,京东商城的"产品有货率"从 78% 提高至 90%。据京东 Y 事业部产品经理高恩重介绍,从 2016 年开始,京东在自动化的基础上,加上了人工智能技术,用于智能补货、动态定价。此前，京东 CEO 刘强东表示，要用自动化和人工智能重塑京东。自动化是指预先编程好，采购什么 SKU、数量及相应的供应商，然后进行采购。人工智能则在大数据的基础上，让机器自主学习，对采销、定价进行智能化的预测。相比于自动化，加入人工智能之后，可以考虑更繁多的因素，预测的准确度更高，并且能在更大程度上解放人力。传统方式下，京东根据某一个图书 SKU 在过去 28 天的销量走势，人工计算预测此后 28 天的销量，并给京东的采销人员参考。使用人工智能之后，京东可以根据该 SKU 在过去 28 天的销量走势，预测此后 28 天的销量。

根据不同品类，会参考不同周期的历史销量，有的会追溯 28 天，有的是 64 天，有的是 180 天。除了自动补货，智能预测的另一个重要应用是动态定价。在零售领域，如何及时地安排合理的价格会在很大程度上影响销量，并进一步影响库存的周转。

第二章　传统物流如何升级实现智慧化

一、智慧物流标准化体系建设

（一）智慧物流理念的产生

物流是在空间、时间变化中的商品等物质资料的动态状态。因此，很大程度上物流管理是对商品、资料的空间信息和属性信息的管理。在以物联网为基础的智能物流技术流程中，智能终端利用射频识别（RFID）技术、红外感应、激光扫描等传感技术获取商品的各种属性信息，再通过通信手段传递到智能数据中心，对数据进行集中统计、分析、管理、共享、利用，从而为物流管理甚至是整体商业经营提供决策支持。IBM 于 2009 年提出建立一个面向未来的具有先进、互联和智能三大特征的供应链，通过感应器、RFID 标签、制动器、GPS 和其他设备及系统生成实时信息的“智慧供应链”概念，紧接着“智慧物流”的概念由此衍生而出。中国物联网校企联盟认为，智慧物流是利用集成智能化技术，使物流系统能模仿人的智能，具有思维、感知、学习、推理判断和自行解决物流中某些问题的能力，即在流通过程中获取信息从而分析信息做出决策，使商品从源头开始就被实施跟踪与管理，实现信息流快于实物流，即可通过 RFID、传感器、移动通信技术等让配送货物自动化、信息化和网络化。智慧物流理念的提出，顺应历史潮流，符合现代物流业发展的自动化、网络化、可视化、实时化、跟踪与智能控制的发展新趋势，也符合物联网发展的趋势。近年来，智慧物流成为物流行业快速发展的主要助力。智慧物流能大大降低制造业、物流业等各行业的成本，提高企业的利润，生产商、批发商、零售商三方通过智慧物流相互协作，信息共享，物流企业便能更节省成本。智慧物流的核心是“协同共享”，这是信息社会区别于传统社会,并将爆发出最大创新活力的理念源泉。协同共享理念通过分享使用权而不占有所有权,打破了传统企业边界,深化了企业分工协作,实现了存量资源的社会化转变和闲置资源的最大化利用。但是,智能物流发展仍然存在一些问题,比如跨境物流数据链路衔接不足、末端物流智能服务有待提升、智能物流数据基础设施滞后等。

(二)智慧化物流构架

从物联网、人工智能、云计算、大数据到区块链,这些新一代物流中的核心技术说明了新一代物流架构将会以智慧为主要特征,下面用分层设计的方式描述智慧化的物流架构。

智慧物流架构是一个功能齐全的基础性服务平台,系统架构分为四层竖向结构:感知层、传输层、服务层和应用层。感知层主要职责包括对RFID读写、利用激光雷达探测、使用视频终端监控、经过门禁对讲系统通信、使用温湿度传感器感知温度等等;传输层主要用于数据传输,使用有线局域网或 WiFi、移动通信等无线通信方式等;服务层包括 RFID 中间件、ESB 总线等模块;应用层包括仓库的业务管理、报表分析和系统调度等功能。除此四层外还有数据层,由于物流数据属于大数据特征,数据层基本使用大数据分布式平台,例如 Hadoop 或者 Spark,竖向每一层都会产生和使用数据平台中存储的数据,因此数据层在左侧与每一层都有互动关系。核心技术层也是智慧物流架构的重要组成部分,例如物联网技术解决感知层和传输层的难题,使得物流节点能够融入互联网中进行数据通信,人工智能技术主要在服务层推动物流架构智能化,大数据与云计算技术在上三层均会有所应用,最后区块链技术维护物流的安全体系(见图 2-1)。

从智慧的新一代物流架构中可以发现,传输层担当着主要数据通信的服务,任何物流节点包括物流车辆、运送人员、客户等之间的数据传输都得依靠高质量的通信技术。新一代物流架构的核心技术例如人工智能、物联网、大数据云计算以及区块链都需要一个高带宽、低时延的通信环境。因此通信技术的进步也将会加快智慧物流架构的发展。

(三)标准化的概念

所谓标准化,就是指为适应科学发展和组织生产的需要,在产品质量、

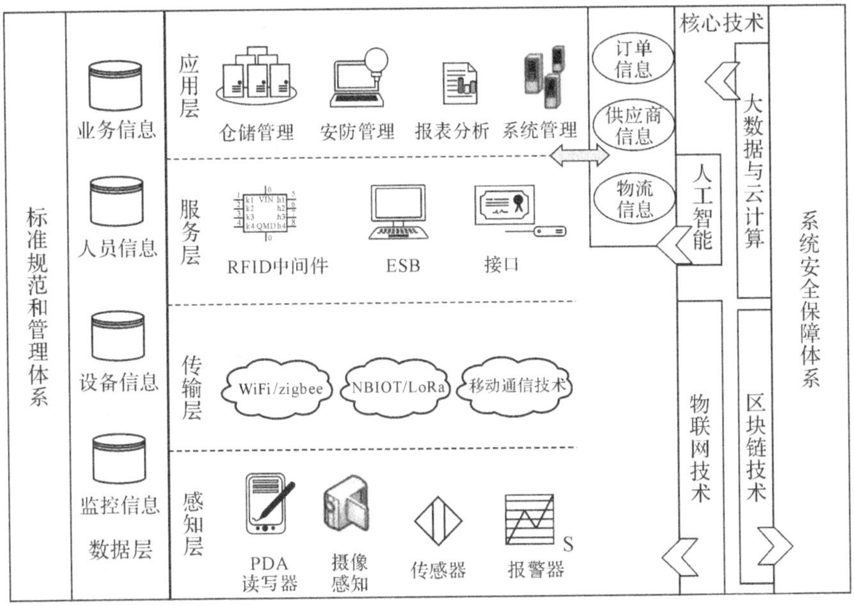

图 2-1　智慧物流构架

品种规格、零部件通用等方面，规定统一的技术标准。一般来说，标准包括国家标准、行业标准、地方标准、团体标准和企业标准。对于一些复杂的事物和概念，只有通过制定、发布和实施标准达到统一，才能获得最佳秩序和社会效益。全面推行标准化建设，对于促进经济全面发展、推动科学管理、促进世界互联互通、引领时代进步等都有重大意义。要加快智慧物流基础信息标准化建设，包括条形码、RFID 等都应制定统一的采集标准。同时对物流信息交换、对接进行规范，以实现不同信息系统之间的顺利对接。通过信息标准化建设，使目前各不相同、各不隶属的各物流环节（运输、仓储、配送）等都能够按照统一标准运转。

物流标准化是为物流活动制定统一标准并实施的整个过程。物流标准主要有以下几个方面：首先，不同运输方式间的标准统一，如集装箱标准的统一，可以提高货物运输效率。其次，物流标准器具的统一，如托盘等基础器具的统一，可以提高货物运输和分拣的效率。最后，物流信息的统一，如编码与标识标准的统一，可以提高企业物流作业效率。国家物流标准体系是按照功能、对象、行业类别三个维度制定的，根据中国物流与采购联合会2018 年发布的《中国物流标准目录手册》，目前中国物流标准体系表中的国家、行业和地方编制的物流标准已经有1000余项。但目前物流行业普遍认为，中国物流标准化水平很低，很多方面无标准可循，于是又纷纷去推动新的标准的制定。调研显示，83%的物流企业在1000余项物流标准中，实际应用的标准很少，大部分物流标准只是放在档案中的文件而已。这是非常值得关注的现象。

（四）智慧物流标准化的范围

"中国制造2025"及"互联网＋"战略的实施，刚好迎合智慧物流的发展。为促进智慧物流的发展，我国开始实施"当日达""次日达"等特色服务。物流行业的佼佼者们为进一步发展智慧物流，在智能化方面也做出了相应的成绩。例如，京东宣布智能化被提到战略高度，无人轻型汽车、无人配送站点开始运营；苏宁建立了S实验室，主要对人工智能进行研究，目前机器人已经可以对商品进行智能拣选、智能配送等；顺丰开始利用机器学习等技术来预测快件量，从而提高资源配置的效率，并且还制定了明确的时间表；菜鸟通过对系统的优化，已经减少了近7500万个纸板箱的使用等。为促进智慧物流的发展，国家相关部门制定了如下政策：加强快递业信用体系建设；充分发挥托盘单元化的作用；提高电子商务与快递物流间的信息流通度；采用绿色化包装；降低物流企业仓储等用地的使用税；发展城乡配送；提高物流从业人员的职业素质；创新配送模式；寄件实名制；加强对顾客隐私的保护；推进"最后一公里"配送模式等。

智慧物流信息标准化主要包括信息标准化、人员标准化、设备标准化、制度标准化等。针对目前数据信息多杂乱、物流从业人员素质不高、基础设施不完善、制度不严谨等现状，提出智慧物流的发展需要提高标准化。信息标准化有利于数据、信息的快速传递，方便进行处理、整合；设施设备标准化可以有效节约人力、物力、财力；人员标准化可以在很大程度上提升消费者体验；制度标准化有利于提高企业计划、组织、协调、控制的效率，统一企业文化等。因此，标准化的进一步完善将在很大程度上影响智慧物流的运营效果。

二、搭建智慧物流信息管理平台

(一)智慧物流信息平台的总体架构设计

智慧物流信息平台包括公共服务平台、应用平台、数据中心和支撑平台。这四个模块自上而下分别构建，各模块之间使用统一的数据格式和各种编码数据，数据可以通用，因此模块之间的数据通信能够实现无缝连接，从而保持数据的一致性和避免数据错误。

1. 公共服务平台搭建

公共服务平台为外部平台提供统一、高效的可视化服务界面。外部平台通过 EDI 电子数据交换接口同公共服务平台进行数据通信。EDI 电子数据交换接口将标准的信息在平台之间进行数据交换和自动处理。公共服务平台由电子政务平台、电子商务平台、电子金融平台和电子物流平台组成。电子政务平台向企业提供更加有效、便利的报税，监管，工商等政府管理和服务；电子商务平台协调和规范客户与公司内部、生产商、零售商之间的商业活动；电子金融平台通过电子银行或第三方支付平台、网上投保实现在线电子款项的交付，加快资金流转；电子物流平台实现物流操作全程信息化，提供快捷下单、发布信息、查询物流状况等功能。

2. 应用平台搭建

(1)智慧物流管理系统。智慧物流管理系统包括：物流包装管理系统、RFID 电子标签和物流仓储管理系统。物流包装是为了在物流过程中保护产品、方便存储和运输。电子标签采用的是 RFID 射频识别技术，它通过射频信号自动识别目标对象并获取相关数据，从而对物品进行追踪。物流仓储管理系统按照物品的类型和不同的存放条件，将物品存储在不同的仓库，并且将物流信息发往数据中心，分门别类后加入数据库。智慧物流查询系统提供物品的动态过程追踪，电子交易与结算和查询等服务。

(2)智能配送系统。物流配送是指在一定的经济合理区域内，依据客户的需求对货物进行备货、存储、分拣、组配、配送运输等操作。智慧物流智能配送中心综合考虑货物的种类、数量、配送时间、配送组织形式以及配送采用模式等因素进行车辆调度、货物分装及行车路线的规划，通过 GPS 和 GIS 技术实时获取车辆位置及路况变化情况，可重新调整和优化车辆的行车路线。

(3)安全监管系统。安全监管系统包括车辆与货物安全状态实时监控系统、评估系统和预警系统。利用 GPS 车载终端和 RFID 电子标签，实时监控系统可以实现对车辆和货物的安全状态实时监控。货物在途安全评估因素有温度、压力、液位、泄露、介质成分等，车辆的安全评估因素有速度、位置、胎压等。由于这些参数之间的逻辑关系复杂，评估系统综合运用模式识别、信息融合技术、数据挖掘等技术对不同的列车和货物建立不同的安全状态评估模型，实现对车辆和货物安全状态的预测。当发现车辆或货物存在安全隐患时，预警系统将及时向车辆及司机发送矫正数据和语音提示信息。

(4)智能分析与优化决策系统。智能分析系统对物联网海量终端感知信息、订单信息以及客户分布规律等进行智能分析，挖掘出潜在客户以及物流规律。将系统在运行过程中的历史数据保存下来，然后进行挖掘分析并发现物流作业活动中的漏洞，实现物流智慧化。在智能分析的基础上，优化决策系统依据物流的时间、成本、服务、物流数据、客户需要等决策因素对风险进行有效预测和评估，制定出更加合理、准确和科学的决策。

(5)增值服务系统。增值服务系统包括电子支付结算、第三方认证、合同与协议管理和违约处理管理系统。电子支付与结算系统提供网上支付、移动支付、终端支付等电子支付手段以及支付宝、银联电子等第三方支付手段；第三方认证用于用户身份验证以及外部平台接入的认证，保障交易双方能够安全地进行货币支付和资金流转；合同与协议管理和违约处理管理系统提供标准化的协议条款，用以提高交易双方的谈判效率，并以第三方的角色监督智慧物流服务在协议的约束下履行。

3. 数据中心搭建

数据中心承载着信息平台的数据存储和管理、核心计算、核心业务运营支撑、信息资源管理、信息资源服务等功能。数据中心主要包括用户数据、交易数据、货物数据、企业数据、GIS 空间数据和设备数据以及数据与数据的集成和整合流程。数据中心按照统一的、标准化的数据格式集成和整合各方面的数据，从而实现与外部平台数据交换和信息共享。

4. 支撑平台搭建

支撑平台是智慧物流信息平台支撑其相应的功能所用到的关键技术的集成，这些关键技术包括：RFID 射频技术、GIS/ GPS 技术、EDI 电子数据交换技术、物联网 IP 组网、云计算、数据仓库与数据挖掘技术、海量数据存储与管理技术、模式识别、数据及系统安全技术等。这些关键技术支撑着整个智慧物流信息平台的运作，极大地促进专业化物流信息服务企业的发展。

（二）支撑智慧物流信息平台的技术

1. 物联网技术

物联网(the internet of things，IOT)作为新一代信息技术，成为网络通信领域的重要分支。首先，物联网的基础是互联网，互联网是物联网的基石，更简单的描述就是物联网以互联网为主要核心。其次，物联网通信方式不仅仅局限于人与人之间的通信，更是将通信形式转移到实际场景中任何两个物品之间。因此，物联网技术通过射频识别(radio frequency identification，RFID)、全球定位系统(global positioning system，GPS)、激光扫描器、红外感应器信息传感设备，按指定的协议标准进行信息交换，从而可以智能地对物品进行跟踪识别以及监控维护等操作。物联网可以单独进行局域网通信，也可以接入互联网，甚至可以和移动通信网络等融合，直接实现人类社会与物理世界的信息整合(见图 2-2)。因此，物联网是一项交叉技术，融合了一些前沿关键技术。

物联网领域中有很多热门技术，例如用于标签信息读写的 RFID、无线数据通信的传感网 WSN、全球定位导航系统 GPS、车载系统、手持终端 PDA 以及大型物联网架构平台 NB-IOT 等。正是上述这些物联网技术，使得物流中每一个节点能够融入物联网大框架中，使得每一个独立的物流模块能够相互通信，提升了物流运输的效率并构建了一体化的物流信息平台。

(1)射频识别 RFID 是新一代物流中使用最广泛的物联网技术。各大物流企业利用 RFID 技术完成了物流环节中标签信息的流转，例如仓储管理过程中使用标签记录物品信息、自动分拣系统根据电子标签读取物品具体属性、货物追溯过程中利用手持 PDA 和网络系统完成物品关键信息的

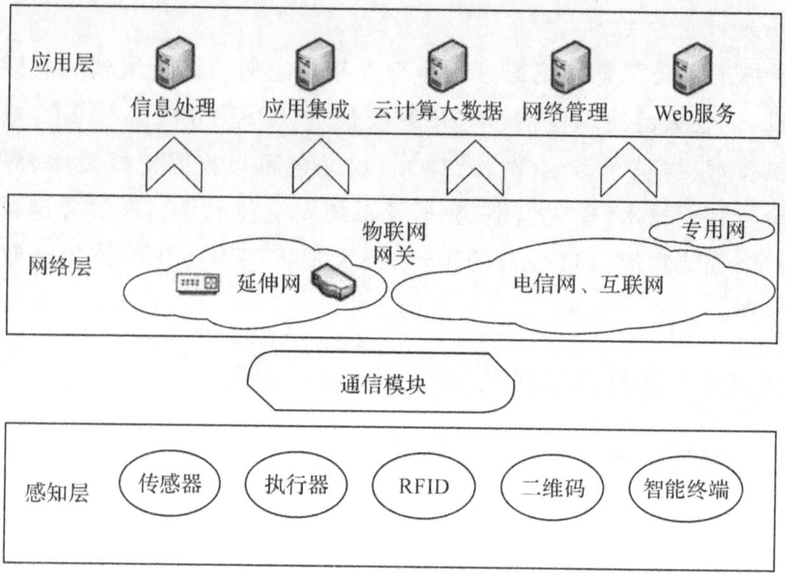

图 2-2 物联网构架

录入。RFID 技术采用无线射频手段实现基于双向通信的自动识别系统。新一代物流行业是智慧型产业，所以将会更加依赖 RFID 技术，通过电子标签标记各种运输的物品，各物流节点通过 RFID 技术识别并获取物品详细的信息，物流企业通过 RFID 技术能够实时掌握物流运输过程中产生的各项位置数据，从而可以智能地对运输车辆和货轮调度，进而实现对物流配送可视化管理的目的。

(2)车载 GPS 也是物联网技术应用在物流中的成功典范，GPS 系统可以对珍贵物品进行实时追踪，能够为新一代物流行业提供物流配送和动态调度功能，此外还能够帮助物流企业在运输过程中优化车辆行驶路线和调度车辆进行装卸货物等工作，使得企业在低成本下创造出较高利润。

(3)无线传感器网络是物联网的一种工业应用，对于新一代物流行业也具有非凡的意义。例如在运输途中将传感器的数据及时上传远程数据库，物流企业通过无线传感器网络，能够实现人、物之间相互通信，各项物流数据可以及时被更新上传，从而保证物流数据的完整性。

(4)使用 NB-IOT 类似的物联网信息一体化平台，建立智能物流网关，监控物品流向的信息，对客户产生的消费数据进行保密，实现权限性的数据查询，建立大数据分析体系等等，能够形成集中控制的物流型物联网架构。

(5)M2M 技术也是物联网和物流紧密相连的完美体现，新一代物流行业中，该项技术能够通过在机器内部有效嵌入无线通信设备，实现物流节点与物品之间智能化、交互式的通信。M2M 在新一代物流行业中的主要功能是对物流运输的物品和设备进行实时监控，同时掌握实际的外界环境，帮助企业科学地完成物流运输任务。因此，现代物流体系中物联网技术无处不在，以后新一代的物流也离不开物联网技术的推动。2018 年，IDC 和 SAP 的报告中预测物联网将使物流的交付和供应链效率提高 15%，许多行业利用这些新技术来改善物流系统和供应链质量，期望创造更多收入。新一代物流中物联网技术还将做得更多，例如物联网将改进仓库的运作方式，改进作业流程以实现降低配送中心成本的目的；物联网还应用在物流安全领域，利用传感器网络来监测盗窃行为并保护物流资产安全；另外，物联网还可以被用于仓储管理领域，实现全智能一体化仓储管理等(见图 2-3)。

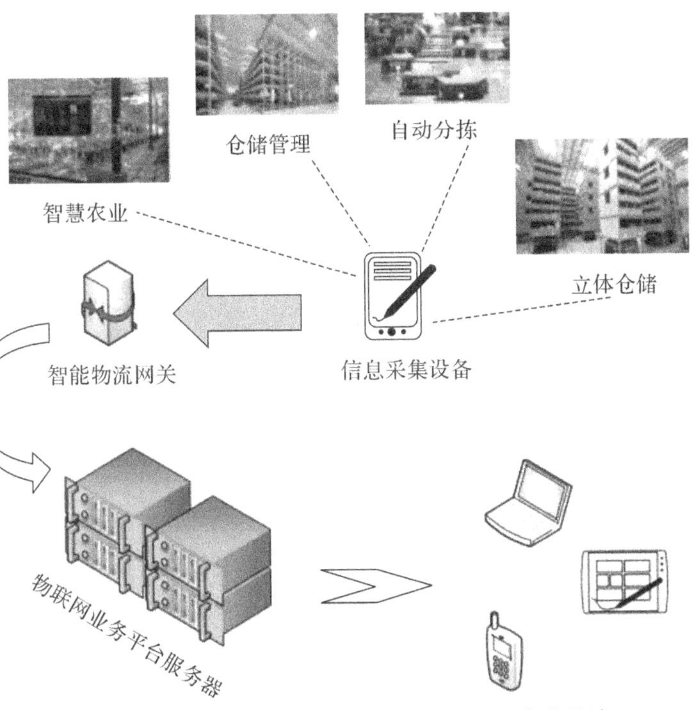

图 2-3 新一代物流中物联网技术应用

2. 大数据与云计算技术

在大数据环境下，由于大数据具有体量大、类别多、价值密度低和处理速度快等特征，传统的数据库软件例如关系型数据库不能有效地对相关内容进行存储、管理和抓取的数据集合。从传统数据库到大数据平台的发展不仅仅是技术需求上的蜕变，更是数据管理模式的颠覆。大数据与云计算一般都会在一起被提及，相互促进、相互发展。云计算作为一种远程计算工具，可以提供强大的计算能力，高效地支撑着大数据存储、管理和分析，已经成为大数据时代不可或缺的工具。现代物流行业已经不再局限于传统物流，节点的数量每天以千万的数量级增长，每天产生的物流数量可以以亿计数，物流中产生的数据种类繁多，所以物流数据的处理已经完全达到大数据量级。物流数据又具有时效性，对于客户和供应商来讲，数据的处理速度就是第一要义，所以云计算也必然是物流计算框架的必要组件。物流中使用的云计算框架由云请求端、应用服务平台以及云提供端三个重要部分组成。首先，云提供端通过 QR 或者条形码、RFID、电子标签和传感器等技术，能够对货物信息进行智能感知；其次，通过虚拟自动化技术创建虚拟资源池，实现了基础架构即服务(IaaS)云业务模式；最后，提供端的业务层主要工作是协调业务间的流转，定时向用户提供 SDK 接口以及平台对接的 Web Service 及消息队列服务等。应用服务平台以大数据和云计算为支撑的操作平台，可以提供核心服务，也可以向云提供端提供管理和维护等相关功能。物流架构中的大数据技术应用的方式主要是辅助数据的存储、管理和决策以及用户消费分析等。

3. 人工智能技术

人工智能(artificial intelligence, AI)也是一种前沿的交叉技术，主要目的是模拟人类思维生产出一些智能化的系统，它们像人类一样在社会中发挥着相应的职能作用。近年来，人工智能能够迅猛发展，主要动力来源于信息技术和智能设备，信息技术主要是计算机技术和通信技术，例如高等复杂的运算系统、能够处理数据量巨大的云计算平台和各种高效的通信网络系统，智能设备即指嵌入式设备以及其他芯片和边缘计算机节点等。随着平台、算法、交互方式领域的不断更新和突破，新时代的人工智能技术将主要以 AI+某一具体产业或行业的形态呈现出来，物流就是其一。AI+物流将会是下一代物流体系的一个主要特性。

(1)使用人工智能完成运输管理系统中的车货匹配。物流企业可以利用人工智能技术结合自身资源打造全新的货运匹配平台。基于自身货源建立数字化货运平台,低价获取社会运力。瞄准区域内非整车市场,结合自有货量和货运平台上的社会订单,提高拼货成功率和车辆装载率,使得车源和货源可以在自有资源和社会资源之间高效分配,打造具有成本优势的区域内配送线路。进一步聚焦同城货源,利用人工智能背后强大的业务逻辑和算法,帮助自带货量的物流企业打造具有成本优势的同城配送路线(见图 2-4)。

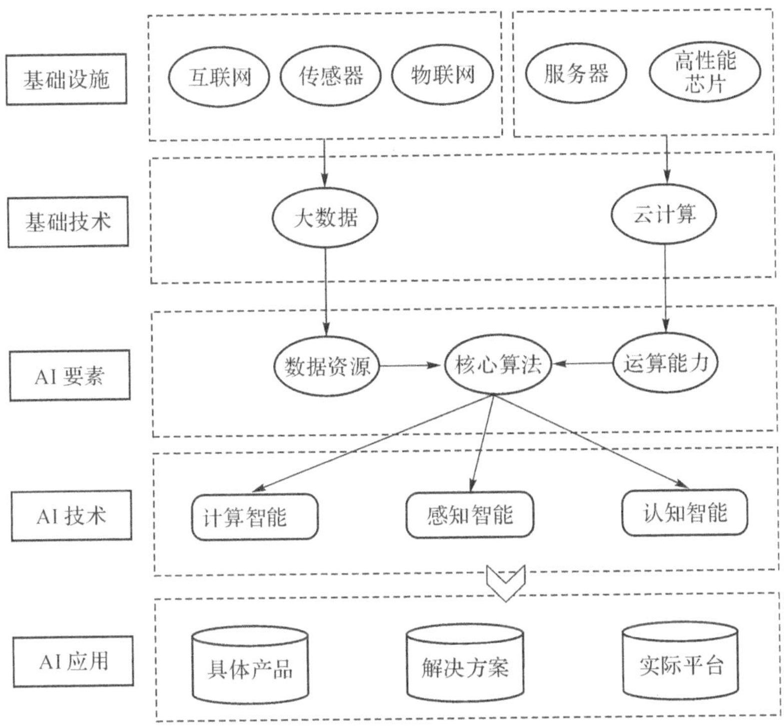

图 2-4　人工智能构架

(2)使用机器学习和深度学习完成无人物流驾驶和配送体系的构建,无人驾驶技术可以解决长途运输的困难,提高物流运输的效率。无人配送可以缩短配送时间,解决当前劳动力紧张的局面,解决“最后一公里”的物流配送难题。

(3)使用图像识别技术实现物流信息自动化录入,推动物流数字化发展。计算机视觉识别、深度学习等技术可以提高手写运单机器的有效识别率，大幅度地避免人工输单，同时降低这一阶段产生的误差。

(4)使用语音识别技术和视频识别技术优化智能客服系统，这些人工智能领域的计算机技术可以用来自动识别物流企业场院内外的人、物、设备、车的状态，并且学习优秀的管理经验和指挥调度方案等，进而逐步实现对物流工作人员的辅助决策，甚至可以实现自动决策。

(5)仓储的智能分拣依赖人工智能，目前已经有很多物流企业开始使用自动分拣系统，通过人工智能算法完成物流产品的分拣，完全不需要人为参与，这样可以解放劳动生产力，为企业节省成本。

(6)人工智能还能为新一代物流行业提供更加智慧的运营管理模式，设置出可以自学习和自适应的运营规则引擎，系统能够通过历史业务数据和目前业务条件制定运营决策，例如未来人工智能将会协助电商平台在不同时期根据商品一些属性自主设置订单，包括订单的交付日期、运费计算等等，同时可以自主识别当前时期是高峰期还是常规期。

(7)人工智能还能够实现物流的内部智能调度，通过对商品数量、体积等基础数据分析，对各环节如包装、运输车辆等进行智能调度，如通过测算百万 SKU 商品的体积数据和包装箱尺寸，利用深度学习算法技术，由系统智能计算并推荐耗材和打包排序，从而合理安排箱型和商品摆放。这些人工智能技术应用于物流中的运输、仓储、配送以及管理等整个供应链各个环节中，形成高效的物流体系。新一代物流的发展离不开 AI 技术，因为全智能的物流行业相比现在的物流更高效，可以更精准、高速地为客户服务。

在 AI 技术促进下，物流产业开始出现智慧供应链。智慧供应链可以自上而下分为三个部分：智慧化平台、数字化运营以及智能化作业等。智慧化平台相当于物流的决策调度部分，数字化运营就是物流的神经中枢，智能化作业就是物流的实际操作部分。智慧供应链依赖智慧化平台的计算、思考和决策，仰仗数字化运营平台物流参数等进行有效建模，然后通过模型可以精准分析和估计，最后形成企业经营、自动化运输和仓储调度作业的最优方案。

三、建立智慧物流体系

(一)智能决策系统概念

智能决策支持系统(intelligent decision support system,IDSS)的概念最早由Bonczek等于20世纪80年代提出。IDSS是在决策支持系统DSS的基础上集成人工智能及专家系统(expert system,ES)而形成的,其核心思想是将人工智能与其他相关科学技术相结合,使DSS具有人工智能。IDSS既充分发挥了专家系统以知识推理形式解决定性分析问题的特点,又发挥了决策支持系统以模型计算为核心解决定量分析问题的特点,在人机协同下充分实现了定性和定量分析的有机结合,使解决问题的能力和范围得到了一个大的发展,进一步提高了辅助决策能力,在实际应用中发挥了很大的作用。智能决策支持系统是决策支持系统发展的一个新的重要方向。IDSS主要由人机接口(对话系统)、数据库、模型库、方法库及知识库(简称"四库系统")五个部件组成,每个库又带有各自的管理系统。在四库系统中,数据库是以一定的组织方式存储在一起的数据集合;模型库是将众多的模型按一定的结构形式组织起来的模型及它们的表现形式的集合;方法库是处理数据的基本方法和标准算法的集合;知识库是经过分类组织的各种知识的集合,是数据库在知识领域的拓展和延伸;人机接口是连接计算机与决策者的终结纽带。上述五个部件是有机统一的整体,数据库是最基本的部件,也是其他库的数据源;模型库为决策者提供推理、比较选择和分析问题的模型集;方法库是基本方法和算法的集合,方法库是为模型库服务的;知识库分类存储大量的知识,是从数据库、模型库、方法库中通过推理,提取出知识的集合。

(二)智慧物流业务体系特点

随着物联网技术在物流领域的广泛应用,其对物流的营运管理和业务体系产生了很大的影响。物流业务体系参与的核心业务和辅助业务内容发生变化,使得增值业务的服务范围进一步得以拓展,主要体现在以下四点。

1.物流业务智慧化。智慧化是基于物联网的物流业务体系区别于传统物流业务体系的主要标志。通过物联网技术，能智能地获取、传递、处理与利用信息，实现物流业务之间信息的无缝整合，作业即时协作，状态实时沟通，从而有效提高物流作业的效率和安全性，减少物流作业的差错。

(1)运输业务智慧化。通过物联网集成各种运输方式，应用自动获取数据技术(条码技术、RFID 技术等)，自动跟踪技术(GIS、GPS)，自动数据交换技术，数据管理技术等，进行订单处理、在线数据传递、实时运输路线追踪、车辆调度管理和货物在途状态控制等一系列运输作业，建立一个高效运输系统，及时掌握货物信息、道路交通信息、物流设备信息等。在物联网环境下，将带有车辆与物品信息的 RFID 电子标签附着于车辆与物品上，利用先进的物联网技术实时查询车辆与物品的运输状况，借助车辆实时配送、可视化在线调度与管理系统，从而实现运输作业流程的标准化、运输作业信息的透明化以及运输作业流程的优化，极大程度地降低货物运输成本，提高货物运输的安全性和智慧性。

(2)仓储业务智慧化。在物联网环境下，利用信息采集与识别技术、电子数据交换技术、感知货架、自动搬运设备、堆垛机的自动控制和自动仓库管理系统等先进技术和设备，实时采集产品信息和仓储信息，即时掌握仓储活动状态，实现实时响应，动态应对。条形码和 RFID 的应用为仓储作业全过程提供详细的产品库存数量、位置、时间和货位信息查询，汇总和统计各类库存信息，实现货物验收、入库、定期盘点和出库等仓储环节的自动化及实时监控，提高仓储管理服务水平和工作效率。

(3)配送业务智慧化。利用物联网的网络化信息技术、智慧化的作业设备及现代化的管理手段，能自动识别跟踪货品，智能实现出入库管理、分类拣货、补货以及产品销售情况分析，解决目前物流仓储配送数据采集不精确、数据利用率不高等问题，精确快速地实施物流配送业务，控制物流配送流程，支持物流配送决策，减少货品库存积压率，在提高配送效率的同时提高服务品质。

2. 物流信息同步化。物联网对物流信息的全面感知、安全传输和智能控制可实现从物流信息管理到物流信息控制的飞跃。利用物联网建立物流公共信息平台，发布与共享物流信息，使得物流信息的收集实现数据库化和代码化、物流信息处理实现电子化和标准化、物流信息传递实现网络化和实时化，实现物流行业与其他相关机构的信息交互，进一步提高整个物流的反应速度和准确度，降低物流成本和物流营运风险。

3. 物流设备自动化。在物联网环境下，利用计算机网络控制系统，将输送工具、工业机器人、仓储设施等自动化的设施设备构成有机的具有特定功能的整体系统，各受控设备完全自动地完成顺序作业，实现运输、包装、分拣、识别等作业过程的自动化，大大提高了物流管理水平和物流作业效率。

4. 物流管理集成化。在物联网环境下，通过集成先进的信息技术、智能技术和物流管理技术，借助于运输管理系统、仓储管理系统、物流配送系统等，将物流活动过程中的运输、仓储、配送、信息、包装、流通加工和装卸搬运等环节有机结合，形成集成化的物流供应链。

四、基于区块链技术的供应链智慧化创新

区块链在信息互联网的基础上构建了一种新的可信的大规模协作方式，以解决数字经济发展的信任问题，被誉为“下一代互联网”。区块链是一种去中介化的数据库，也是一种不可篡改、不可伪造的分布式账本，它实现了参与各方的信息共享。在区块链系统中，所有交易都被贴上了时间标签，并通过共识机制对交易进行验证。随着区块链技术的不断成熟，智慧供应链得到了长足的发展。区块链技术摆脱了智慧供应链参与者对可信中央组织的依赖性，各方可以直接开展认证的数据通信，能够进行实时验证，智慧供应链的透明性将得到显著提升。此外，消费者需求愈发个性化、多元化，对供应链管理水平提出了更高的要求，而应用区块链技术后，智慧供应链各方可以通过用户数据分析的结果，更为精准、低成本地组织生产经营活动，避免供需错位。

区块链作为近两年最为热点的前沿技术，也将成为新一代物流行业中广泛应用的核心支撑技术。区块链技术利用块链式数据结构来验证数据后再进行存储，生成新数据节点算法主要依靠一种分布式节点共识算法，最后通过密码学来保证链上数据安全性，能够被安全读取，同时可以通过由脚本代码组成的智能合约来自动化编程和操作数据，总而言之，区块链完全是一种全新的分布式基础架构与计算方式。区块链技术自从被提出后就被认为是继蒸汽机、电力、互联网之后的又一项颠覆性创新的科技，最开始应用在金融业，最著名的案例就是比特币。区块链具有共享账本、智能合约、隐私

保护、共识机制的关键特点，使得区块链技术能够被广泛应用在各行业中（包含行业中的金融体系）。新一代物流行业非常适合区块链技术，物流生态系统从外观可以看出由多个参与方组成的利益共同体，快递物流行业中涉及的多流融合的业务场景也非常适合区块链技术发挥它的价值。应用区块链技术可以显著提高快递物流行业中结算业务的处理速度及效率，有效解决物品的追溯防伪问题，充分保证信息安全以及寄、收件人的隐私。

(一)区块链在智慧供应链的应用价值

区块链技术的出现进一步从协议层为供应链中几个痛点问题带来了很好的解决方案。从生产、加工、运输、销售到监管，区块链中联盟各方都持有账本数据，并且数据的增加、修改、删除等动作都必须执行各方共同制定的智能合约并达成共识后才能录入最后的数据账本中。由于账本数据会存储在联盟各方中，这种方式很好地保证了数据的高可靠性，任意一方数据的丢失和损坏都不会造成太多影响，它可以快速从其他方恢复数据。这种技术架构也可以很好地保证任意一方都不能私自对数据进行变更，所以各方的相关业务方面的权利义务都可以通过智能合约来保障，有效地解决了公平、安全的问题。区块链给供应链行业带来的价值主要有以下几点。

1. 可追溯性。可追溯性是区块链的特点，也是智慧供应链行业的需求和痛点。由于系统复杂，数据冗余和隔离，导致不能快速、有效、精准地追责和召回有问题的商品。区块链系统由于数据不可篡改，并且数据存储在联盟各方，过程中产生的数据可以实时获取、精准定位和追溯。区块链中记录的数据包括产品原料从哪里取材、中间在哪家工厂生产、商品在哪里包装和加工、由哪家企业负责运输、销售到哪些城市和哪些商超等，这些信息在区块链系统中可以快速获取，对于应急处理社会公共事件有很好的帮助。

2. 不可篡改性。一方面，传统的系统中数据经常会遭到黑客的攻击，入侵后数据修改对业务会造成很大的影响，企业的品牌影响力也会下降；另一方面，系统内部的管理员存在为了各种目的对数据进行获取和修改的风险，这些场景都从技术层面无法保证，需要额外的管理成本来解决此类问题，而区块链技术巧妙地利用数字签名、加密算法、分布式存储等技术，有效地从协议层面解决了篡改问题，极大增加篡改难度，从技术上保障了数据不可篡改性。

3.透明性。透明性体现在多个方面,数据方面由所有链上商业方共有,所有数据对每个节点都是透明的,任何一方都可以实时获取数据进行核查和分析,比如供应链金融上的金融机构可以看到业务方的回款情况,经销商可以看到产品的质检报告等,这些特性极大提高业务商业互信,提高链上物流和金融的流通效率;透明性的另一方面主要体现在智能合约上,智慧供应链上的智能合约由商业各方共同制定,内容和各方的利益息息相关,它们利用智能合约代替传统的契约和合同,让它不以其中一方或者多方的意志为转移,达到公平的效果。

(二)区块链在智慧供应链中的应用优势

区块链被应用到智慧供应链领域后,能够显著提升供应链透明度,有助于成本的风险控制,规避上下游供应链信息断档。企业可以实现端对端服务,从而提高供应链的效率与质量。以食品安全为例,食品安全性无疑是影响消费者决策的重要因素,而安全性有赖于信息的公开化程度,这就给区块链技术提供了广阔的应用空间,主要有以下几点应用优势。

1.提升企业智慧供应链管理,树立良好品牌形象

区块链技术可以实现物流资产的虚拟化、数字化,并且通过生成一个不可篡改、不可伪造的交易记录,来实现对此前可能需要几个月时间才能获取的信息实时获取。在企业智慧供应链过程中,商品制造出现劳工纠纷、外包不合规等问题后,经过自媒体的传播,很容易给企业带来公关危机,一旦处理不当就会给企业造成不可挽回的重大财产损失。之所以会造成这种局面,一方面是因为企业社会责任心不足,为了谋私而越过道德甚至法律底线;另一方面是因为供应链不透明,消费者认为企业是在遮遮掩掩,出现负面报道后很自然地认为问题是出在企业方,而不会想到可能存在的误解。而将区块链技术应用到供应链管理后,智慧供应链将实现全程可追溯,公众可以更方便地获取信息,避免了信息不对称或不良媒体的歪曲报道而造成的误解。同时可以督促供应链各环节企业承担社会责任,以树立良好品牌公众形象,这种引导作用将会大力促使智慧供应链朝着持续稳定的方向发展。

2.对智慧供应链上下游企业协同合作和溯源场景的应用优势

供应链的区块链系统需核心企业的上下游多方共同参与,任意一方的

缺失都会导致整个商品生命周期的缺失。供应链上下游企业之间将会更积极地进行协同合作，充分保障产品与服务质量，提高流通效率，建立公开、透明、和谐的生态系统，珠宝、钻石等高价值商品欺诈事件将会明显减少。基于区块链技术的溯源场景是智慧供应链的一个细分行业，包括食品溯源、药物溯源、器件溯源等场景，它们共同的诉求就是希望业务过程中产生的数据对各方透明、容易被追溯、数据真实可信、产品安全可靠。而业务数据是否真实无法单独通过区块链技术来解决，参与方写入数据是否和现实数据一致目前主要靠管理手段来规范，迫切需要物联网技术保证数据来源的可靠性。这些溯源场景的应用优势势必会带动整个供应链体系的快速发展，从而提高业务流整体效率。

五、无界营销趋势下的智慧物流服务体系

基于无界营销下智慧物流的内涵分析，得出智慧物流服务体系应包含泛在数字化基础设施、泛在协同的社会化协同、泛在营销的创新应用平台三大模块，三个模块分别代表智慧物流体系的基础、服务和创新三大要素。泛在数字化基础设施是物理基础，以物联网、大数据、区块链等基础支撑的软硬件系统，同时应用于智慧物流的高技术网络必须是广泛应用，并在不同的区域、联盟、平台、企业、个体以及设备之间互联互通。只有具备泛在互联的数字化基础设施，智慧物流体系才具有开展全场景全生态服务的可能。如物流企业根据共享的物流信息能够及时有效了解闲置的物流资源情况，进而充分利用各种资源，降低物流企业的成本，这也解决了物流企业内部服务能力适应问题。泛在协同的社会化协同是指在物流资源之间，与生产企业、消费“触点”及社会化生态伙伴之间的智能化分工与结算，核心在于充分的社会化分工及高效地对接、流转和计算。如果缺乏泛在高效的社会化分工，那么物流资源整合、合作创新的范围有限，运作效率也不高。而泛在营销的创新应用平台是指物流服务由单纯流通服务型业态升级到流通创新引导型业态，通过智慧物流的资源、知识等，为营销甚至生产提供创新开放平台和解决方案。

第一，基于无界营销的智慧物流服务体系架构，包括基础层，基于实时定位的共生连接网络，依托物联网实时获取人、货、场的地理位置和彼此之间的距离，其中“人”不仅指个体消费者，还包括商家、生产者、快递员等；

“货”指所有符合消费者需求的产品或服务所在，不局限于特定仓库、区域、持有者或运载设备等；“场”则是任何产生交易的交互场景或触点，包括线上线下、商家与个体，个体与个体、商家与商家等。基于实时定位的共生连接的目标是要最大程度打破信息不对称，以达成体验和服务作为竞争的唯一标准。基于实时定位的共生连接必须依靠泛在互信的位置可见、泛在安全保障及泛在信息管理策略，即任何供需双方都能够充分了解彼此的基本信息，包括需求或供给的时间、空间及路径。并且能够充分保障彼此的非授权信息的保密，以及能够智能化对信息交互进行管理，如泛在可见后应能够过滤来自四面八方的“垃圾”信息。

第二，在泛在可见的基础上，必须实现全社会物流资源的泛在整合和协同。只有打破业态和企业壁垒，才能共同围绕客户体验提升和资源利用效率提高的中心，形成空间互补，路径接力。2016 年国家发展改革委出台的《营造良好市场环境推动交通物流融合发展实施方案》已经明确提出，到 2020 年底，建成设施一体衔接、信息互联互通的物流新体系发展目标，要求通过打造社会化信息共享平台，实现“一站托运、一次收费、一次认证、一单到底”的一体化物流服务，同时实现全社会物流总费用占 GDP 的比率较 2015 年降低 2 个百分点。尽管近年来我国物流成本占 GDP 比重、快递单价不断下降，但我国物流成本中的管理费用和保管费用仍明显高于美国、日本等发达国家。

物流的泛在协同必须消除行政分割、技术分割和生态分割三大障碍。行政分割指交通运输行政管理在法规、主体、标准等在区域、行业及管理对象上的散乱。消除行政分割就是要消除物流成本中的灰色地带，降低隐性物流成本。技术分割是指各类物流方式、管理平台及物流工具、数据标准、云端等的相互独立，彼此之间接口和流转的成本很高。消除技术分割就是建立适用于全域的物流信息互联互通的协议、流转和安全保障规范。生态分割指目前市场主体间建立生态仍然是各自为政，以生态作为竞争手段。消除生态分割就是要建立一个共仓、共运、共转、共配的全链协同的共享物流商业服务泛在生态。如目前“菜鸟网络”已经实现“平台开放、资源共享和终端互联”，但由于快递产品、收费标准、服务流程、保险服务等难以统一，因此服务难以实现集成，背后原因就在于平台内各企业利益难以协调和平衡。

泛在智慧物流不仅是物流业本身资源的整合，更是通过泛在物流实现各行业、各业态的零售和营销的融合，面向任何市场主体、任何交易触点提供智慧物流服务。无差别的智慧物流云服务，即从服务流程和标准上不区分交易双方的类型特征，对于智慧物流云而言输入的只有“供方”和“需方”的指令，输出的是最优物流方案。在无界营销趋势下，任何个体、组织、内容和关系都能商业化，平台和域IP无处不在，呈现人企无边、货物无边和场景无边的状态。而智慧物流也将以无界的方式渗透到各行业的生产、流通、消费及融合的每一个环节中，推动整个社会商业基础设施的颠覆性提升，成为无界营销的助力者。

第三，无界营销与智慧物流一体化的创新生态是指智慧物流带动全社会商业基础设施智能化升级后，能够从业态融合、场景融合、内容融合和触点创建四个方面催生营销创新。只要在法律法规允许和生产技术能够实现的前提下，任何内容、形式、规模和时空的交易触点都能够被泛在智慧物流服务体系全方位包围，即“所想即所得”。一是基于整合的资源、客户及生态，泛在智慧物流体系能够进一步利用连接和数据挖掘能力，创造更多个体或局部组织无法识别的营销“场”和交易“触点”。二是微观层面依靠智慧物流的强大供应链能力，营销端具备充分挖掘客户需求和场景衍生需求的挖掘能力，而无须顾虑货源和物流交付，从而实现业态和营销内容的融合。中观层面，智慧物流通过跨客户群体、跨行业、跨区域的信息和资源整合挖掘，能够形成流通高效的资源池，带动关联产业的融合发展。三是基于智慧物流的泛在互联，触点和场景之间也能够实现互联互通，营销策略能够紧跟消费者触点的无缝切换，用户能够获得顺滑的交互体验和始终如一的服务。

六、典型案例

基于华为云区块链服务 BCS 构建的商品溯源业务应用

华为云正式对外发布区块链服务 BCS(blockchain service)，面向企业及开发者提供高性能、高可用、高安全的公有云区块链服务，帮助企业及开发者在华为云上快速、低成本地创建、部署和管理区块链应用。华为云区块链服务 BCS 是基于华为在分布式并行计算、PaaS、数据管理、安全加密等核心技术领域多年积累研发的云服务产品。BCS 的发布，是华为云 PaaS 服务的一次升级，也标志着华为云服务的生态版图进一步拓展。

随着区块链技术的日渐升温，其可能带来的市场变革常被用来对比20世纪90年代的互联网浪潮，然而区块链并不是一种全新的颠覆技术，不存在替代因特网、数据库的可能，反而区块链是这些技术的有效补充，其去中心化的共识机制重点解决了用户之间的“信任难题”，让市场可以通过数字化构建一种机器对机器的可信处理机制。目前业界对区块链的理解各有不同，华为云专注做链圈中的使能者，致力于通过区块链技术帮助企业解决数据流转过程中的可信性难题，携手企业共建可信社会，这与华为云服务的宗旨一致，华为云不参与任何虚拟货币的相关服务。

华为云认为区块链是多方参与、多中心，依靠可追溯、防篡改的特点，与具体的企业应用、行业场景相结合才能真正产生价值，是一种“X＋区块链”的技术形态。华为云区块链服务主要用于数据应用、IOT、金融等领域，具体场景如：数据交易、身份认证、房产/学历等信息证明、远程医疗、食品溯源、车联网、IoT设备管理、精准扶贫、供应链金融等。华为云BU总裁郑叶来表示：“华为云刚刚发布的区块链服务，是基于华为在分布式并行计算、PaaS、数据库、安全加密等区块链核心技术上的长期积累和实践而来。我们期待与更多的企业和机构，在智慧城市、IoT、金融保险、食品安全等民生领域携手合作，让区块链技术改善民生。华为云不会参与虚拟货币相关的任何服务，在区块链领域，将以华为云区块链服务BCS为核心，打造云服务＋网络＋芯片/终端，三位一体的区块链架构，为构建端到端的可信社会体系而服务。”

早在2016年，华为就开始积极参与Linux基金会下的Hyperledger（又称“超级账本”）项目，该项目是区块链技术领域最具影响力的开源项目，并在两个热度最高的子项目Fabric和STL中持续做出技术和代码贡献，同时被社区授予Maintainer职位，也是两个项目中唯一来自亚洲的Maintainer。

在Hyperledger的Fabric项目中，华为对Chaincode升级等多项功能特性进行了开发和修改，获得社区一致认可并予以采纳。Hyperledger成立中国区技术工作组，华为获得工作组主席职位，并帮助促进全球Hyperledger社区与中国本地技术团队之间的合作，为区块链开源社区在中国的发展和技术推广做出积极贡献。

华为云区块链服务四大优势帮助企业“快速上链”。华为云区块链服务基于华为云容器、安全等服务，是一种开放易用、灵活高效的通用型基础解决方案。它聚焦区块链平台建设，为开发区块链应用和方案的企业提供高性能、高可用、高安全的区块链服务，其主要优势如下：一是开放易用。基于Hyperledger 1.0、Kubernetes和Docker等开源组件搭建，配置简单，数分钟之内即可完成部署，提供全流程的自动化运维服务，全天候多维度监控。二是灵活高效。支持多种高效共识算法，切换灵活，秒级共识（2000+TPS），多角色节点和成员可动态加入/退出，采用容器化物理资源管理。三是高性价比。一键上链，节约80%的开发、部署成本；按需付费，根据客户需求进行弹性伸缩，减少60%的研发和使用成本；统一运维，降低监控和运维成本。四是安全隐私保障。完善的用户、密钥、权限管理和隔离处理，多层加密保障和国密支持，零知识证明和同态加密等隐私处理，使其具备可靠的网络安全基础能力，运营安全无忧。

第三章　智慧仓储与智慧运输

一、智慧仓储概念

发展智慧物流必须关注物流的各个环节，智能仓储是智慧物流发展的核心阵地与产业上、下游的关键纽带，依托云计算、大数据、人工智能等新技术，扎实应用物联网、传感技术、射频等技术，实现仓储过程的数字化、信息化，打造一套个性化、互通的仓储物流管理系统。降低成本、提高效率是智能仓储以及现代物流发展需要突破的关键所在。

智慧仓储是指在仓储管理业务流程再造的基础上，利用RFID、网络通信、信息系统等智能技术及先进的管理方法，实现货物入库、出库、盘点、移库管理的信息自动抓取、自动识别、自动预警及智能管理功能，以降低仓储成本、提高仓储效率、提升仓储智慧管理能力的现代智慧物流活动。

仓储、运输和配送是物流链的三个基本环节，其中，仓储环节占用货主企业资金最多。此外，相比于运输和配送，仓储环节由于应用环境相对简单可控，现已有更多先进成熟的技术支持。高资金占用、智慧技术相对成熟，通过智慧化设备实现的降本增效仓储被认为相对于其他环节投入回报率更高。智慧仓储的管理和调度中，自动化设备、无人机、智能识别等智慧化手段可以实现库存的优化和控制，提高物流链的反应速度。建设和升级智慧仓储成为实现降本增效的"捷径"。高工产业研究院GGII预测：到2023年，未来智能仓储市场规模将达1975亿元。

自动化和无人化是智慧仓储发展的主要方向。智慧仓储内，应用自动化技术可超越人工的作业效率并降低差错率。无人化技术则能实现仓内各种工作区域的无障碍连接，这在不适宜人工作业的区域尤其重要。此外，无人化技术还可以平衡订单流量不稳定带来的人工成本过剩。苏宁超级云仓效率是人工拣选的10倍以上，日处理量高达181万件；京东物流无人仓的拆零拣选作业的效率是传统作业模式的8倍以上，拣货准确率可达到99.99%。自动化和无人化不仅实现了惊人的效率增长，还极大提高了分拣的精确度。

智慧仓储在激烈的竞争中保持领先地位。此外，随着物流成本降低，产品流通的地域将更加广泛，覆盖更多的受众群体，并根据不同区域的特殊情况形成细分市场，进而影响到企业的产品、运营和营销。中国经济的持续健康发展和中国物流业的崛起为仓储业的发展提供了巨大的市场需求，加上制造业、商贸流通业外包需求的释放和仓储业战略地位的加强，未来智慧仓储存在巨大市场需求。

从智慧仓储角度来看，整个智慧仓储总额2020年超过300万亿元，90%是工业品，10%才是消费品。若只是停留在消费领域，做生产组织方式或模式的变革，很难适应创新型的实体经济发展。智慧仓储在产品多样化、个性化的趋势下，智能仓储物流承担着提升效率、客户体验和企业核心竞争力的重任，随着大数据、物联网、机器人、传感器等技术的不断进步，智慧仓储作为以上技术的载体，有望迎来高速发展。

智慧仓储利用5G模组+5G专网实现AGV（自动搬运小车）在智能仓储和物料配送中的应用，解决了传统AGV采用WiFi网络控制存在的信号干扰大、稳定性差以及覆盖不足的弊端，作业效率大幅提升。我国物流行业的总收入占物流总费用的比例约为70%，物流总费用的增长会直接带来物流行业整体较弱的收入表现。

现阶段智慧仓储企业办事本领越来越强，随着中国工业和经济的发展，仓储业的当代化要求也在持续攀升。智能仓储物流系统规模从2001年的不足20亿元，迅速增长至2015年的600亿元，2018年已超过1000亿元市场空间，年均增长速度超过20%。目前，中国正处于智慧仓储升级阶段，由机械化向自动化和智能化不断升级，智慧仓储有很大的发展空间。“十四五”规划明确提出要“深入实施制造强国战略”“保持制造业比重基本稳定”，与“十二五”提出的“服务业增加值占国内生产总值比重提高4个百分点”、“十三五”规划提出的“服务业比重进一步提高”截然不同。2020—2025年，智慧仓储行业的需求有望实现不低于GDP的增长，保守假设2020—2025年我国GDP复合增速为5%，且物流总额增长率与GDP增速保持一致，则根据测算，2025年中国物流总额有望突破380万亿元。

无人机、机器人与自动化、大数据等已相对成熟，已经商用；可穿戴设备、3D 打印、无人卡车、人工智能等技术在未来 10 年左右逐步成熟，将广泛应用于仓储、运输、配送、末端等各物流环节。已经实现商用的物流相关技术主要有：①仓内技术。主要是机器人技术，包括 AGV(自动导引运输车)、无人叉车、货架穿梭车、分拣机器人等，主要用于仓内搬运、上架、分拣操作，可有效提高仓内的操作效率，降低物本，如亚马逊在 13 个分拣中心布局了超 3 万个 KIVA 机器人。②“最后一公里”配送环节。现在主要使用的是无人机技术，包括干线无人机与配送无人机两类，其中配送无人机研发已较为成熟，主要应用于末端“最后一公里”配送，如京东在 2017 年“618”期间，已采用无人机在多省市进行小件商品配送，完成 1000 余单配送。③智慧数据底盘方面主要应用大数据分析技术，对商流、物流等数据进行收集、分析，主要应用于需求预测、仓储网络、路由优化、设备维修预警等方面，如京东采用数据预测方法，提前洞察消费者需求，并进行预先分仓备货。仓内技术中可穿戴设备技术、“最后一公里”中的 3D 打印、干线技术中的无人卡车，以及数据底盘的物联网、人工智能等技术多处于研发测试阶段，可用于仓内智能分拣、末端产品配送、干线货物运输、产品溯源、决策支持等方面，如在 DHL 荷兰仓内，员工可根据智能眼镜的图像提示如包裹体积、目的地信息，进行高效分拣。

二、智慧仓储技术和前景

(一)智慧仓储技术

1. 射频识别技术

射频识别(radio frequency identification，RFID)硬件系统主要由 RFID 标签、读写器和后端计算机系统组成。当 RFID 标签进入读写器范围内，标签与读写器之间通过射频信号通信，完成非接触式识别、定位与数据读写等功能。在现有库房系统中引进 RFID 技术，对库房到货查验、入库、出库、调拨、移库移位、库存盘点等各个作业环节的数据进行自动收集，可保证企业及时准确地掌握库存数据，方便对物品的批次、保质期等进行处理，有利于提高库房处理的作业效率。

基于RFID技术的智能仓储管理系统是在传统的仓储管理的工作方式和流程中加入RFID终端设备、电子标签,来实现自动化数据采集、显示并完成库内作业管理工作,在仓库管理的核心流程(到货质量检测—入库—库内作业(调拨、盘点、移库移位)—出库—退货及库存)控制中实现更高效精确的管理。有效控制并跟踪仓库业务的物流和成本管理全过程,实现完善的企业仓储信息管理。利用超高频RFID系统雷达反射原理的自动识别系统,读写器通过天线向电子标签发出微波查询信号,电子标签被读写器微波能量激活,接收微波信号后应答并发出带有标签数据信息的回波信号。射频识别技术的基本特点是采用无线电技术实现对静止的或移动的物体识别,达到确定待识别物体的身份、提取待识别物体的特征信息(或标识信息)的目的(见图3-1)。

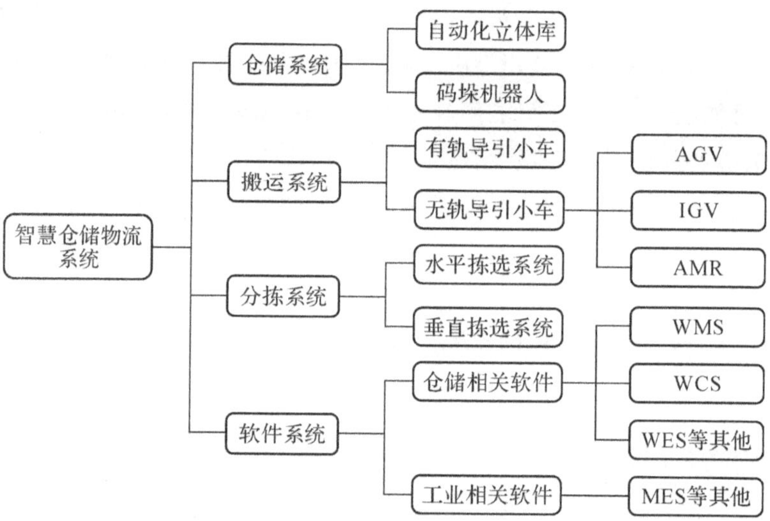

图3-1 智慧仓储物流系统

2.机器人技术

仓储业早期使用的机器人以传送带和相关机械为主。近年来,随着人工智能技术快速发展,仓储机器人应用范围不断延伸,已经成为智能仓储的关键技术之一。仓储机器人涉及诸多核心技术,如运动控制、避障机制、导航技术、视觉识别、机械结构、动作算法等。目前智能仓储中常见的智能机器人有自动导引车(AGV)、码垛机器人、分拣机器人等(见图3-2)。自动导引车属于一种无人驾驶且拥有搬运功能的自动导航装置。在现有仓库中使用AGV无需更改仓储的基本配置。AGV可以代替叉车,并且可以持续不间断地运行,因此使用AGV替代人力可以大幅提高工作效率。目前使用成本不断降低,即使是在最小的配送中心,全面使用AGV也有望成为现实。

种类	简介	特点
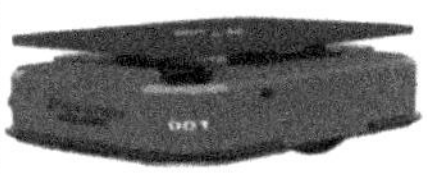 分拣AGV	用以进行货物分拣的机器设备,通过扫描条码等方式,按既定速度自动规划最优路线,将货物运送至员工处理区	分拣AGV是基于搬运AGV的深度应用,占地面积小,机器人既相互联系又独立运作
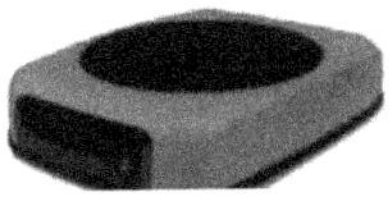 拣选AGV	机器人拣货送至指定货位,拣选人员根据机器人显示屏、电子播种墙、电子标签提示,从指定货位拣取商品	拣选AGV是基于搬运AGV的深度应用,适应仓储运作的不同场景,具有举升功能,实现货架搬运
 搬运AGV	自动实现点对点搬运,路径规划及货架与托盘的取放,通过视觉导航等自动操作将物品运输至指定地点	仓库内应用最广泛、发展最快的AGV类型之一,实现仓储"货到人"运作模式
 叉车AGV	由液压升降系统、差速驱动系统、PLC控制系统、导引系统、警示系统和操作系统等组成,集液压升降和PLC控制的可编程无线调度的自动导引小车	适合在高位仓库、库外收货区及产线转运场景作业,在重载、特殊搬运等场具有不可替代作用

图3-2　仓储AGV产品分类

AGV指装备有电磁或光学等自动导引装置,能够沿规定的导引路径行驶,具有安全保护以及各种移载功能的运输车,工业应用中不需驾驶员的搬运车,以可充电之蓄电池为其动力来源。一般可透过电脑来控制其行进路线以及行为,或利用电磁轨道来设置其行进路线,电磁轨道粘贴于地板上,无人搬运车则依循电磁轨道所带来的讯息进行移动动作。

智能化码垛机器人可替代人工执行搬运、码垛、拆垛等任务,其具有动作灵敏准确、运行效率高、能够适应危险环境等优势，目前应用码垛机器人实现生产自动化是推动仓储企业发展的有效手段。但是其结构和算法设计的难度较高，设备购买、运行和维护成本也普遍较高，因此目前仅适用于自动化水平较高的企业，在小型企业中仍难以普及。托盘码垛机器人是能将不同外形尺寸的包装货物，整齐地、自动地码(或拆)在托盘上的机器人。为充分利用托盘的面积和码堆物料的稳定性，机器人具有物料码垛顺序、排列设定器。根据码垛机构的不同，可以分为多关节型、直角坐标型。根据抓具形式的不同可以分为侧夹型、底拖型、真空吸盘型。

分拣机器人是一种具备传感器、物镜和电子光学系统的机器人，可智能化对物品进行识别、抓取、放到指定位置，从而实现货物快速分拣。自动分拣机器人能够实现 24 小时不断分拣，占地面积小，分拣效率高，可降低 70%人工成本。目前国内主流快递企业和大型农产品企业，均已采用智能分拣机器人大幅替代人工。但是目前分拣机器人仅擅长处理特定类型物品，处理复杂类型的物品仍需人工干预，智能化水平仍须提高。此外，设备研发和维护费用仍然较高，这也是中小型企业无法大规模使用的原因之一。

3. 自动立体化仓库

立体化仓库又称高层货架仓库、自动存取系统 AS/RS(automatic storage & retrieval system)。它一般是采用几层、十几层甚至几十层高的货架，用自动化物料搬运设备进行货物出库和入库作业的仓库。立体化仓库一般由高层货架、物料搬运设备、控制和管理设备及土建公用设施等部分构成。

1963 年，美国率先在立体仓库中引入计算机控制技术，此后该技术迅速发展。自动化立体仓库可以充分利用仓库用地，减轻劳动强度，提高仓储自动化水平及管理水平，降低储运损耗，有效地减少流动资金的积压，提高物流效率。自动化立体仓库中包含了很多配套设施以及管理系统：立体货架、存储托盘、有轨巷道堆垛机、叉车、自动化输送线、控制管理系统、AGV 系统、智能化仓储管理系统等。在自动化立体仓库设计过程中，应明确用户所要达到的目标和功能要求，明确自动化立体仓库与上游、下游衔接的工艺过程，物流要求，物料的规格参数，立体仓库的现场条件及环境要求等。我国在自动化立体仓库领域起步并不晚，1980 年，已建成中国的第一座自动化立体仓库。2019 年，中国自动化立体仓库保有量 6000 座左右，总立体库面积达到 3.49 亿立方米。其中，电商、快递、零售、冷链行业等服务领域需求增速明显，服装、新能源等新兴行业亦开始发力。未来自动化物流与仓储场景将日趋增多，除了大型企业，小型企业和物流点对于仓储自动化需求也将大幅增加。相关设计和研发企业，应根据具体使用场景，开发功能更加细化的自动化立体仓库，以期有效地降低人力成本，改善管理混乱的局面，让仓储物流变得更加智能高效。

自动化立体仓库是自动化仓储阶段和智能化仓储阶段的重要应用。立体仓库单位面积储存量可达 7.5 吨/平方米，是传统普通仓库储存量的 5～10 倍。自动化立体仓库通过高层货架存储货物，提高高空利用率，大幅减少占地空间（见图 3-3）。自动化立体仓库采用现代化信息技术管理手段，通过智能化管理提高仓库存储效率，减少人工手动作业，节省人力成本。

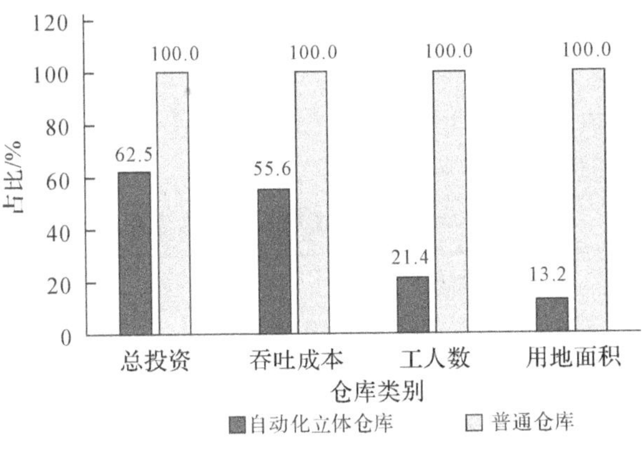

图 3-3　自动化立体仓库与传统普通仓库成本效益比较

4. 智能化仓储管理系统技术

智能化仓储管理系统技术主要包含三大类系统技术：仓储管理系统（WMS）、仓储控制系统（WCS）和物流运输管理系统（TMS）。仓储管理系统（WMS）是针对仓储精细化操作的管理系统。通过在系统中配置业务操作流程，可以自动生成系统指令，指导现场人员进行实物作业，并记录操作过程。现代智能 WMS 支持各行业的仓库及配送中心，并可支持多模式（批发、零售、B2C、生产制造）、多业态（超市、卖场、便利店）、多仓库的个性化需求。仓储控制系统（WCS）位于仓储管理系统（WMS）与物流设备之间的中间层，负责协调、调度底层的各种物流设备，使底层物流设备可以执行仓储系统的业务流程，并且这个过程完全是按照程序预先设定的流程执行。WCS是保证整个物流仓储系统正常运转的核心系统。使用仓储管理系统（WMS），可以有效减少仓库出错率、提高操作效率、实时管理仓库数据、提高库存准确率和周转率。仓储控制系统可协调各种物流设备如输送机、堆垛机、穿梭车及机器人、自动导引小车等之间的运行。该系统通过任务引擎和消息引擎，优化分解任务，分析执行路径，为上层系统的调度指令提供执行保障和优化方案，实现对各种设备系统接口的集成、统一调度和监控。物流运输管理系统（TMS）适用于运输公司、各企业运输队等，它主要包括订单管理、配载作业、调度分配、行车管理、GPS车辆定位系统、车辆管理、人员管理、数据报表、基本信息维护、系统管理等模块。该系统对车辆、驾驶员、线路等进行全面详细的统计考核，能提高运作效率，降低运输成本（见表3-1）。在现代智能化背景下，智能化仓储管理系统直接影响着企业的管理效率和生产效率。目前我国物流仓储产业信息化处在高速发展阶段，行业内现代仓储与物流观念仍须加强。系统开发商应与使用单位展开更深入的合作，提升仓储管理系统的智能化水平。

表3-1　自动化立体仓库与传统普通仓库比较

对比项目	自动化立体仓库	传统普通仓库
空间利用率	·充分利用垂直空间，单位面积存储量远大于普通单层仓库（约为单层仓库的4—7倍）	·占地面积大，空间利用率低
储存形态	·动态存储：仓库内货物按需自动存取 ·仓库系统与其他生产环节系统紧密连接	·静态储存：仓库仅作为货物的存储场所，无法有效管理货物
准确率	·采用先进信息技术，准确率高	·信息化程度低，容易出错
管理水平	·计算机智能化管理 ·仓储与其他生产环节紧密相连，有效降低库存积压	·计算机应用程度低 ·仓储与其他生产环节不相连，容易造成库存积压
可追溯性	·采用条码技术与信息处理技术，准确跟踪货物流向	·以手工登记为主，数据准确性和及时性难以保证

续表

对比项目	自动化立体仓库	传统普通仓库
对环境要求	·可适应黑暗、低温、有毒等特殊环境	·受黑暗、低温、有毒等特殊环境影响大
效率与成本	·高度机械化和自动化，出入库速度快 ·人工成本低	·主要依靠人力，货物存取速度慢 ·人工成本高

5.5G 通信技术

第五代移动通信技术简称 5G 通信技术，其特点是高数据速率、减少延迟、节省能源、降低成本、提高系统容量和可以进行大规模设备连接。智能仓库通过使用更擅长移动场景的 5G 通信替换传统的 WiFi 和有线通信，就可以用一张网承载制造物流、园区物流和在途物流，实现信息流、物流和业务流的统一连接、统一管控，使物流系统可以更高效率、更大规模、更低成本、更高性能地运行。目前中国 5G 通信技术走在世界前列，但是整体工业互联网应用还处于发展阶段。中国多家企业智能化仓储技术中已经开始推广 5G 智慧物流技术。该技术必定会成为未来物流市场上主流技术。

(二)智慧仓储发展前景

随着工业 4.0 进程的加快，AI、机器人等技术正快速刺激着仓储领域的智能变革。面对全新的挑战，智能仓储的成功离不开人工智能技术的大力推动。近年来，智慧化这个概念逐渐被应用到各个行业，而跟物流有关的就有无人分拣机器人、无人驾驶卡车和无人叉车，越来越多的新装备也开始投入实际应用中。中国电商和泛仓储行业仍在增长，仓储机器人的目标市场便是取代百万上下的工作人员。

1.智慧仓储社区化

快递行业，由于运输方式和对象的不同，通常分为不同的快递服务种类。其中，按照运输方式的不同，可分为航空快运、公路快运、铁路快运和水运快运；按照服务对象的不同，可分为特快专递和一般快运。2020 年受疫情影响，中国快递行业业务收入及业务总量较 2019 年有所下降，但此后保持持续增长态势，预计到 2025 年，业务收入将突破 1 万亿元，业务总量接近 1000 亿件(见图 3-4)。

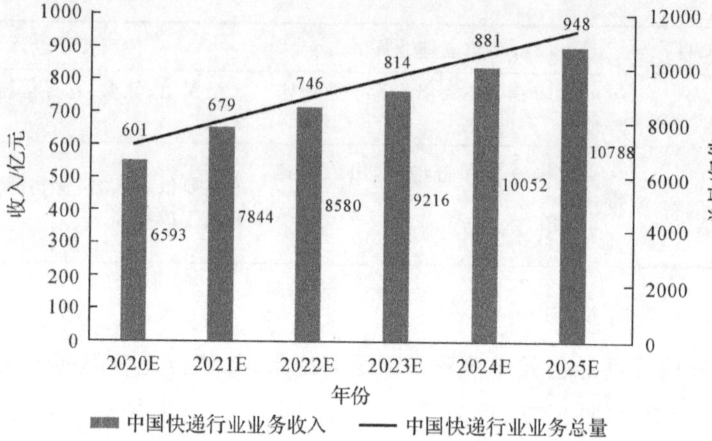

图 3-4 2020—2025 年中国快递行业业务收入及业务总量预测

资料来源：前瞻产业研究院。

据艾媒报告中心数据显示，近年来，中国实物商品网上零售额稳步增长。2020 年，全年实物商品网上零售额 97590 亿元，增长 14.5%，占社会零售总额的 24.9%。中国的快递行业与电子商务行业并驾齐驱，既是电子商务蓬勃发展的推动者，也是其直接受益者。随着线下消费向线上转移，网上零售额占社会零售总额比重持续提升，在线零售的渗透率因此也进一步提升，电子商务行业的加速发展推动了快递行业的发展(见图 3-5)。

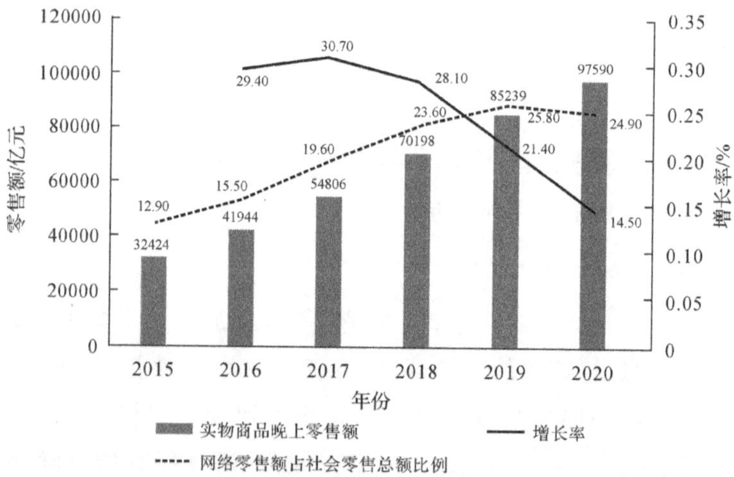

图 3-5 2015—2020 年中国实物商品网上零售总额及在零售总额中的占比

数据来源：国家统计局，艾媒数据中心。

宅经济、懒人经济随着互联网企业发展而兴起，物流体系持续完善和发展，受短期疫情刺激逐步走向成熟。数据显示，2016 年至 2020 年间，本地生活 O2O 市场规模不断保持平稳增长，生鲜电商、外卖行业的市场规模在 2020 年分别达到 2638 亿元及 6646 亿元。艾媒咨询分析师认为，宅经济离不开物流体系，同时也在反哺物流发展，懒人经济的需求加上其商业模式的成熟，必将带动快递物流行业加速发展。

调研数据显示，相较于 2020 年，2021 年 1 月中国快递不同专业业务量均有所增加。具体从不同专业快递业务来看，八成快递业务量由异地快递所贡献，不同专业快递业务收入占比中，异地快递占比近一半。艾媒咨询分析师认为，相较于 2020 年 1 月，快递物流行业受疫情的严重冲击，2021 年的快递物流业务量较上一年同期实现显著增长。在“就地过年”政策的影响下，“2021 年网上年货节”成为快递物流增长的主要动力。年货节期间，在直播、拼购、线上线下融合的叠加带动下，网络商品销售增速明显，快递物流业务量实现高速增长（见图 3-6）。

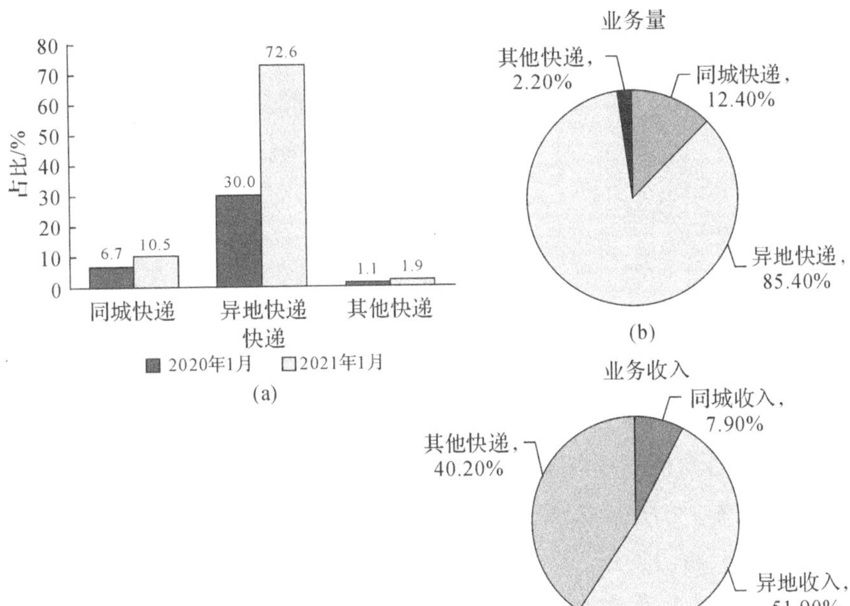

图 3-6　2020—2021 年 1 月中国快递业务量结构分析

数据来源：艾媒数据中心。

随着电商的快速发展，不断递增的快件量，让快递服务愈发受到社会的关注。然而，随着网络购物的普及，传统的收发模式越来越无法应对如今快递“爆棚”的现状，丢件、责任不明、用户信息泄漏等问题随之而来。于是，智能快递柜应运而生。2013 年 11 月下旬，国家邮政局发布《关于提升快递末端投递服务水平的指导意见》，鼓励企业开展第三方合作模式创新，积极探索和推广智能投递，提升快递末端投递服务水平。面对物流快递业务量的爆发式增长，“最后 100 米”配送已成为制约递送效率的关键性因素。为突破物流快递中这“最后 100 米”障碍，开拓市场需求的现代经营理念突破“最后 100 米”的困境，开发了物流电子柜，这就是物流“最后 100 米”的概念(见图 3-7)。采用智能终端+行业信息的方式，针对快递行业，有效解决当前客户、货件、快递员以及后台管理者之间信息交互慢、效率低，对快递员的工作监管难、量化考核难等现实问题。目前，广东已经与多个国内国外快递企业合作应用顺丰速运，并进一步向其他地区辐射延伸，在激烈的竞争下提高客户满意度及管理水平。

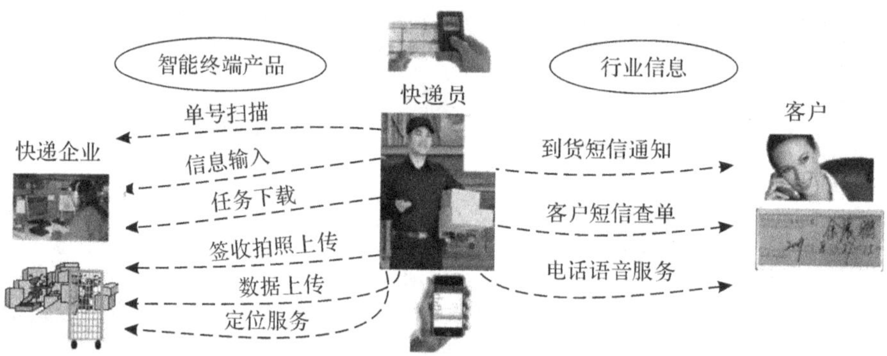

图 3-7 智慧仓储社区解决物流末端痛点

未来的快递物流行业是高度重视用户体验的行业，依托大数据信息系统以及智能技术，利用大数据信息规划配送安排、网点选址、完善投诉渠道等，提高用户体验满意度。

2. 仓储智能化发展

随着人口红利的消退，用人成本不断提升，传统物流体系寻求改革，智能仓储优势凸显。智慧物流、绿色物流、数字化物流无疑是行业发展主旋律；仓储智能化、无人化将是趋势，对于物流企业、零售流通企业来说，打造企业专属的智能仓储体系是现代仓储管理的关键。智能仓储是一种仓储管理理念，是通过信息化、物联网和机电一体化共同实现的智慧物流，从而降低仓储成本、提高运营效率、提升仓储管理能力。智能仓储是物流过程的一个环节，智能仓储的应用，保证了货物仓库管理各个环节数据输入的速度和准确性，确保企业及时准确地掌握库存的真实数据，合理保持和控制企业库存。利用 WMS 系统的管理功能，更可以及时掌握所有库存货物当前所在位置，有利于提高仓库管理的工作效率。RFID 智能仓储解决方案，还配有 RFID 通道机、查询机、读取器等诸多硬件设备可选。现代化智能仓库管理可提升货物出入库效率，减少工人劳动量，降低企业运作成本。传统仓库作业常采用人工手段、条形码等技术来采集与传递信息，在提升仓库效率方面起到了一定作用；但随着现代仓库所管理货物种类变得多样化、对精细化管理需求越来越高，传统方法在精确性、便捷性方面已难以满足现代化仓库作业要求。

传统的仓储功能单一，信息化程度低，服务水平和能力不高。如今，包括仓储在内物流领域的基础设施已经在向下渗透，但是边际成本在日益凸显，以新一代信息技术、人工智能、机器人技术等为核心的智能仓储，则为传统仓储提供了新的解决方案。以智能仓储机器人为例，近些年智能仓储机器人风靡全球，从 2012 年亚马逊以 7.75 亿美元的价格收购仓储机器人 Kiva Systems 开始，国际市场到国内市场上对智能仓储相关的资本热度一直未减。2017 年 8 月，国务院办公厅印发《关于进一步推进物流降本增效促进实体经济发展的意见》，要求开展仓储智能化试点示范。随着智能仓储市场的不断扩大，当前越来越多的企业在该领域开始布局。北京跨境电商智能一号机器人库建成，其采用国内自主知识产权的最新技术机器人进行操作管理，实现自动仓储管理、自动拣货、自动分拣、自动查验等。据了解，与传统库房相比，机器人的拣货效率是人工拣货的 1.8～2.5 倍。机器人预计每天工作 8 小时可处理包裹 1 万单，是人工处理的 4 倍；存储面积也较传统库房可多存 27% 的货物。以人脸识别为主业的旷视科技（Face＋＋）全资收购艾瑞思机器人（ARES Robot），正式进军智能机器人业务，目标是为物流仓储、智能工厂等行业提供智能化的产品及解决方案。

根据业务性质分类，智能仓储物流主要应用于两大领域：工业生产物流、商业配送物流。工业生产物流服务于生产，对工厂内部的原材料、半成品、成品及零部件等进行存储和输送，侧重于物流与生产的对接；商业配送物流系统为商品流通提供存储、分拣、配送服务，使商品能够及时到达指定地点，侧重于连接工厂、贸易商、消费者（见图 3-8）。

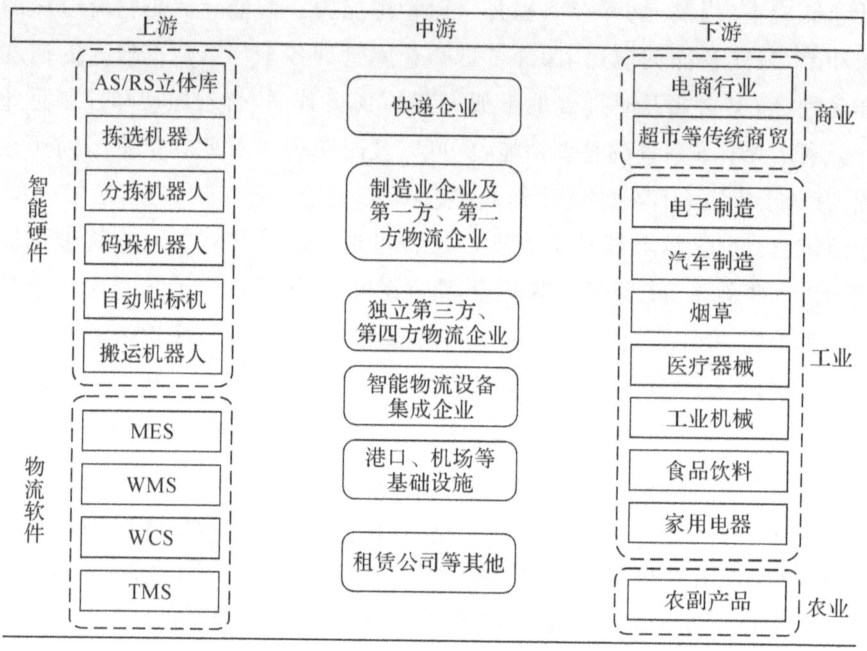

资料来源：中国物流采购联合会，天风证券研究所。

图 3-8 智能仓储物流系统

（三）中国智能仓储市场规模

随着中国经济增长，居民消费行为激增，商贸业、制造业、零售商超、物流业等对仓储业务需求不断增加，但土地使用成本及人工成本上升，仓储业务逐渐出现外包需求，各行业通过仓储业务外包来节省经营成本，促进一批专业仓储服务提供商诞生。而专业的仓储服务提供商纷纷通过发展智能仓储降低人力及土地使用成本。可见，未来要发展智能仓储，减少人员及土地的使用、降低仓储费用是中国仓储行业发展的必经之路。在中国物流业快速发展，制造业、商贸流通业仓储外包需求的释放及国家政策的引导这一背景下，智能仓储在中国的战略地位持续加强，未来智能仓储市场需求进一步释放，智能仓储行业获得巨大的市场发展空间，预计到 2024 年，中国智能仓储市场规模将达 1984.7 亿元。

三、智慧运输系统概念及在中国的发展

(一)智慧运输系统的概念

智能运输是指在运输管理业务流程再造的基础上,利用 RFID、网络通信、GIS 等智能技术及先进的管理方法,实现运输过程中的智慧配载、实时调度、智慧派车、路径优化及实时交互,降低运输成本,提高运输效率,提升智慧运输管理能力的运输。智慧运输可从运输效率和运输成本两个方面助力智慧物流的发展。在运输效率方面,为适应智慧物流的需要,必须进一步发展、创新运输基础设施建设、运输组织管理模式、货运服务方式、企业组织形态和政府管理等。同时要加快转变物流服务与运输组织相分裂的传统思维,进一步优化运输组织管理,不断创新运输组织方式,全面提升物流运输服务效率,助力智慧物流发展。在运输成本方面,影响物流成本的关键因素包括运输流程合理性、服务体系的便利性和有效性等。围绕这些关键因素,必须考虑基础设施的配置、运输方式的组合、流程节点的简化以及体制机制的灵活性、商业模式的支持度等,这实际上就是一个综合物流服务体系建立的过程。互联网时代下,物流行业与互联网的深度结合,改变了物流行业原有的业务流程与市场环境,推动产生了新的物流和业态模式,如车货匹配、众包运力、多式联运等。

关于智能运输系统(intelligent transportation system,ITS)的准确定义,是一个引起广泛争论的话题。美国、欧盟、日本及中国的理解都不相同。目前国内外对智能运输系统的理解不尽相同,但不论从何角度出发,有一点是共同的:ITS 是用各种高新技术,特别是电子信息技术来提高交通效率,增加交通安全性和改善环境保护的技术经济系统。因此,智能运输系统是在较完善的交通基础设施之上,将先进的信息技术、通信技术、控制技术、传感器技术和系统综合技术有效地集成,并应用于地面交通系统,从而建立起来的大范围内发挥作用的,实时、准确、高效的交通运输系统。

智慧运输系统广义上说也是一种人工智能系统,是用交通类的传感器、带有交通知识的 CPU 和能执行交通功能的执行机构模拟人的五官、大脑和四肢,达到交通智能化的目的。日本、美国和欧洲等发达国家和地区为了解

决共同面临的交通问题，竞相投入大量资金和人力，开始大规模地进行道路交通运输智能化的研究试验。起初进行道路功能和车辆智能化的研究，随着研究的不断深入，系统功能扩展到道路交通运输的全过程及其有关服务部门，发展成为带动整个道路交通运输现代化的“智能运输系统”(intelligent transportation system)。智能运输系统的服务领域为先进的交通管理系统、出行信息服务系统、商用车辆运营系统、电子收费系统、公共交通运营系统、应急管理系统、先进的车辆控制系统。智能运输系统实质上就是将先进的信息技术、计算机技术、数据通信技术、传感器技术、电子控制技术、自动控制技术、运筹学、人工智能等学科成果综合应用于交通运输、服务控制和车辆制造，加强了车辆、道路和使用者之间的联系，从而形成一种定时、准确、高效的新型综合运输系统。

(二)智慧运输在中国的发展

早在 20 世纪 70 年代末，中国就已经开始在交通运输和管理中应用电子信息技术，当时称之为交通工程。根据国际上对智能运输系统发展的研究可以认为交通工程的研究与应用是智能运输系统初级阶段的工作，因此中国的 ITS 前身或基础工作可追溯到 20 世纪 70 年代末。当时交通部公路科学研究所与北京市公安局合作首次在中国进行计算机控制交通信号的工程试验。20 世纪 80 年代初，国家科技攻关项目津塘疏港公路交通工程研究首次在高等级公路上把计算机技术、通信技术和电子技术用于监视和管理系统。1986—1995 年，国家在交通管理系统方面开展了一系列科学研究和工程实施，在城市交通管理高速公路监控系统、收费系统、安全保障系统等方面取得了多项科研成果，并开发生产了车辆检测器、可变情报板、可变限速标志、紧急电话、分车型检测仪、通信控制器、监控地图板等多种专用设备，制定了一系列的标准和规范。

2006 年，北京大学智能交通系统研究中心(ITB 研究中心)成立。在业务的对外交流方面，1995 年起中国就与欧盟的 RETICO 正式接触，并于 1997 年 6 月在北京举行了首届“欧洲—中国 ITS”会议。在系统的实际开发和应用方面，局部地区形成了 ITS 系统的部分功能。其中最主要的电子收费系统，全国已有不少省份或城市开始采取或试行。如 1996 年广东省佛山市在该市周围的 23 个收费点推行电子收费系统，以此提高了道路的通过能力，减少了空气污染。同样，在一些高等级公路上也出现了类似的收费系统；结合交通工程在新建的高速公路旁一般都埋设了光纤等信号传输线路，有些还安装了车辆探测装置和可变式信息显示装置，便于其后的交通控制、管理和服务。此外，在引进国外先进技术和产品的同时我国也开始与外国的厂商建立合资企业，生产 ITS 的产品。

国内布局智慧配送运营的企业大致可以分为三类：第一类是阿里、京东、美团等自带物流配送业务（即场景）的互联网巨头公司，采用软件自研＋硬件采购＋自运营的方式推进，希望通过无人配送实现旗下物流配送体系的降本增效，三家都在试运营阶段，服务自有体系内配送业务，运营车辆数在几十台至百余台之间，未来 3 年内都有规模量产、部署的计划。第二类是从自动驾驶技术切入特定场景的初创公司，如白犀牛、行深智能。这类企业多从无人驾驶技术研发和特定场景应用出发，期望在低速载物场景实现自动驾驶技术的商业化。如白犀牛联合永辉超市推出零售无人配送，行深智能在江汉大学、苏州高铁新城推出无人配送和无人零售等。第三类是有主机厂及 Tier1 背景的企业，如毫末智行、东风，这类企业有传统汽车制造业基础，首先从底盘、车辆供应角度切入市场，并宣称提供无人配送解决方案并会布局运营，但据辰韬资本调研了解，在实际运营层面还处于未启动或者测试起步阶段。无人配送的商业进展经历三个发展阶段：第一阶段，产品打磨，商业化探索。当前正是处在这一阶段，解决方案商在各种场景进行产品打磨和运营优化，从简单场景起步，逐渐过渡到相对复杂场景，逐步在诸如高校、社区、产业园区、城市固定区域内，从试运营到常态化运营，车辆数从个位数到两位数，以测试示范、产品打磨、运营优化和商业模式探索为主。第二阶段，快速铺量、人车协同。随着技术迭代、成本下降、产品逐渐成熟，以及法规的完善和允许，无人配送相较于传统人工配送呈现明显效率优势和成本优势，这一阶段各个场景方、传统配送服务商、配送需求方将快速引进无人车和无人配送服务，无人配送车将进入快速铺量阶段，与此同时，随着更多场景方和玩家的加入，配送全流程将产生多样化的人车协同方式，形成完整的商业闭环，产生明显的商业价值。第三阶段，形成运力网络，构建新业态。无人配送车辆数和覆盖密度到达一定规模之后，将形成全新的运力服务网络，由于这一网络具有智能、网联和高度灵活等特点，将释放出传统人力配送网络不能承载的功能，可能整合零售、物流、安防、广告、大数据等多个行业，演变、衍生出多种创新服务和业态，形成全新的生态。

四、智慧运输体系的关键技术

（一）智慧运输要素

1. 智慧配载。利用智能优化算法，根据货物配送信息、货物体积重量及车辆信息，制定运输车辆的优化配载方案，降低车辆空载率，提高配载效率，同时降低成本。

2. 实时调度。通过全球定位系统（GPS）等技术实时准确监控在途车辆，及时准确地了解车辆在途状态，科学统一管理车辆调度，根据客户订单信息、车辆信息、道路信息，实现运输车辆与订单及路线的实时匹配与调度。

3. 智慧派车。通过车辆信息管理、车辆维修与保养管理、车辆加油管理、商务用车管理、车辆违章保险与规费管理和车辆备品管理等措施实现对运输车辆的系统化管理，为车辆提供准确的数据支持，同时根据运输需求实现智慧派车。

4. 路径优化。利用大数据、智能算法等先进技术，采集货物运输路径信息，对运输路线进行优化，设计最优的运输路径，同时，可根据客户地址的变化实时调整运输路线。

5. 实时交互。促进系统、驾驶员以及车辆之间的互联互通，在运输过程中可实现实时交互，系统可自动监测货物运输进程以及交通状况，并将及时调整的运输计划反馈给驾驶员（见图 3-9）。

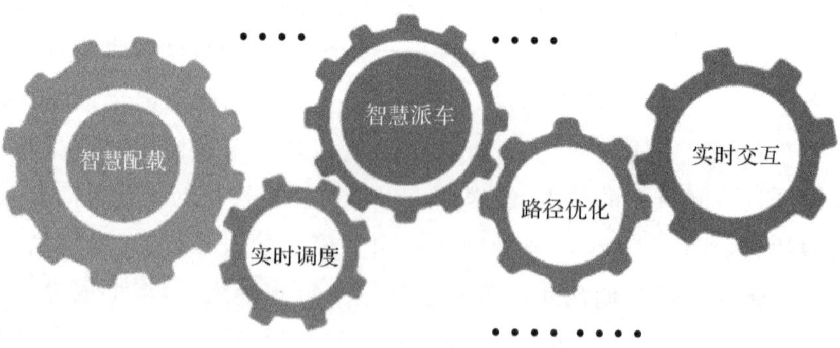

图 3-9　智慧运输要素

(二)智慧运输关键技术

ITS的研究对象是交通问题，但ITS研究开发所利用的工具不仅仅是传统的交通工程理论，还包括所有相关的高新技术，这些技术成为ITS中应用的关键技术。各相关专业共同构成了ITS的专业技术基础，因此ITS具有多学科交叉的特点，ITS的研究开发需要各个相关专业人士的加盟，涉及的相关专业技术包括信息技术、计算机技术、通信技术、多媒体技术、传感器与控制技术等。

1. 计算机技术

智能运输系统可以有效运行的关键因素之一是实现广泛的信息交换与共享，信息需要采集、传输、处理、存储和发布，而计算机在信息存储、处理等方面起着重要作用。利用计算机数据库技术可以建立有关领域的数据库、知识库和方法库，利用计算机数据处理软件处理各类信息，进而建立各类信息系统。ITS中大量的信息、交换需要依靠计算机网络加以实施。目前，在智能运输系统广泛应用的管理信息系统(MIS)、决策支持系统(DSS)、地理信息系统(GIS)等无一不是以计算机技术为基础的。

2. 通信技术

在ITS中，通信技术是极其重要的共用技术，是信息传输的媒介。它能保证在信息采集、加工处理、反馈、发布的一系列环节中准确快速地传递信息。因此，多种通信方式、通信技术都可以应用于智能运输系统。在ITS中主要应用无线通信和有线通信两种方式，应用的无线通信技术主要有全球移动通信系统(global system for mobile communication, GSM)、码分多址技术(code division multiple access, CDMA)、蜂窝式数字分组数据(cellular digital packet date, CDPD)等陆基移动通信技术及卫星通信技术；有线通信技术有Internet、综合业务数字网(integrated services digital network, ISDN)、异步传输模式(asynchronous transfer mode, ATM)、光纤分布式数据接口(fiber distributed data Interface, FDDI)等。

3. 信息技术

研究信息提取、信息变换、信息存储的理论称为信息论。信息需要通过载体才可以真正实现信息流动，而对各类信息进行加工处理后才能应用于各个领域。ITS的核心是交通的信息化，在智能运输系统中各类信息系统的重要作用不可言喻。例如，应用管理信息系统(MIS)对道路信息、交通状态信息、交通管制信息和交通事故信息加以管理和控制；应用决策支持系统(DSS)，利用各种城市路网信息、地名信息、公安业务信息等静态信息和报警信息、交通路况信息、超前控制的决策信息等动态信息，对城市道路交通实施超前计划与控制。

其他应用还有全球定位系统(GPS)和地理信息系统(GIS)。GPS主要应用于车辆调度、目标跟踪、车辆导航和动态交通流数据的采集(装有GPS的车辆进行跟车法调查，可得到交通流速、流向等时空信息)等领域。GIS可以应用于交通地理信息的可视化管理，交通地理信息的动态显示等，还可以用于车辆定位与导航系统、交通监控系统、交通控制指挥系统、公交智能化调度系统和综合物流系统等专用电子地图。

4. 多媒体技术

多媒体技术是通过计算机、电视、通信等技术结合实现的，它将信息以文字、声音、图像等多种方式呈现出来。与ITS相关的多媒体技术主要有多媒体图像采集技术、多媒体图像数据压缩技术、多媒体通信技术等，广泛应用于ITS中的现代交通监控系统、智能化的电子收费系统、违章识别管理系统、车型分类、车牌号识别等多个领域中。

5. 传感器与控制技术

交通检测、监视和控制是提高交通运输系统运行效率和交通安全水平的有效手段。能有效、准确检测实时交通状态的各类传感器是检测与监控的前提。在ITS中广泛应用高灵敏度、高精度的智能化、集成化的新型传感器，可以改善交通检测与监控的有效程度，提高运行效率。

ITS还将广泛应用变结构控制、模糊控制、神经元网络控制等自动控制新技术进行交通管理与控制，采用动态实时控制，与交通量动态预报相结合，更加有效地提高道路通行能力和服务水平。建立分布式集散控制系统对高速公路实施匝道控制、主线控制、走廊控制和网络控制等多种方式的集成控制策略，对城市道路实施绿波或区域性优化控制，以改善高速公路和城市道路的交通状况，减少拥堵，降低事故发生率。

五、智慧配送场景及产业链分析

(一)末端无人配送场景

1.快递场景

快递场景,以电商为主,中国电商的市场份额高度集中在几家寡头手里。根据《2019 年度中国网络零售市场数据监测报告》显示,2019 年网络零售 B2C 市场(包括开放平台式与自营销售式,不含品牌电商),以 GMV 统计,排名前三位分别为:阿里巴巴(50.1%)、京东(26.51%)、拼多多(12.8%),三家总共占据近 90%的电商市场份额。

电商巨头有条件自建、自营无人物流配送体系,且已有动作。以阿里、京东为例,它们有自带场景优势,且拥有相关团队和技术储备。阿里无人配送车已经通过菜鸟驿站物流配送系统,陆续进入多个高校、社区、园区;京东无人配送车已在常熟、北京、天津等多个城市投入运营或试运营(见图 3-10)。此外,中国各大快递公司也在不同程度地研发或试用无人配送车。目前电商快递场景被阿里、京东及快递头部企业牢牢地把持着,但仅阿里、京东有较大规模的无人配送研发和运营投入。快递无人配送车主要在高校、园区、封闭社区等场景应用,对于公开道路行驶、路径规划、小区穿行、停车地点规划、人车交互等问题,还需要技术和运营进一步深入研究。

2.外卖场景

在国内外卖市场,美团和饿了么两家长期占据 95%左右的份额。据 Trustdata 统计数据显示,2020 年 Q1,美团市场份额为 67.3%,饿了么的交易量占比为 26.9%。2016 年美团开始无人配送研发,初期主要围绕外卖、闪购等核心业务。2021 年 4 月,美团在北京顺义落地运营的无人车主要用于配送美团买菜业务,美团外卖等业务暂未涉及。

外卖场景是所有末端配送中对时效性要求最高的,而且餐食对储存环境、平稳性、温度等都有比快递、生鲜零售品更高的要求。在取货和交付端,外卖场景是从 N 点到 N 点,即从 N 个不同商家取货,交付到 N 个不同消费者,面临着非常复杂的交互需求和行驶路径。这些特征意味着对外卖无人

图 3-10 京东智慧末端快递机器人

配送而言，取货、装车、行驶、履约交付等各个环节都存在较大的难点，因此，外卖或许不会是无人配送最快商业应用的场景。一方面，外卖行业面临单量持续上涨、人员成本上涨、招聘难、流动性大等问题；另一方面，外卖行业边际成本到一定限度后，很难继续下降。这意味着，在外卖平台竞争下半场，无人配送将成重要武器，无人配送技术的成熟和落地应用，也可能给外卖行业带来新一轮变革(见图 3-11)。

图 3-11 外卖场景无人配送车应用

3. 商超零售场景

与快递、外卖场景不同，商超零售业的特点是高度分散，且线下市场仍旧是主力。以 2019 年为例，零售业 TOP100 公司占社会消费品零售总额的比例仅为 20.9%。此外，我国电商零售占整体零售业市场总额比例约为 20%。近年来，传统零售企业积极拓展线上化，为了更好地拓展私域流量并控制成本，除了接入美团、京东到家等到家服务平台，头部零售企业也在建立自己的线上购物 App、微店、小程序等，如永辉超市开发永辉生活 App、物美超市开发多点 App。由于市场相对分散、配送需求相对较少，商超零售业难以支撑自建配送体系，同时，即便是永辉、大润发等头部公司，其体量、资金等都不足以建立无人配送研发及运营体系。因此，借助第三方公司探索、布局无人配送不失为一种好的方式。

当前阿里、京东、美团的无人配送服务更多服务于自有体系，而且对于商超、便利店、药品等连锁零售企业而言，与独立第三方运力合作可以更好地保证配送服务质量，同时有利于流量、数据安全，因此给了无人配送初创企业切入商超无人配送的机会。自动驾驶初创企业白犀牛已经联合永辉超市，在上海安亭提供无人车配送服务(见图 3-12)。相对于快递场景，商超零售配送的单价更高。相比外卖场景，商超零售配送场景相对简单一些。一方面，商超配送为 1 对 N 场景，人车交互和显示线路相对简单，且商超本身为在线订单配备专职的拣货人员，可以完成货物装车环节；另一方面，商超配送时效性要求相对外卖更低，可以给予无人配送较为充足的时间；此外，人们在超市购买的物品相对更大，更适合车辆配送而非外卖员骑电动车配送。

(二)无人配送关键技术及产业链

无人配送车上游是各硬件和零部件供应厂商，包括线控底盘、激光雷达、摄像头、计算平台等，既涉及汽车产业，也需要新的数字化和智能化配件，让无人配送车真正能够“自动驾驶”。中游是无人配送解决方案公司及无人配送服务运营公司。低速无人配送车根据终端客户的需求不同、用途不同，需要解决方案公司有针对性地设计，或者由无人配送运营公司直接提供运营服务。下游主要是传统配送服务商、配送需求方，主要包括电商、商

图 3-12 商超零售场景无人配送车应用

超、快递、外卖，以及本地生活服务企业，一些封闭园区也采用无人配送车来承担园区物流需求（见图 3-13）。

图 3-13 无人配送产业链

1. 上游：关键零部件供应商

无人配送是自动驾驶技术的落地应用，因此与 Robotaxi 等一样，技术层面主要包括感知、决策与控制。无人配送车成本占比最高的三大核心零部件为:激光雷达、计算平台与线控底盘。其中激光雷达、计算平台等为自动驾驶行业通用零部件,近年来技术进步、成本下降趋势非常明显。而且无人配送车由于行驶速度较低,其对于传感器、计算平台的性能要求相对较低。线控底盘为伴随着无人配送等自动驾驶应用需求诞生的新品类,随着无人配送、无人零售、无人安防等场景规模化应用,有可能诞生一个新的行业。

整体来看,中国无人配送车行业的上游关键零部件供应商发展较快,主要体现在三方面:首先,技术不断成熟,无论是芯片算力,还是底盘稳定性等技术都有了很大的提升,产线组装效率也有提升;其次,价格不断下降,随着量产计划实施,无人配送车大规模采购将进一步降低底盘、传感器、货箱等硬件成本;最后,随着国产无人配送车零部件供应占比逐步增加,线控底盘、芯片、计算平台、激光雷达支持设备的先进,越来越多的中国无人配送车生产企业加入战局。

2. 中游:解决方案商

当前无人配送尚处于产品化、商业化早期,产业链、技术和解决方案都不成熟,因此需要解决方案商找到最适宜无人配送的场景,并结合场景特征和需求做方案、产品开发。目前国内无人配送解决方案商主要有两种类型:一类是互联网巨头,以阿里巴巴、京东、美团为主,这些企业的主要优势是集团内部自有各类配送需求和场景。三家公司都比较早开始自动驾驶技术的前瞻研发,目前都组建了百人以上规模的自动驾驶研发团队,他们既有较强的技术团队和研发积累,也是场景方,同时在资金和资源上有非常大的优势,因此为当下无人配送行业的主要推动力量。目前三家互联网公司的无人配送车均只服务于集团内部业务,如阿里无人车目前主要服务菜鸟物流体系,京东无人车主要配送京东物流的快递包裹,美团无人车主要服务美团买菜,未来技术和产品逐渐成熟后,预计会陆续将无人配送服务延伸至内部其他业务线。另一类是创业企业,以白犀牛、一清创新、行深智能、驭势科技、毫末智行、新石器等为代表,这些企业创始人多有自动驾驶研发和技术背景,选择无人配送作为其技术落地的主要场景或者场景之一。除了阿里、京东、美团,目前国内其他配送服务商/需求方基本没有无人驾驶方面的研发投入和技术能力,这一定程度上给了创业公司机会。同时,创业公司在解决方案提供上更加灵活,合作模式也更加多元。在创业企业中,目前部分企业会涉及无人配送运营服务，如白犀牛、行深智能；部分企业更倾向于解决方案、车辆的销售，以及无人零售等。

3.下游：配送服务商/配送需求方

目前，无人配送产业链下游主要分为三种类型：第一种是以京东、阿里、美团为代表的电商集团公司，它们旗下有各类配送场景和需求，如快递、外卖、生鲜配送、到家服务等，基于自身业务需求和特色，在一个或多个场景下试运行。京东以开放道路快递、生鲜配送为主；阿里以校园、社区内快递配送为主；美团以开放道路生鲜配送为主。第二种是以永辉超市、物美超市、叮当快药、每日优鲜等为代表的商超零售企业，这类企业的特点是市场较为分散且地域性很强，他们有即时配送需求但没有自建配送体系，目前依赖第三方运力（如达达、蜂鸟、美团、闪送等）进行配送。近两年，头部商超零售企业也开始积极与无人配送解决方案商合作，尝试性地使用无人配送服务。其中，白犀牛与永辉超市、叮当快药的合作较为典型。第三种是顺丰、四通一达、达达等快递/配送服务商，由于快递/配送业务单量持续高速增长，成本逐年上涨以及招聘难、管理难等问题，他们对无人配送的技术、产品和解决方案保持较高关注度，但是目前很少投入无人配送的研发，多处在探索和尝试阶段，未来较大可能会通过与解决方案商合作的方式开展无人配送服务。由于无人配送还处在发展初期，产业链上下游各方相对分散，解决方案还在迭代中，需要结合场景做深度的开发和运营探索，作为场景方，配送服务商/配送需求方对无人配送技术、产品、商业模式的尝试和探索，决定着行业发展的速度、质量和规模。

六、典型案例

京东物流智慧运输

（一）无人机配送

无人机致力于打造干线级、支线级、末端级三级无人机＋通航物流体系，意在覆盖全国广大农村地区，实现村村通、县县通，该体系先从末端布局，之后逐步建立干线和支线物流网络，最终构建天地一体化的智能物流网络，实现 2 小时物流生活圈，提升广大消费者的购物体验(见图 3-14)。

图 3-14 亚洲一号仓无人机配送

在无人机全国运营调度中心，工作人员对航线以及无人机的状态等进行全面管理与实时监控，随着全流程智慧化无人机机场的落成，运营调度中心与无人机机场已经完美对接，无人机配送的完整流程都可以通过运营调度中心来指挥。而且无人机机场的智慧化程度有了质的提高，不但提供了精确导航、通信、任务规划的功能，还可以使无人机自动在起飞及降落平台之间流转。并在流转过程中自动完成充电、货物装载、位置校正等全流程操作工序：1000W 全自动充电桩仅需 1 小时就能为无人机完成充电；无人机自动装卸货可达到毫米级精度标准、高精准度天窗起落技术能够让无人机自主起降在 2m×3m 的区域中央。整个过程虽然复杂，但是仅需要一名工作人员在后台系统运营与监督，即可控制多个机场与无人机，这正是得益于远程中央控制系统的有力保障。

京东无人机技术在 2018 年又有重大突破，自主研发了大型载货无人机——JDY－800 无人机。JDY－800 无人机的翼展超过 10m，起飞重量达到 840kg，巡航高度为 3000m，巡航速度超过 200km/h，具有全天候全自主的飞行能力，可以连续飞行 1000km 以上。目前，京东无人机已经在陕西、江苏、海南、青海、广东、福建等进行了常态化的物流配送，提升了当地居民的购物体验，实现了为乡村用户跋山涉水的宗旨。

(二)无人车配送

亚洲一号仓无人车项目早在 2016 年就开始研发，目前京东正在研发多款无人配送小车、并且已经开展中大型无人车的开发。当下的无人车体积较小，具备 6 个不同大小的载货舱，可以按照既定路线自动导航行驶，并具备路径规划、智能避障、车道保持、智能跟随等功能。无人车在配送站完成商品装载，根据目的地进行自主路径规划，寻找最短路径并规避拥堵路段，在行驶过程中，遇到行人、宠物、车辆等障碍物，绕路行驶，遇到十字路口，可以识别红绿灯并做出相应行驶决策。自动行驶到目标建筑的指定位置后，它会通过京东App、手机短信等方式通知用户收货，用户到无人车前输入提货码就可以打开货仓，取走包裹（见图3-15）。

图 3-15　亚洲一号仓无人车配送

无人车研究不仅应用于日常配送，更立足于打造京东智能物流体系中的智能运载装备，以自动驾驶核心技术为基础，根据不同场景的用户需求，研发并生产多种系列、多种型号的自动驾驶无人车产品。针对物流运输和配送场景，生成自动驾驶货车和配送机器人；针对仓库、厂区、园区、社区等场景，生成安防巡检机器人；针对办公楼内场景，生成服务机器人。

亚洲一号仓无人车技术配备如图3-16所示，具体技术配备如下。

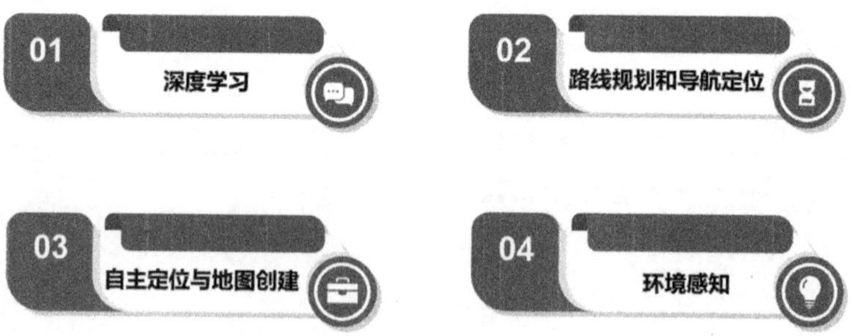

图 3-16　亚洲一号仓无人车技术配备

①深度学习。通过深度学习算法，无人车可以敏锐地识别交通标识和

车道线，任何情况下都能保证行驶遵守交通规则。

②路线规划和导航定位。基于高精度立体影像数据结合全球导航卫星系统(global navigation satellite system，GNSS)，它能进行精准路线规划和导航定位，定位精度可达到厘米级。

③自主定位与地图创建。基于多线激光雷达的3D全局地图重建和定位技术，实现了无人车自主定位与地图创建。

④环境感知。基于多线激光雷达360°全视角的实时环境感知，无人车对自主行驶中的行人、车辆、马路沿和交通标识牌等实现识别分类，并根据被检测物的动态信息实现提前预测决策，提升整车运行智能性(见图3-17)。

消防场景　　公安场景　　快递场景　　零售场景

图3-17　亚洲一号仓配送机器人应用示范

第四章　智慧物流信息系统

一、物流信息系统的基本概况

(一)智慧物流信息系统产生背景

智慧物流信息系统的建设发展直接起源于现代物流行业的技术发展，其技术背景分析主要包括以下三点。

1. 物流智能化技术背景

现代物流业正逐渐朝向智能化方向发展，智能技术也逐渐应用到物流行业当中，如智能仓储系统的应用，就很大程度上完成了传统物流仓储管理模式的优化，实现了物流仓储工作的提升。而随着物流贸易逐渐增多，物流商品以及物流要求的业务逐渐拓展，物流业务双方对于物流业务的展开都有更高的要求，要求智能化技术更多地应用到现代物流工作处理当中，最大程度上提高物流业务工作效率。

2. 物流集成化背景

技术集成化是现代技术发展的主流方向之一。而在物流行业发展的过程中，集成化发展也是重要的发展方向。传统的物流行业中出现了接收地、发送地以及中间运输三部分分离的问题，从而很大程度上影响了物流行业的工作效率，并且容易造成物流商品丢失的问题。所以，为了完成物流一体化建设发展，物流企业也在逐渐加强运输、发送以及接收三大模块之间的联系，并希望通过集成信息技术，完成三地之间的信息集成以及信息共享，从而提升物流工作的整体性。

3. 物流低碳化的发展需求

低碳化经济是我国现行推广的重要经济发展模式，对于经济发展以及环境保护都有比较重要的影响。低碳化经济也是指节能经济理念的应用，在其经济模式下要求企业发展过程中重视节能减排建设，不仅实现企业生产投资成本的优化，更应该实现企业低碳排放。物流行业从环保角度而言是高排放行业，其中物流运输使用的车辆设备都会排放大量的有害气体，并且使用更多的燃料。而为了保证物流企业能够实现低碳排放，应该采用智慧物流系统对物流线路进行良好的规划，减少物流运输的路程，这不仅可以有效地减少碳排放，也实现了物流行业的成本节约。从技术背景、政策背景以及发展背景分析而言，物流行业应该建立全面管理、一体化管理、资源信息共享的信息处理系统，从而保证物流工作系统能够更加高效地完成工作，同时也能够促进物流行业的发展。

(二)智慧物流信息系统的基本概念及结构

1. 基本概念

智慧物流信息系统的建设发展直接起源于现代物流行业的技术发展，其技术背景分析主要包括以下几方面内容：一是物流智能化技术背景。现代物流业正逐渐朝向智能化方向发展，智能技术也逐渐应用到物流行业当中，如智能仓储系统的应用，就很大程度上完成了传统物流仓储管理模式的优化，实现了物流仓储工作效率的提升。而随着物流贸易逐渐增多，物流商品以及物流要求的业务逐渐拓展，物流业务双方对于物流业务的展开都有更高的要求，要求智能化技术更多地应用到现代物流工作处理当中，以最大程度上提高物流业务工作效率。二是物流集成化背景。技术集成化是现代技术发展的主流方向之一。为了完成物流一体化建设发展，物流企业也在逐渐加强运输、发送以及接收三大模块之间的联系，并希望通过集成信息技术，完成三地之间的信息集成以及信息共享，从而提升物流工作的整体性。三是物流低碳化的发展需求。低碳化经济是我国现行推广的重要经济发展模式，对于经济发展以及环境保护都有比较重要的影响。

智慧物流信息系统是在物流行业兴起的背景下开始研究应用，具体就是指现代化物联网自动识别技术、移动通信技术、智能运输技术以及云数据平台技术等组合而成的先进物流信息管理系统。其中包括物流设备信息采集处理、物流商品基础信息处理、物流仓储信息、物流交通信息采集处理等多种功能模块，通过智慧物流信息系统的建设应用实现了物流公司在整个物流业务流程的数据信息采集和管理工作，从而保证物流业务能够被更加高效地处理，同时也能够最大程度上节约物流成本，完成物流业务的效益提升。在智慧信息系统中建设其经济性评价就是针对智慧信息系统的效益进行评价，这对其系统自身的建设和发展起到了非常关键的作用。

2.智慧物流信息系统的结构

智慧物流信息系统的组织架构。智慧物流信息系统是现代物流企业为了应对物流需求增加以及物流经济模式转变而研发的全面性的智慧物流信息分析系统，其主要的功能就是数据信息处理。以下是对其基础组织构架的合理分析：首先，整体组织架构分析，智慧物流信息系统的关键技术模块包括信息服务模块、在线交易模块、资源整合模块、业务管理模块以及辅助决策管理模块。其中信息服务模块是其核心的决策模块，对于智慧物流信息服务系统的整体功能实现起到了非常关键的作用。其次，分模块架构分析，包括信息服务模块，即信息服务模块是智慧物流信息系统的重要功能模块。信息服务功能模块主要完成信息采集、信息传输、信息分析等功能。其中信息采集系统包括仓储信息采集、运输信息采集、配送相关信息采集、客户信息采集、销售信息采集等功能模块，通过整个物流业务中信息的有效采集，保证系统能够高效地完成工作。

智慧物流信息系统是传统物流信息系统的更高层次的发展，是为了最大程度地满足各方的需求，发挥智慧技术实现信息系统的功能作用，组成内外部的管理层次，从而为企业的经营管理活动提供决策支持。智慧物流信息系统在某种程度上类似人的大脑中枢，掌控整个物流的管理和业务流程。智慧物流信息系统的体系框架描述的是物流活动的流程、各个要素之间的相互关系。智慧物流信息系统的体系构成可以从关键技术、物流公共信息平台管理、可实现的功能、系统对外门站等方面加以阐释。

智慧信息的有效管理需要以智慧物流信息系统作为管理的依据，而智慧物流信息系统实质上是对商品或服务活动从始端到终端的控制。智慧物流信息系统的总体目标是实现对系统内外信息的有效处理，实现流程的智慧管理，为系统用户和客户带来更大的收益，进而提升物流服务的一体化水平，更加精确地以动态的方式管理物流活动和提供物流服务。

智慧物流信息系统中包含在线交易模块，在线交易模块是智慧物流信息系统对物流交易模式的一种突破，在智慧物流信息系统中可以完成线上物流订单、线上物流信息查询、线上客服管理等工作，从而提升物流行业的服务质量以及服务效率。智慧物流信息系统中包括资源整合模块，在物流业务交易中，主要包括物流单位、订单客户以及接单客户等三方面，资源整合模块就是对物流交易中的三方信息进行综合分析，提取各方的物流交易收益，建立平衡的收益机制，保证物流交易三方都能够对物流费用收取满意，从而保证物流交易能够更加合理地完成。智慧物流信息系统中包括业务管理模块，物流信息系统的最终使用者就是物流单位，其对物流业务订单的实时跟踪处理，能够最大程度上提高物流业务的处理效率，提升物流企业的信誉度。而在智慧物流信息系统中业务管理模块主要包括订单处理单元、车辆监控单元、数据维护模块、报表统计模块、信息查询模块以及信息更新发布功能等，通过智慧物流信息系统业务模块的有效处理保证物流企业的物流业务处理能够更好地完成，从而提升物流企业的经济效益。智慧物流信息系统中还包括辅助决策系统，物流企业以及物流行业想要发展就要利用自身的发展信息进行行业前景分析，解决自身业务工作中的实际问题，从而做好优化决策设置，提升自身的工作质量。而在智慧物流信息系统建设的过程中就建立了辅助决策功能，其中包括库存控制管理、ABC 分类法、全面质量管理、价值工程决策、图表显示等，通过各项决策支持模块来帮助物流信息系统完成物流企业的科学决策，从而保证物流企业能够更加平稳地发展，逐渐优化物流业务，提升服务质量。智慧物流信息系统中还包括信息数据库系统，智慧物流信息系统中数据库系统是针对信息进行有效地储存，方便系统日后信息的使用。在智慧物流信息系统当中主要包括基础数据库系统、业务数据库、知识库、业务模型库以及信息数据库等模块，这五种数据库系统保证各种数据能够有效地处理，也为五种系统模块提供基础的数据服务，从而保证数据业务处理更加良好、系统工作能够更加高效（见图 4-1）。

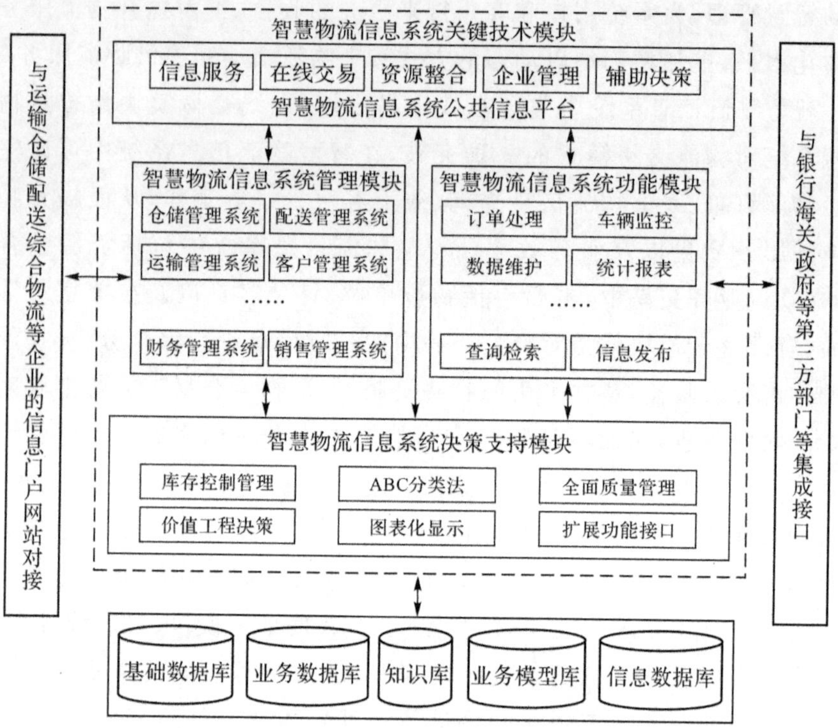

图 4-1　智慧物流信息系统的体系框架

(三)智慧物流信息系统的基本内涵

1. 物流信息系统概述

物流信息管理系统是企业的物流管理包括第三方物流的信息管理系统,系统涉及仓储作业管理、运输及配载管理、财务管理、人力资源管理等内容,通过使用计算机技术、通信技术、网络技术等手段,建立物流信息化管理,以提高物流信息的处理和传递速度,使物流活动的效率和快速反应能力得到提高,从而提升更人性化的服务,完善物流实时跟踪,减少物流成本。

在企业的实际应用中,依据处理的信息内容多少以及决策层次高低,可以将物流信息系统由高到低分为三个层次:面向高级管理的战略计划层、面向中级管理的管理控制层以及面向基层管理的运作控制层,三个阶层构成了信息系统的金字塔结构。

顶层的战略计划层运用人工智能、专家系统等技术形成物流活动的高级管理信息，制定相应的物流活动总体目标以及长远发展规划。该层次的信息包含市场变化及政策相关的外部环境信息、内部物流活动信息以及其他相关信息。战略的信息应用于物流决策与计划之中，信息的综合性和管理特征强。管理控制层面类似于管理中的中级管理活动。该层次以战略计划层设定的决策与战略计划为总目标，应用计算机网络、数据库等技术，对内部所拥有的各项物流资源，制定资源分配以及物流活动安排，并组织相关人员、单位完成相关物流活动，从而逐步、逐级完成物流计划总目标。该层次面向的工作对象为各部门和单位的管理人员，通过系统协助他们在管理控制活动中进行工作信息查询、工作计划制订、工作计划执行情况检测、工作完成汇总、工作问题分析评价等活动，从而提高工作效率。该层次输入信息主要包括物流活动预算、标准和计划以及物流作业处理提供的数据信息。底层的运作控制层面向管理中的基层管理活动。这个层次包含物流作业控制及物流业务处理，该层次通过管理控制层提供的计划等信息，组织相应资源完成计划安排，从而改善人工数据处理。该层次的主要活动包含数据处理、查询处理及事务处理，协助员工完成基础业务操作。该层次输入信息包含物流作业产生的基础信息、员工信息等，输出信息包含工作报告、数据处理结果等。

2. 物流信息系统分类及作用

按物流信息系统的功能分类可分为事务处理信息系统、办公自动化系统、管理信息系统、决策支持系统、高层支持系统、企业间信息系统。按管理决策的层次分类可分为物流作业管理系统、物流协调控制系统、物流决策支持系统。按系统的应用对象分类可分为面向制造企业的物流管理信息系统，面向零售商、中间商、供应商的物流管理信息系统，面向物流企业的物流管理信息系统(3PLMIS)，面向第三方物流企业的物流信息系统。按系统采用的技术分类可分为单机系统、内部网络系统、与合作伙伴及客户互联的系统。

物流信息系统的主要功能是进行物流信息的收集、存储、传输、加工整理、维护和输出，为物流管理者及其他组织管理人员提供战略、战术及运作决策的支持，以达到组织的战略竞优，提高物流运作的效率与效益。物流信息系统是物流系统的神经中枢，它作为整个物流系统的指挥和控制系统，可以分为多种子系统或者多种基本功能。通常，可以将其基本功能归纳为以下几个方面:一是数据收集。物流数据的收集首先是将数据通过收集子系统从系统内部或者外部收集到预处理系统中,并整理成为系统要求的格式和形式,然后再通过输入子系统输入物流信息系统中。这一过程是其他功能发挥作用的前提和基础,如果一开始收集和输入的信息不完全或不正确,在接下来的过程中得到的结果就可能与实际情况完全相左,这将会导致严重的后果。因此,在衡量一个信息系统性能时,应注意它收集数据的完善性、准确性,以及校验能力和预防与抵抗破坏的能力等。二是信息存储。物流数据经过收集和输入阶段后,在其得到处理之前,必须在系统中存储下来。即使在处理之后,若信息还有利用价值,也要将其保存下来,以供以后使用。物流信息系统的存储功能就是要保证已得到的物流信息能够不丢失、不走样、不外泄、整理得当、随时可用。无论哪一种物流信息系统,在涉及信息的存储问题时,都要考虑到存储量、信息格式、存储方式、使用方式、存储时间、安全保密等问题。如果这些问题没有得到妥善的解决,信息系统是不可能投入使用的。三是信息传输。在物流系统中,物流信息一定要准确、及时地传输到各个职能环节,否则信息就会失去其使用价值。这就需要物流信息系统具有克服空间障碍的功能。物流信息系统在实际运行前,必须充分考虑所要传递的信息种类、数量、频率、可靠性要求等因素。只有这些因素符合物流系统的实际需要时,物流信息系统才是有实际使用价值的。四是信息处理。物流信息系统的最根本目的就是将输入的数据加工处理成物流系统所需要的物流信息。数据和信息是有所不同的,数据是得到信息的基础,但数据往往不能直接利用,而信息是从数据加工得到,它可以直接利用。只有得到具有实际使用价值的物流信息,物流信息系统的功能才算发挥。五是信息输出。信息的输出是物流信息系统的最后一项功能,也只有在实现这个功能后,物流信息系统的任务才算完成。信息的输出必须采用便于人或计算机理解的形式,在输出形式上力求易读易懂、直观醒目(见图 4-2)。

3. 智慧物流信息系统需求分析

(1)物流智能化的发展需求

物流智能化是物流自动化、信息化、网络化等方面更高层次上的应用。随着物流竞争环境日趋激烈和科学技术的发展,顾客对企业物流服务要求

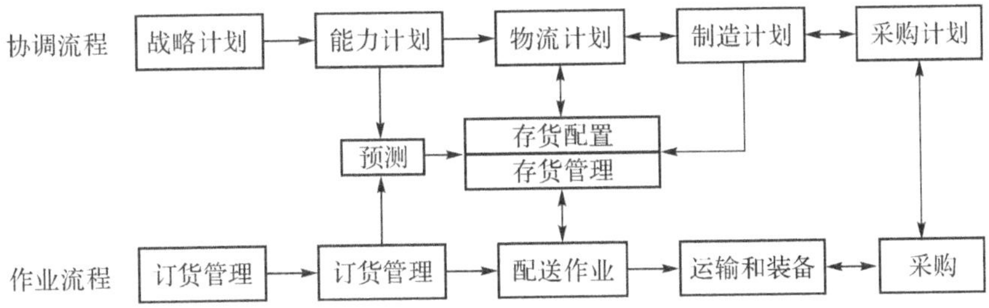

图 4-2 物流信息系统结构

的高标准,企业为增强自身的竞争优势而优化整个系统的资源和实现管理效率的最高化等需求,例如如何实现安全库存的控制、如何进行运输路径的优化、如何选择物流中心的选址等,促使企业引进智能化的物流信息系统,实现整个物流过程的智能化,使企业能够充分分配企业内外部的资源,实现管理过程的智能化,更高质量地为顾客提供增值性物流服务,实现企业自身更大程度的发展,因此,实现物流的智能化是发展智慧物流信息系统的必然要求。

(2)物流集成化的发展需求

物流集成化是指在物流信息系统实现各个子系统或企业内外部联系的各种资源的集成与优化,达到系统资源最大程度上的利用,进而有效减少相关费用。一方面就物流信息系统内部而言,需要实现物流设施设备、物流信息数据采集、物流信息处理等技术层次上的集成,需要实现物流信息系统各子系统功能的集成,更大程度上实现信息系统内部功能最大程度地发挥;另一方面就物流整条供应链的管理而言,企业要想顺利地开展业务,就需要实现物流信息系统同其他系统的集成,实现供应链管理的透明化,使供应链中各主体能够及时准确地获取物流方面的信息。为了实现对供应链的有效管理,需要不同供应链主体实现彼此间信息的充分共享,需要智慧物流信息系统整合、集成系统资源,以实现对整条供应链的集成管理。

(3)物流高端化的发展需求

高端物流相对于传统物流在科技含量、附加服务的种类、服务的及时性、服务人员的高素质等方面具有显著的优势,对企业来讲,企业经营的最终目的是降低物流成本,挖掘物流价值以实现物流利润的最大化,高端物流服务成为智慧物流信息系统提供物流服务的最终目标。高端物流服务的质量和能力要求较高，高端物流服务的实现需要以物联网为代表的物流信息技术的支撑以及物流信息深度交融，借此在更大程度上整合系统内资源，提供多样的增值性物流服务。实现物流发展的高端化，是智慧物流信息系统未来的发展需求。

(4)物流低碳化的发展需求

近年来，环境污染问题、清洁资源的开发等成为经济深入发展的瓶颈。一种旨在降低二氧化碳排放量的低碳经济模式越来越吸引人们的关注。低碳经济的发展离不开各种潜在因素的影响，在物流信息系统的发展过程中也应符合低碳经济的发展要求，由此低碳物流产生了。低碳，顾名思义即降低二氧化碳的排放量，企业在实际的生产或提供服务的过程中实现低碳经济。例如物流企业为运输工具安装北斗卫星定位系统，就可以优化运输路线，进而减少碳排放；采用碳排放量低的运输车辆或其他设施设备。所有这些物流活动的实现，都离不开信息系统对各种信息有效的处理。因此低碳经济的推广客观催生对智慧物流信息系统的实际需求。

(5)物流企业的实际发展需求

任何企业的发展都离不开信息系统的支持，特别是物流企业，在企业或者物流企业的发展过程中，为了实现经济效益的最大化，需要充分实现资源的优化整合和管理的科学性，进而需要智慧物流信息系统的支撑。企业或是物流类企业普遍存在规模小、研发企业合作少、重复投资建设等问题，信息系统的设计与开发是一项大工程，并伴随着项目开发失败等风险，要求所设计的信息系统具有较好的可移植性、稳定性、安全性等，而智慧物流信息系统的特性正好迎合企业的发展需求，企业必然推动智慧物流信息系统在更大范围上的应用。

二、智慧物流信息系统的优势

(一)智慧物流可视化管理系统

智慧物流在任何时刻都能利用物联网的各类传感器，生产各种形式的业务数据。结构化和非结构化数据，成为基本的数据存储格式，如文本、音频、图像、数字、视频等数据。基于平台的管理信息系统可视化技术在大数据分析的基础上进行计算，然后将结果进行可视化展示，对图像显示结果进行分析，结合交互式动态显示，使管理者能够依靠更直观、更简单的多维数据，快速做出科学的管理决策。

可视物流管理系统架构可分为感知层、网络层、应用层和显示层，感知层位于底部，包括物流信息的采集及协同组网子层，信息采集子层包括前端二维码标签和识读器、RFID 标签和读写器、摄像头、GPS、传感器、M2M 终端、传感器网关等信息采集设备及系统；协同组网子层主要是对采集的数据进行标准化处理、调用，是传输的工具和媒介，包括数据传输和中间件。网络层位于第二层，是对感知信息进行汇集、存储、管理的工具和媒介，主要包括无线网、互联网、行业专网、移动通信网络。应用层位于第三层，包括应用平台子层和物联应用子层，应用平台子层主要提供信息的共享、云计算、服务支撑等功能，是一种信息集成服务，把分散、异构的应用进行信息资源聚合，通过统一的访问入口，实现信息访问、协作、计算的集成化环境，为上层的物联网应用提供各种信息服务。显示层位于顶层，主要将应用系统的信息放在不同类型的公共终端上，包括大屏幕系统、信息门户、移动设备、PC 终端等。总之，物流的各个环节都通过三维虚拟现实、图形、图像、图表等形式向不同平台展示，更好地实时共享物流信息。

1. 系统功能分析

核心功能包括：①智能分析功能。运用智能仿真、模型等手段进行物流分析，对问题的假设。在物流实践中，不断发现问题，结合理论和实践不断优化。在系统的运行中，原始经验数据不断被调用，其漏洞或薄弱环节在任何时刻的作业活动中都能被发现，从而实现智慧功能。②预测功能。大数据应用的一个重点功能是智能预测分析，从货物到仓储到运输，需要提前预测计算过程。利用历史数据和在线仓储、物流数据建模，进行预测，管理中心能够提前预知需要处理的货物量，从而能够比较合理地安排自动分拣、运输，并能够进行预警。③优化决策功能。智慧物流需要优化物流作业及路由，经由大数据建模，实现货物量与运输距离的综合分析，以选择新作业方式以及物流路由，更好地实现更优化的路由和作业过程（见图 4-3）。

2. 扩展功能

扩展功能又称为增值服务功能，包括金融服务、数据接口服务和其他服

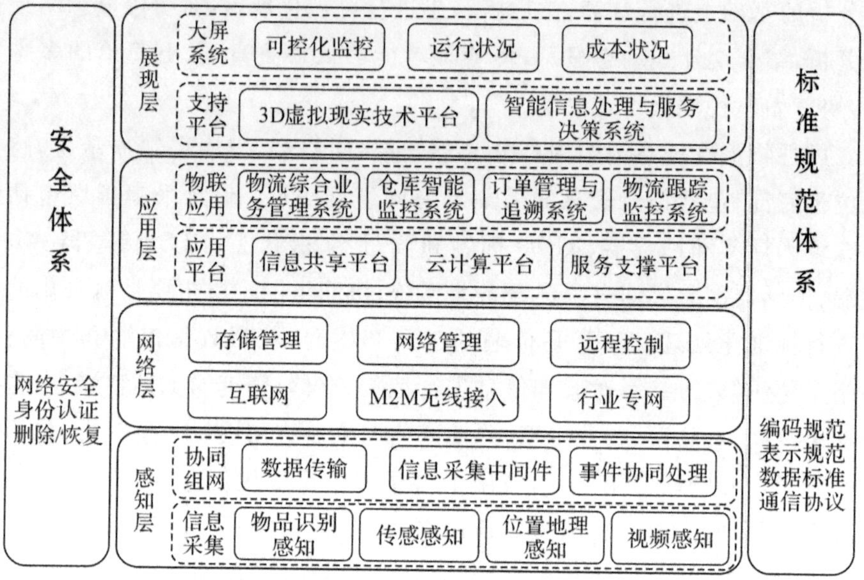

图 4-3 智慧物流可视化平台结构

务。①金融服务功能:园区内物流企业的金融服务可以通过物流信息平台提供,以实现金融决策分析、保险、融资及质押等业务,通过物流金融、共同保险、物流电商等增值服务子系统,与银行、保险、装备制造企业等合作,推出小微贷和运费预付功能等。在撮合交易环节,车货双方分别向平台支付诚信保证金,在运输环节货方将运费预付到平台等,以此确保双方诚信交易。②数据接口服务:基于信息平台的增长维度,为政府、金融、物流园区等信息系统接口建设提供标准化、可扩展的数据接口服务。

(二)智慧物流信息系统的应用

1. 降低物流成本,提高企业利润

智慧物流能大大降低制造业、物流业等各行业的成本,实打实地提高企业的利润,生产商、批发商、零售商三方通过智慧物流相互协作,信息共享,使物流企业能更节省成本。其关键技术诸如物体标识及标识追踪、无线定位等新型信息技术应用,能够有效实现物流的智能调度管理、整合物流核心业务流程,加强物流管理的合理化,降低物流消耗,从而降低物流成本,减少流通费用,增加利润。

2. 加速物流产业的发展，成为物流业的信息技术支撑

智慧物流的建设，将加速当地物流产业的发展，集仓储、运输、配送、信息服务等多功能于一体，打破行业限制，协调部门利益，实现集约化高效经营，优化社会物流资源配置。同时，将物流企业整合在一起，将过去分散于多处的物流资源进行集中处理，发挥整体优势和规模优势，实现传统物流企业的现代化、专业化和互补性。此外，这些企业还可以共享基础设施、配套服务和信息，减少运营成本和费用支出，获得规模效益。

3. 为企业生产、采购和销售系统的智能融合打基础

随着RFID技术与传感器网络的普及，物与物的互联互通，将给企业的物流系统、生产系统、采购系统与销售系统的智能融合打下基础，而网络的融合必将产生智慧生产与智慧供应链的融合，企业物流完全智慧地融入企业经营之中，打破工序、流程界限，打造智慧企业。

4. 使消费者节约成本，轻松、放心购物

智慧物流通过提供货物源头自助查询和跟踪等多种服务，尤其是对食品类货物的源头查询，能够让消费者买得放心，吃得放心，在增加消费者的购买信心同时促进消费，最终对整体市场产生良性影响。

5. 提高政府部门工作效率，助于政治体制改革

智慧物流可全方位、全程监管食品的生产、运输、销售，大大减轻了相关政府部门的工作压力的同时，使监管更彻底更透明。通过计算机和网络的应用，政府部门的工作效率将大大提高，有助于我国政治体制的改革，精简政府机构，裁汰冗员，从而削减政府开支。

三、智慧物流信息系统关键技术

智慧物流信息系统建设是技术集成应用、智能化技术应用的综合体现，其在建设中应用了非常多的先进技术，以下就是对其建设过程中大的关键技术分析。首先，智慧物流信息系统建设中应用了自动识别技术。自动识别技术是现代物品管理过程中应用的重要技术，对物品信息管理以及物品跟踪管理都有非常重要的作用。并且自动识别技术也是当前物联网技术应

用当中的重要组成部分，在智慧物流信息系统中应用自动识别技术方便对物品信息的分类采集，从而保证物品信息采集能够更加高效。智慧物流信息系统中主要应用条形码技术、射频识别技术、生物识别技术、磁条技术等。通过综合识别技术的应用保证系统物品信息的采集更加高效。其次，智慧物流信息系统建设中还应用了智能运输技术，其中主要包括车辆定位技术、车辆识别技术。通过对物流运输阶段车辆信息的采集以及分析处理，保证物流运输阶段能够更加安全，也能够优化运输路径设置，提升物流企业的生产运输效率。

四、智慧物流信息系统的设计

（一）智慧物流信息系统的总体目标

智慧信息的有效管理需要以智慧物流信息系统作为管理的依据，而智慧物流信息系统实质上是对商品或服务从始端到终端的控制。智慧物流信息系统的总体目标是实现对系统内外信息的有效处理，实现流程的智慧管理，为系统用户和客户带来更大的收益，进而提升物流服务的一体化水平，更加精确的以动态的方式管理物流活动和提供物流服务。

（二）智慧物流信息系统的体系框架

智慧物流信息系统是传统物流信息系统的更高层次的发展，是为了最大程度地满足各方的需求，发挥智慧技术实现信息系统的功能作用，组成内外部的管理层次，从而为企业的经营管理活动提供决策支持。智慧物流信息系统在某种程度上类似人的大脑中枢，掌控整个物流的管理和业务流程。智慧物流信息系统的体系框架描述的是物流活动的流程、各个要素之间的相互关系。其构成可以从关键技术、物流公共信息平台、管理、可实现的功能、系统对外门站等方面加以阐释。

（三）智慧物流信息系统的特征分析

智慧物流信息系统的一个显著特征就是智慧技术的应用，从而实现整个物流过程的智慧管理，以更好地提高企业的管理决策水平和相应的物流效率。智慧物流信息系统在具体的应用过程中有着自己的特征，主要有以下几个方面：

(1)以信息运动为主线。智慧物流信息系统的核心要素是信息。智慧物流信息系统就是通过利用智慧技术实现信息流的无死角的流动，实现信息价值的最大化，利用信息的共享为系统用户提供最大的效益。

(2)以满足客户的需求为目标。智慧物流信息系统功能的实现主要依靠电子化操作，需求是发展的动力，系统以客户的需求为目标，优化物流的运作和管理流程，以更好地满足顾客的需求。

(3)以集成和优化为手段。智慧物流信息系统各个功能和技术等关系复杂，某一个方面出现失误都会影响整体系统功能的发挥，因此需要集成和优化智能技术和管理流程，实现物流、信息流、资金流的有效流通。

(四)智慧物流信息系统的功能划分

(1)智慧物流信息系统的基本功能：①数据收集和输入。在智慧物流信息系统的管理和业务作业过程中存在很多的信息，通过智慧技术采集各类信息，系统管理人员、客户等可以通过系统的应用界面完成各项业务活动数据的输入。②数据传输。智慧物流信息系统利用互联网技术快速方便地跨地域、跨时间段地进行数据的传输，能极大提高物流管理活动的数据传输效率与及时率。③数据处理。智慧物流信息系统对收集信息数据进行统计分析，找出数据隐含的实际意义，为物流活动的决策与预测提供参考依据。除此之外，智慧物流信息系统利用各种信息技术的集成，进行数据的深度挖掘，加工成数据库，形成信息资源。④数据存储。云平台技术的应用推动了云储存功能的实现，在智慧物流信息系统中拥有各种形式的数据库，分门别类地储存数据，以便用户快捷地调用和为决策提供信息源。⑤数据输出。随着智慧技术的应用、智慧物流信息系统功能的升级，数据的处理结果呈现多样的变化，诸如3D的图表等，能更加直观地反映数据隐含的实际价值。⑥控制功能。系统的控制并不是简单的对人和事的管理，智慧物流信息系统的控制是对物流信息的管理，减少信息的失真，更精确地反映物流活动。

(2)智慧物流信息系统的扩展功能：①智能配送功能。智慧物流信息系统通过分析系统内外部各种资源和各方的需求，采用智慧配送技术，选择最佳运输路径，以降低配送成本，对物流的作业活动进行管理。②货物跟踪功能。采用北斗卫星导航系统实时跟踪货物的状态和位置，利用数据仓库和数据挖掘技术处理数据，便于用户实时监控运输车辆、货物的路线、状况等。③库存管理功能。通过智慧物流信息系统这个信息平台资源的整合，在满足用户需求的前提下，分析历史数据，考虑客户的服务水平、运输成本等因素，以保持最低的库存水平。④决策分析功能。智慧物流信息系统利用系统功能建立数学分析模型，将数据导入数学模型，得出物流战略和策略上的可选方案，如物流中心选址、物流经营策略等，为企业管理者提供最合理的决策方案。⑤金融服务功能。随着国家金融安全政策的完善和金融服务机构的多样化，智慧物流信息系统融合金融机构的相关服务，为客户增添金融服务。

五、智慧物流信息化平台的构建

大数据技术的应用推动着物流发展，使智慧物流成为其发展的重要方向。大数据信息化平台建设已经成为智慧物流发展的主要目标。信息技术的高速发展给物流业发展提供了重要的技术支撑，推动着物流业的发展。尤其是大数据、物联网、移动互联网及云计算等技术在物流领域的应用，推动着物流的智慧化发展及其信息化程度的提高。强化支持物流信息化建设，充分利用其整合能力来打通信息链是智慧物流发展的新趋势。

2015 年，国家在建设智慧物流产业及其配送体系方面制定并出台了相关政策，智慧物流这一概念也被公众所熟知。国家在政策体系方面对发展智慧物流产业的支持，不但有利于构建新型物流信息化平台，推动其转型升级，而且为现代物流业发展注入了新的发展活力，使其呈现出新的发展特征。这也给物流园区的信息平台建设提出了新要求。为此，物流业信息平台建设既要满足物流内部管理需求，还应满足社会、政府及客户的物流信息需求。这就需要物流信息平台能够利用云计算、大数据等技术来实现平台间的资源共享，提高其信息平台系统的预测水平，为发展智慧物流提供依据和支持。

(一)智慧物流园区及其信息平台建设

1.智慧物流园区

在物流业各个环节,应用云计算、物联网及大数据等新技术,通过物流系统对人的思维的模仿来全程采集、分析相关数据信息,并在此基础上作出决策,自动解决物流中的问题,进而实现物流系统的自动化、智能化、网络化、系统化及可视化。智慧物流园区以管理的智能化、平台构造的节点化、服务的全程化及效益的长远化为发展及服务的特色,利用整合平台、系统集成、RFID、传感器、GIS 地理服务、无线视频传输及 GPS 监控等信息技术手段,将物流园区控制点同供应链下游及上游企业、金融机构、政府部门及物流企业等互相联通,实现物流服务与数据交换的整合,评估现有物流状况,预测其未来运行情况,对物流园区运行方案的优化进行输出,以此来实现物流园区运行的智能化。

2.智慧物流平台建设的核心

信息平台是智慧物流的核心,但信息平台建设的关键点是不断拓展其适用范围,增强其同外界数据的共享程度,全面整合物流资源。首先,应确保智慧物流信息系统的创新性及先进性。物流信息平台的服务对象极多,范围广,技术更新换代较快,这是智慧物流的核心竞争力。应用发展前景好及符合国际标准的计算技术和产品,如物联网、大数据、云计算等现代信息技术,引领、规范物流园区的业务发展,并创新其服务模式。其次,要确保物流信息系统具有较强的拓展性。智慧物流的建设是不断变化的动态性过程,而技术的快速更新及用户需求的不断变化都为信息平台的拓展功能提出了较高要求。此拓展功能主要包括内部延展性、外部信息交换对接两种功能。其中,内部的延展性主要是增加信息平台的自我完善及自我更新功能,而与外部的交换对接则强调的是其共享功能。不管是内部延展性还是外部拓展性,都需要其依据相关建设标准进行规范化建设。唯有在初期建设中就充分考虑后期技术的嵌入、链接问题,方能有效地实现系统外部、内部数据交换的顺畅性,进而提高信息平台的延展性、互换性及通用性。

智能决策及分析是智慧物流的显著特征,提升其决策、分析能力,需要大量的数据支持,所以,提升其信息存储功能,是资金流、信息流、物资流等数据的有效搜集、存储。同时，建设智慧物流的信息共用模型及管理数据的平台，并使其全面覆盖物流园区及所包含的业务环节，以实现智慧物流数据的无缝流转，使其非结构化、结构化、空间及实施化等数据的计算能力和集成管控数据的能力显著提升。当然，还应通过先进技术挖掘和分析数据，实现其使用价值。这不仅是建设信息平台的目标，也是其难点。成功且完善的智慧物流信息平台，必将延时的、人工的及碎片化的分析数据转换为大数据的、智能的和即时的分析，及时分析、回应、优化运营及评估设备等为智能物流信息平台的客观、稳定和迅速运行提供依据。

随着物流管理中信息化、智能化程度的提高，增强了企业与物流间的互动性，网络便捷性也向智能设备及用户方向延伸。所以，构建智慧物流信息平台的同时，一定要注重其安全性，设置防火墙，构建覆盖及控制范围广泛的智能安全防护体系，从根本上确保智慧物流信息平台的信息安全。

（二）智慧物流信息平台的架构和功能

1. 逻辑架构

大数据时代的智慧物流信息平台的逻辑架构主要包括感知层、数据层、应用支持层、应用层、用户层及表现层等。其中感知层主要是采集数据，即信息采集层，需要利用先进物联网技术及采集装置，通过视频识别、GIS、条码、传感器、GPS 及 RFID 等物联网技术，对初始数据进行采集，且对物流动态进行实时跟踪，对其数据进行及时反馈，初步实现其感知的智能化，为大数据的高层次应用累积原始数据。

数据层则是通过大数据技术对搜集到的信息进行分析，并存储和过滤感知层的数据。感知层向数据层传输非结构化、结构化的数据，以及实时流数据等。并利用接口的开放功能，从智慧物流园区管理机构、金融机构、政府及企业等外部实体中取得相关信息，并将其汇集在数据层，构成庞大的数据资源库，为挖掘和分析数据提供多元化的样本，以确保其分析结果的有效性。同时，数据层应用云计算技术、交换技术、数据仓库及挖掘技术等，管理和存储此海量信息，并通过分布式处理、虚拟化及智能分析、处理实时流数据等技术向大数据挖掘分析提供强大技术支持。

在支持应用层方面，数据处理最为关键，利用自配置处理、决策支持处理来组织应用支持层。利用 Storm 处理系统及 Pig 流等技术将感知层搜集到的相关数据进行处理并存储到数据落地层中，将元数据处理等应用及管理传输到数据处理中心，并自动过滤和交换数据，实现其分析及挖掘等自配置的处理，形成具有指向性的结果，且输出内容，展示其可视化，从而直观地指导管理物流信息。但是，由分布式数据仓库及其接收到的质押、供应链及财务等数据，应通过计算机分布式框架来处理，将其传输至数据处理中心，以便于挖掘和调用数据信息。利用支持层的自配置、决策支持等处理功能，对智慧物流业务中的巨量数据进行仓储、交易、运输、管理及金融等分析，以直观地获取拼车、路线、自动分拣和库存等优化方案。

向用户提供服务是智慧物流信息平台构建的根本目标之一，也是其应用层的核心功能。应用层的根本功能就是满足用户联网应用的需求，如金融服务、园区管理及物流交易、公共信息等中心模块。其中，物流交易为其主要功能，包括电子商务平台、招投标、物流一体化等门户平台及 SaaS 平台，SaaS 平台处理和接收此平台订单的任务，依据物流订单业务特点，实现仓储、运输等的智能控制、管理，以及后期服务。智慧物流管理中心是对物流园区实施智能化和信息化管理的辅助功能，金融服务中心则是其功能增值区，依据物流金融、金融服务等的逻辑架构，实现其管理及分析的智能化。智慧物流信息平台功能的拓展区主要是公共信息中心，是确保各系统间的无缝对接。此应用层主要是从应用支持层、表现层等来调取和输出信息，以向用户提供信息数据。表现层和用户层均是获取信息、辅助决策及办理业务、定制服务等业务功能的控制、管理区，是打通整个供应链及业务流程的重要模块，是实现信息共享的功能区。

2. 智慧物流信息平台的功能

智慧物流信息平台由内部管理、公共信息服务两部分内容构成，其中，内部管理的主要功能是实施账务、实物及配送、人员等管理，以及园区物业、保安及统计分析等模块。同时还具有出入库管理、统计分析库存及调拨、车辆调度、人员信息录入等管理功能，且功能间能够共享数据信息，系统内可互通互联，能整合物流 UAN 资源，增强其物资周转率。此外，其信息化平台能够汇总和记录仓储物流，并在此基础上利用大数据技术预测需求，向企业提供决策参考。其功能具体表现如下。

(1)匹配运输

内部管理需要确保物流服务商同需求方间的信息交互,搜集大量数据信息,对物流需求信息及空间车辆信息进行动态发布,实现双方的信息透明及共享,并通过大数据对用户使用习惯进行分析,明确其需求,以便于向其进行定向推送,进而降低重复检索的工作,且使其匹配成功率大大提高。

(2)安全监控

通过视频监控等系统构建完善的安全监控系统,真实、形象、智能以及实时地反映园区固定、移动资产状况,以有效地保障信息安全。

(3)发布服务信息

此功能为自动或人工操作物流园区的相关培训、行业动态、决策方案及招投标等信息的发布。

(4)资产管理及会员服务

依托物联网及大数据技术,确保智慧物流区的停车管理、物业费收取、出租档口等资源管理的信息化、现代化和智能化,同时提供注册会员的定制服务,向其提供个性化的服务,如库存及运输、单证、订单追踪、信用评估及统计交易信息等的管理服务。

除上述功能外,智慧物流信息化平台还具有管理仓储、运输、在线交易、推荐交易、决策分析等智能化的管理功能。其中,仓储智能管理则通过整合供应链及平台,分析和积累库存历史数据,充分考虑库存成本、客服能力及运输成本等因素来优化物流企业的库存量,使其达到最佳。智能运输则是指动态分析货物位置及其订单信息,优化配送方案,选择和优化配送路线及顺序等,最大程度地利用运输资源。在交易推荐及在线交易功能方面,依据客户浏览记录、需求、交易历史等信息,向其推送相关个性化的资讯、物流方案及产品等,以提高其交易率。同时提供线上交易平台,及时更新平台信息,为用户提供线上付款、下单及退订等交易服务,以增加交易。当然,智慧物流信息平台的构建中,还应注重其拓展功能,如其金融服务、政府监控、环境实况识别、数据接口等服务功能,以提高物流信息平台的智能化程度。

(三)智慧物流信息化平台的发展趋势

现代智慧物流园区的发展核心便是其信息化平台,利用物联网、大数据及云计算技术等来构建和实现智慧物流的信息化平台，使其能够自动实现物流提供方与需求方间的匹配。如果双方签约，系统则会自动录入其信息，生成电子单据，记录货物的出入库信息，实时跟踪车辆，实现再造物流业务流程及运力资源调配的智能化和自动化。利用大数据技术向物流服务双方提供个性化服务，实现交互共享，并利用大数据及云计算技术来分析物流数据，推动物流服务向可视化、智能化方向发展，实现其服务功能的多元化，不断发展其管理控制手段的智能化。应用大数据技术构建智慧物流的信息平台，能够实现智慧物流的智能分析、智能感知、高效执行及优化决策等功能模式，从而通过此功能模式来实现其智能化发展。

伴随着时代的迅速发展和高新科技水准的持续提升，人们进入了信息时代。其中，物流制造行业也从以往20年前的粗放型管理机制慢慢变化为信息化、智慧化的管理机制。5G、云计算技术、AI、物联网等新技术的出现加快了各个领域经营方式的变化，和别的行业一样，物流制造行业也在经历着一场极大的转型。新技术使物流全产业链中的人、车、货、仓、店等因素之间产生了密不可分的协作关联，并迈向智慧化和智能化系统。而这也终将为物流制造行业带来全新升级的运营模式。

六、典型案例

京东智慧配送信息系统“青龙”

京东现代化运营中心“亚洲一号”的配送信息系统——青龙是一套复杂的配送信息系统，其中核心要素包括仓库、分拣中心、配送站、配送员。它的模块结构主要由“整体系统架构＋核心子系统”组成。京东的核心竞争力之一是物流，在提出原来的“211限时达”“次日达”等物流服务后，紧跟数字时代的步伐，通过用户的大数据分析，能够预测核心城市各片区的主流单品的销量需求，提前在各个地区物流分站预先发货，客户下单后会在2小时左右的时间享受到惊喜的物流服务。在每一个用户的订单高效处理的背后，如何实现看似简单的发货与收货，实际上隐藏着一套复杂的物流系统，京东称之为“青龙”。实现的流程如图4-4所示。

首先，仓库负责根据客户订单安排生产，包括面单打印、拣货、发票打印

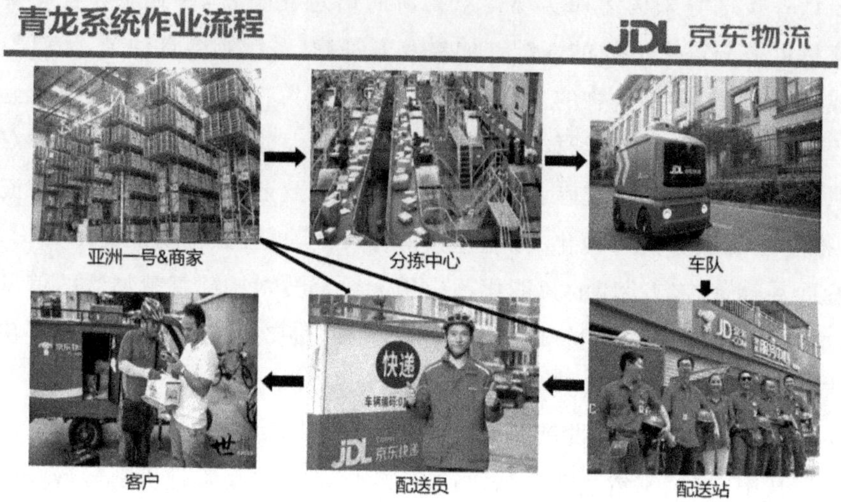

图 4-4 青龙系统作业流程

打包等;其次,仓库生产完毕后,将订单包裹交接给分拣中心,分拣中心收到订单包裹后进行分拣、装箱、发货、发车,最终将包裹发往对应的配送站;最后,配送站进行收货、验货交接后,将包裹分配到不同的配送员,配送员负责配送到客户手中。

在整个配送网络中,物流、信息流与资金流的快速流转,实现了货物的及时送达、货款的及时收回、信息的准确传递。青龙系统的切换运行是京东物流具有里程碑意义的技术升级,也是京东现代化运营中心"亚洲一号"智能化升级的主要因素,为京东物流业务的精细化管理运行提供了有力的技术支撑。

1."青龙"系统的升级迭代

(1)"青龙"1.0 时代

从 2011 年 9 月研发项目启动,到 2012 年 11 月就已经实现全国所有区域切换完成青龙 1.0。青龙通过对原有系统进行重构,使得分拣系统与配送系统达到了全方位服务能力的提升。青龙 1.0 有效地解决了信息系统的不完善和系统构架的不合理问题,构建了更为合理的业务流程,同时也构建了更为高效的信息管理系统,完成了对海量信息处理,满足日常海量数据处理的能力,对原有系统进行了重构,使得分拣系统与配送系统达到了全方位的提升。青龙系统的运行效率得到了提升,站长、配送员等员工的工作效率得到了提高,这些促进了京东销售规模的不断扩大,使用户感受到更为方便、快捷的购物体验。

青龙 1.0 全面支持京东业务的多元性,不仅支持自营模式下的站外、站内及自提的配送业务,还增加了非自营模式下的站内、站外合作的业务类型的支持功能。青龙系统具备支撑未来京东快速开展二、三线城市的自营站点与合作站点建设的能力,能够让更多的客户享受到“211 限时达”“次日达”“夜间配”等特色配送服务。

青龙物流平台功能全面,不仅实现了站点收货、站点验货、配送员收货、配送等正向操作功能,还实现了上门取件、上门换新等功能,为用户提供了更为方便快捷的配送服务。此外,还能实现对物流整个环节的监控和精细化的管理,如实时监控系统、基本运营和分拣运营监控、配送运营监控及合作运营监控。

(2)“青龙”2.0 时代

青龙 2.0 阶段,京东推出了自提柜系统,用以解决“最后一公里”的难题。经过不断的更新改良,自提柜的功能也在不断丰富,水电缴费、一卡通充值、社区 O2O、冷藏/冷冻,生鲜自提、WiFi 热点等诸多功能逐步实现(见图 4-5)。

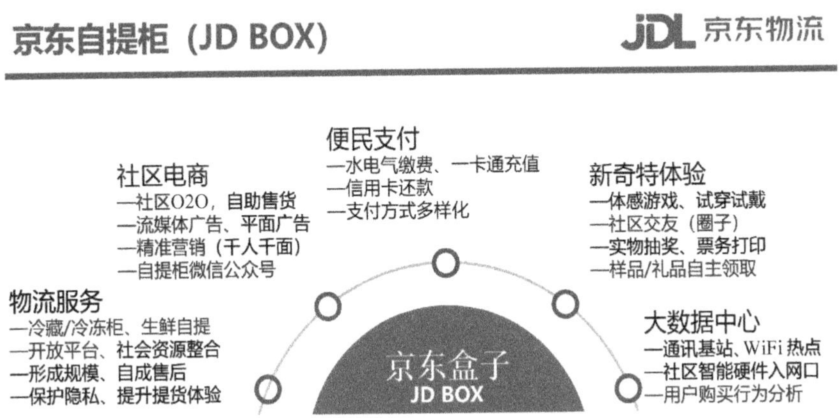

图 4-5 京东自提柜功能展示

青龙系统持续进行技术优化，在技术上也进行了革新，包括 SOA 框架、分布式调度、Redis、MQ、分布式 MySQL 等，有力保障系统平稳运行，提升系统效率。针对架构，研发团队进行了诸多改进，如基于 Redis 的分布式调度，做到了兼容已有数据库方案，实现了平滑升级、重启等不会丢数据、高并发、支持批量处理、支持防重注、支持 Redis 故障(自动和手动)切换。

青龙 2.0 通过规划车辆管理、调度中心、逆向物流、站点集货、订单截留、预约配送、周转箱、内部质量管理、返单管理、物料管理、业务决策报表、报表邮件推送等项目打通了整个供应链的运营，促进了供应链效率的全面提升。青龙系统在应用架构的设计上重视基础资料的设置，涵盖配送人员、站点、分拣中心、商家、车辆信息等多方资料，保证各个子系统分工明确且数据共享，使得青龙系统可以高效精准地应对不同的业务处理场景。青龙 2.0 包括预分拣系统、PDA 系统、运单系统、质控系统、GIS 系统、自提柜系统、车辆调度与管理等模块(见图 4-6)。

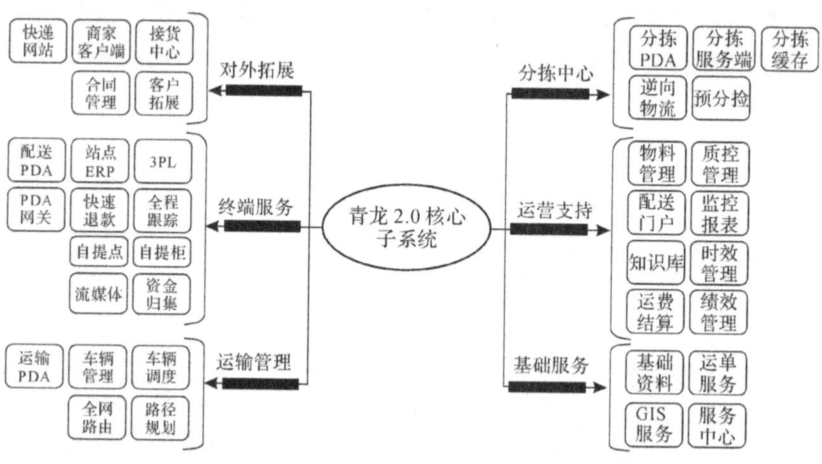

图 4-6 青龙 2.0 核心子系统

(3)“青龙”3.0 时代

2014 年青龙迈向了 3.0 时代，这一阶段“对外开放，构建生态系统”成为重要的战略方向。“亚洲一号”项目也在全国多个城市建设，并陆续开工和投入使用，与青龙系统共同发展，为此京东打造了物流配送开放平台，其中外单系统作为整个外单业务的支撑，为配送官网、外单 CRM、商家合同管理提供全面的服务。在不断地更新完善过程中，实现了 B 商家客户端、外单 API、接货中心等外单接单系统的构建。而分拣、运输、终端等配送操作也实现了部分外单操作的功能。

同时，青龙 3.0 完成了 SOP 订单对接和 ISV 对接的重要项目，至此青龙的业务模式也开始从京东内部物流系统转变为社会化物流。这种开放，使得京东的物流平台具备了更多的功能，例如跨境的电商、O2O 的配送。而京东也在进一步将渠道下沉，青龙乡村管家系统将物流配送的深度扩展到了农村，使村里人和城里人享受同等的消费服务。青龙的创新在技术层面逐渐稳定，性能和客户体验等要求不断提高，研发团队在系统分层、跨机房部署等方面也取得了突破。亚洲一号仓群能够高效精准地处理订单，离不开京东配送信息系统“青龙”的支撑。青龙 3.0 不仅促进了亚洲一号仓群在配送区域布局的优化、优能，还极大地提升了物资的配送效率(见图 4-7)。

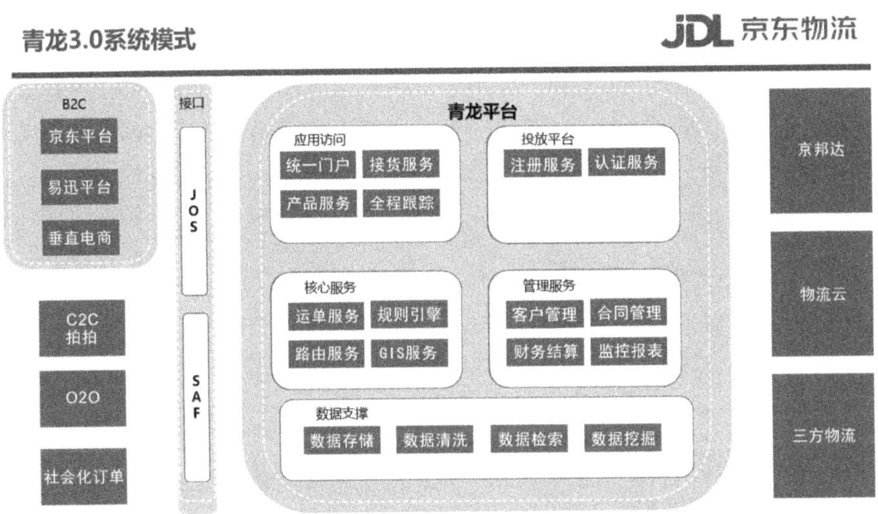

图 4-7　青龙 3.0 系统模式

第五章 传统供应链如何升级实现智慧化

一、智慧供应链产生的背景与概念

(一)传统供应链的发展历程

1.供应链的概念

供应链(supply chain)最早是在20世纪80年代提出的,指包括信息流在内的从原材料阶段到终端用户的信息、商品以及资金流通和递送的所有活动。供应链包括管理系统、操作和组装、采购、生产计划、订单加工、库存管理、运输、仓储和客户服务。

美国供应链协会(supply chain council)对供应链提出以下定义:供应链是包括从供应商的供应商到顾客的顾客之间,所有对产品的生产与配销之相关活动流程。英国著名的物流专家Martin Christopher在《物流与供应链管理》一书中对供应链进行了这样的定义:供应链是指涉及将产品或服务提供给最终消费者的过程和活动的上游及下游企业组织所构成的网络。2012年《物流术语》国家标准把供应链定义为:供应链是生产与流通过程中,为了将产品与服务交付给最终用户,由上游与下游企业共同建立的网链状组织。供应链是连接供应商和客户的基础。供应链中每个客户依次是其下游企业的供应者,直到最终产品到达最终用户。

我国著名学者马士华在其《供应链管理》中认为供应链比较确切的定义应为:供应链是围绕核心企业,通过对信息流、物流、资金流的控制,从采购原材料开始,制成中间产品以及最终产品,最后由销售网络把产品送到消费者手中,将供应商、制造商、分销商、零售商、直到最终用户连成一个整体的功能网链结构模式。供应链描述商品的需求到生产再到供应过程中各经营实体(供应商、制造商、经销商和顾客)和活动(采购、制造、运输、仓储和销售)及其相互关系动态变化的网络。供应链的概念注重围绕核心企业的网链关系,每一个企业在供应链中都是一个节点,节点企业之间是一种需求与供应关系。对于核心企业来说,供应链是连接其供应商、供应商的供应商以及客户、最终用户的网链。企业开展供应链始于运输管理方面,后又延伸至入库、最终产品库存、物料处理、包装、客户服务、采购和原材料等方面。在供应链上除资金流、物流、信息流,根本的是要有增值流,在供应链上流动的各种资源,应是一个不断增值的过程。因此,供应链的本质是增值链。国内外学者对供应链的定义众多,但大同小异。

2. 供应链发展的阶段

美国生产与库存管理协会(American Production and Inventory Control Society,APICS)把供应链的发展分为供应链孤岛(multiple dysfunction)、供应环(semi-functional enterprise)、内部供应链集成(integrated enterprise)以及扩展供应链(extended enterprise)四个阶段(见图 5-1)。

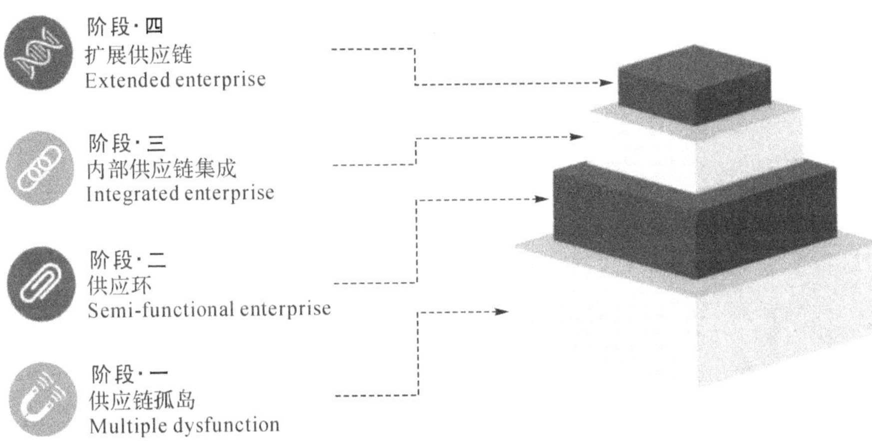

图 5-1　供应链发展的四个阶段

(1)供应链孤岛

供应链孤岛是指企业内部各职能部门之间,缺乏明确的职责定义和信息沟通。企业和外部企业只有简单的交易关系,导致“孤岛”现象的原因可能有以下几点。

①管理层只能提供企业发展大致的方向和目标，缺乏长期的规划。

②企业内部生产执行随意性强，缺乏计划性。

③销售预测信息没有经过严格的核对过程，经常会受到过于乐观的销售预估而被人为放大。

④产品设计过程中，研发团队很少与其他部门沟通。

⑤仓库大部分设立在靠近客户或市场的地区，由于没有销售预测管理流程，不根据客户需求进行排产，经常会导致仓库有大量库存。仓库员工缺乏基本的培训。仓库卡车装卸缺乏计划性，效率低下。

⑥简单的 MRP 物料需求系统，生产计划仅制订到月度计划这一层面，只有 BOM 和订单完成情况的数据。

出现供应链孤岛情况的制造企业通常过度关注产品和销售而忽略了企业运营中的供应链管理，缺乏物流信息系统对企业物料需求、仓储管理以及配送运输的精准计算，最终导致企业在运行过程中出现库存成本居高不下、订单反应速度缓慢、交货持续性较低等系列问题。

(2)供应环

供应环阶段企业各职能部门被明确定义了负责的任务，也出现了信息数据的流通，但职能部门之间还是缺乏紧密合作。每个部门形成一个闭环，但是还没有形成整体的链条，与客户和供应商之间没有形成伙伴的关系。该阶段的企业可能存在以下的情况：

①仓库中的人工操作被半自动或全自动设备替代。

②企业能够初步地控制库存。

③采购部门能实施采购策略以获取更低价格的产品或服务。

④物流部门能通过选用有价格优势的运输供应商来降低运输费用。

⑤销售部门可以获取并分析预测信息。

⑥制造资源规划(manufacturing resourcing planning，MRPII)开始应用一些可能实现基本物料需求、采购需求和仓库管理功能的系统软件，但是和其他系统软件的数据兼容性比较差。

在这个阶段，企业内部各个部门之间部分的沟通渠道已经打开，但是跨部门的沟通还不是非常顺畅。这类企业的典型代表是合资或外资工厂，在信息管理系统方面缺乏 SAP 或 Oracle 这样的较为先进的 ERP 软件。比如新产品的研发阶段没有让供应链部门参与介入，新产品量产以后就可能会出现由包装箱的回收问题而引发的物流运输费用超标等问题。这个阶段企业的特征是各个部门能完成自己的职能工作，但是跨部门的协作还是不够紧密与顺利。

(3)内部供应链集成

在内部供应链集成阶段企业开始关注业务流程集成和销售与运营规划流程(S&OP)。该阶段的企业可能存在以下的情况：

①ERP 软件开始应用，跨部门之间的合作变得更加容易和高效。

②产品设计引入了更多部门参与，包括市场销售和采购部门等。

③库存水平得到更好的控制，需求预测变得更加准确，能够更好地完成客户订单。

④物流费用得到进一步的优化，更好地平衡物流费用和客户满意度。

⑤仓库管理的自动化程度进一步提高。

在内部供应链集成阶段，企业开始打破内部各个部门之间的壁垒，使得内部流程整体化。同时逐步联合外部供应商，比如物流第三方供应商来优化物流费用。目前国内的一些外企和行业内领先的公司通过 SAP 或其他 ERP 软件的实施，已经到达了第三阶段。

(4)扩展供应链

在扩展供应链阶段中，作为全价值链中的核心企业，打破了企业之间的边界，实现了协同计划、设计、补货和配送的整合。该阶段的企业可能存在以下的情况：

①核心企业和其上下游的客户和供应商，针对某些产品开展了协同合作。

②大量新的信息技术和软件被应用。比如 POS 机信息可以在第一时间发送到共享数据库，用于安排供应商补货和后续的生产。

③企业之间的竞争也从单个公司之间的竞争升级为供应链之间的竞争。

在这个阶段，企业已经完成了内部各个部门的整合，并和一些战略合作伙伴一起协同合作，增强整个供应链的效率，提升产品服务的质量。这类企业在整个行业里都是处于绝对领先的地位，比如苹果电脑，苹果公司产品的成功，不仅仅是产品的成功，更是企业供应链运营的成功。

企业发展的瓶颈不完全是受制于产能和资金，而是受制于内部管理、信息系统和人力资源。在经济形势好的时候,大家都是忙于扩大生产,争取更多的销售订单。而随着中国经济进入新常态,传统的经营模式势必让这些企业放缓发展的脚步。

3. 供应链发展不同阶段的社会分工

供应链发展的不同阶段其发展重点也各不相同,从最初强调物流管理过程的发展,经历了强调价值增值链的转变过程,最终到达以强调价值网络为核心的现代供应链管理。从时间节点上供应链可以分为1980年的传统供应链、1990年的精益供应链、1995年的集成化的敏捷供应链和2000年的用户化的敏捷供应链。对于人类历史阶段的划分方法而言,社会分工是历史阶段划分的一个重要依据:人类历史发展的大阶段是以生产资料和工具命名的,而每一次工具或者生产资料的重大变革都促成了社会分工。从分工的角度看,供应链发展可以分为三个阶段:企业内分工、跨企业分工和制造角色分工。

(1) 企业内分工

工业革命是人类规模化地使用非人力、畜力的自然能源用于生产。早期是以燃烧带来的蒸汽作为动力源,后来发展成为易于传输、通用的电力能源作为动力源,能源驱动设备能够超越人力、畜力的极限,可以极大提高生产效率,从而促进了工业的发展。工业革命早期,工厂利用设备汇聚了更多的工人,解决的是效率和规模化的问题,工人工作上还没有分工。此期间的效率提升仅仅是由能源效率带来的提升。这个阶段还是以手工作坊或类似于手工作坊为主的生产模式。

流水线的发明,实现了厂内分工。最具有代表性的是1913年建立的福特T型车生产流水线,彻底改变了汽车的生产方式,也改变了现代工业的基本生产方式。福特生产的T型车,在流水线之前,装配一辆汽车需要728个工时;而流水线发明后,装配一辆车,仅需要12.5个工时。随着流水线技术的不断改进,福特T型车每一辆车的装配时间不断缩短,从12.5个工时到5小时50分钟,最后T型车的生产工时降低到93分钟,极大地提高了效率。

(2) 跨企业分工

2003年进入供应链领域,这时期参与的第一个项目是东南汽车的供应商协同的项目,当时东南汽车的生产模式为日本流行的生产模式:配套厂建在主机厂周边，配套厂通过看板为主机厂送货。这种模式最早是丰田开启的 JIT 的生产模式，逐步演化成熟，被称为精益生产。有了主机厂与配套厂的分工，生产制造由企业内分工过渡到跨企业的分工。

(3)制造角色分工

制造角色分工的典型案例有戴尔直销模式带来的大规模定制。戴尔的零库存，实际上是戴尔主机厂的零库存，而不是戴尔供应链上下游所有环节的零库存。在过去几年，全球供应链 50 强，苹果都是排名靠前的企业，苹果的生产是由代工厂生产的。苹果代工厂模式开启了供应链角色的分工：产品设计、品牌与产品生产的分工。苹果负责设计产品、销售产品，协调供应链，而富士康一类的代工厂负责生产产品。

(二)智慧供应链的发展背景

当前全球市场环境越来越复杂多变，面临的行业竞争越来越激烈，面临的内部成本优化与内部管理效率提升的压力越来越大。如何优化提升内部供应链管理效率，灵活快速地去面对复杂的内外部竞争与环境压力，推动供应链的数字化与智慧化转型，是全球企业面临的一个重要课题。这对企业发展而言，也是一个巨大的机遇与挑战。

近两年，越来越多的行业头部企业开始进行全新供应链模式的规划与实践，借用新的物联网、大数据、云计算、AI 等技术，融合企业内部、行业、社会化的信息资源与数据，基于供应链的业务场景为各业务环节赋能，实现了供应链效率的极大提升。未来，数字化与智慧化转型，将成为推动企业发展的核心动力，也是下一阶段的信息化与管理变革的发展方向。智慧供应链的发展是全球企业转型升级的必然之路，智慧供应链的建设主要有以下三个方面。

1. 智慧供应链内部基础的搭建

(1)智慧供应链的土壤：信息化基础设施(IT)

全球很多企业已经从诺兰模型中早期的计算机时代走向信息时代，内部的信息化基础从初始阶段走向了现在的集成阶段、数据管理阶段(见图 5-2)。部分企业甚至已经走向成熟阶段。成熟的信息化系统已经将企业的供应链从流程上、数据上、信息上进行标准化、系统化的管理。这些系统构成了智慧供应链所需要的数据采集入口,也构成了智慧供应链在决策执行时的输出工具。这些成熟的业务系统是智慧供应链运行的必备条件。现有的信息化基础设施是大数据、算法等新技术应用的基础。

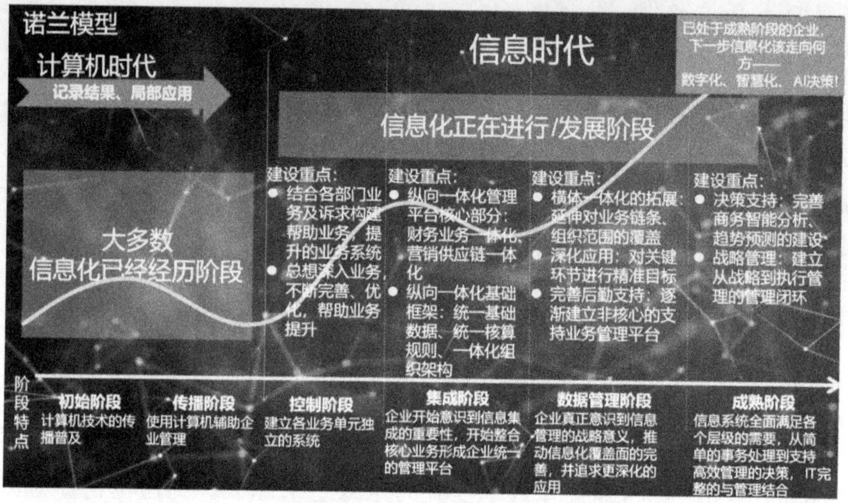

图 5-2 诺兰模型

(2)智慧供应链的神经系统:供应链组织方式(OT)

企业的供应链组织方式几十年来经过多次迭代发展,包括最早的通过文档进行计划、订单、产能规划、库存管理等业务操作,通过纸质表单、邮件、电话等方式实现信息传递,从而实现供应链协同。再到后来的销售、采购、生产、库存等拥有自己的业务系统,能够流畅高效地完成各环节的工作,为供应链各环节增速提效,但供应链整体的协同与运营效率仍然不高。再到近些年的大 ERP 时代,通过一体化、集成、标准的以 ERP 为核心的整体业务运营平台,实现了供应链在信息系统的一体化管理,供应链效率也得到极大提升。当前更多企业在发展过程中已经呈现高新技术发展与应用趋势,那就是数字化与智慧化,这包括供应链可视化、供应链控制塔、供应链数据分析模型、供应链中台等等新的概念与平台的应用(见图 5-3)。

(3)智慧供应链的血液:企业数据积累(DT)

主数据是业务运行的基础,业务数据是企业的核心资产,近年来,越来越多的企业开始意识到数据的重要性,先后进行数据治理、数据中台的建设。这些对数据的治理、存储,为智慧供应链的搭建创建了另一个必备条

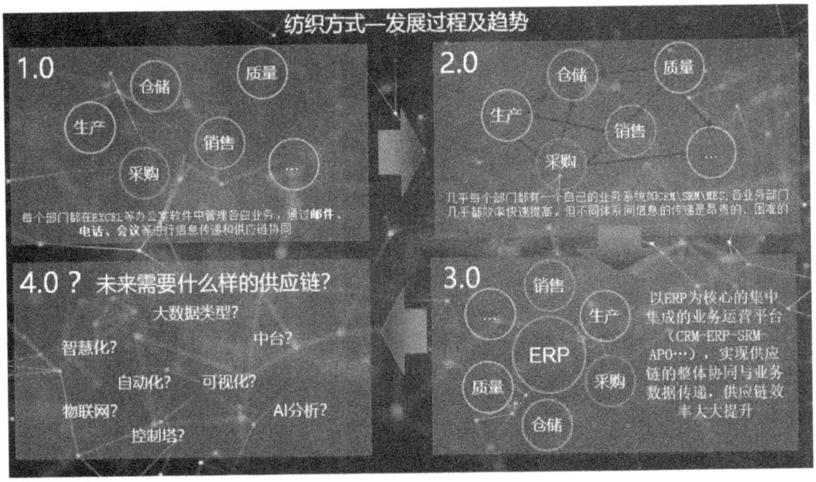

图 5-3 纺织方式—发展过程及趋势

件。企业数据从最早的纸质、电子文档存储，到后来的局部业务系统存储，再到大 ERP 时代的数据贯通整合的全面积累与存储。新的技术与模型，需要大量的历史数据、动态数据做输入，经过加工后产生分析结果与决策。因此企业对数据的重视与管理，给智慧供应链提供了干净、优质的资源（见图 5-4）。

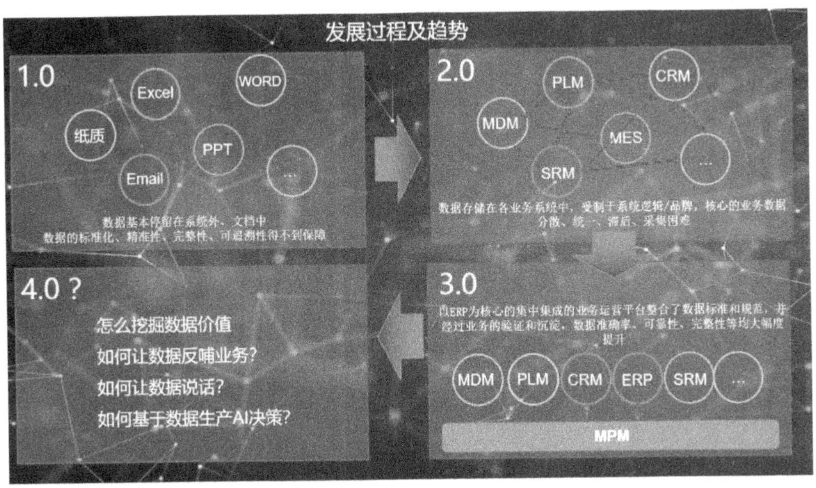

图 5-4 发展过程及趋势

2. 智慧供应链建设的外部条件

近年来，越来越多的头部互联网公司，包括阿里、百度、腾讯等逐步进入

2B市场。谋求在企业的供应链、物流、数据等进行全方位赋能和变革，帮助传统企业实现数字化和智慧化转型。这包括阿里推出的数据中台、业务中台、云计算等概念，已经在很多企业成功运行。百度的大数据、AI模型，也在传统企业的仓储、物流等多环节找到入口，实现多式联运、路径规划等功能。

一些传统的技术公司，像华为、美的等结合自身的成功经验与技术积累，转向传统企业，输出自己的解决方案与技术。华为推出的5G、云计算等已经在传统企业的业务中找到应用场景，从硬件、软件、到管理等多层面实现变革与提升。美的的智慧营销、智能制造也在供应链多个入口和生产执行环节，实现效率提升。以上这些技术公司的创新技术，将极大地帮助传统的供应链，为其提供自动分析、高效运行和智能决策服务。从运行范围、时间、效率等全方位，让以前需要大量人工才能完成的工作在系统中完成成为可能，构建智慧供应链核心大脑(见图5-5)。

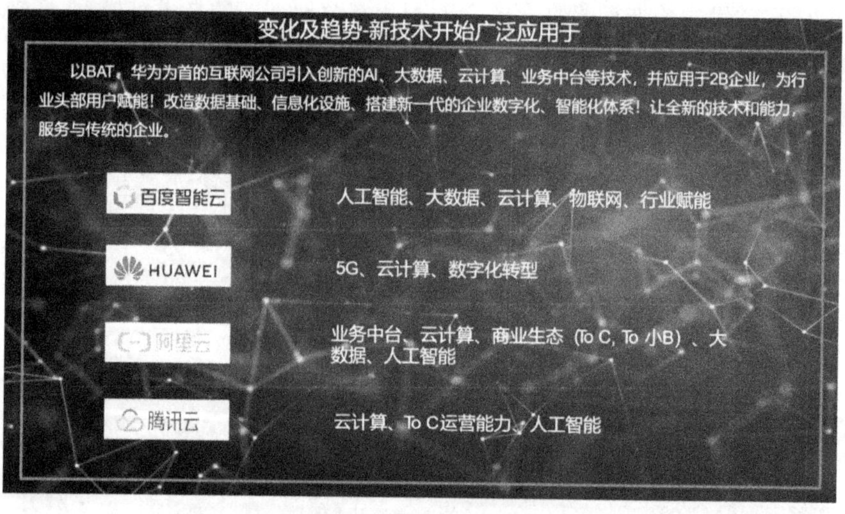

图5-5 新技术变化趋势

3. 中国智慧供应链的发展情况

从电商到新零售，从贸易摩擦到新冠疫情，供应链管理正式上升为国家战略。全球供应链开放、稳定、安全的性质充分体现了现代供应链的地位与作用。

2017年国务院办公厅颁布的《关于积极推进供应链创新与应用的指导

意见》中指出，“供应链是以客户需求为导向，以提高质量和效率为目标，以整合资源为手段，实现产品设计、采购、生产、销售、服务等全过程高效协同的组织形态”。指导意见的提出也标志着中国正式进入了现代供应链管理的新时代。2020 年，面对新冠疫情肆虐、全球经济发展受挫、气象灾害突发等情况，全球各企业的供应链管理者普遍面临着巨大考验，需要快速调整并重新制定业务运营方式，以适应快速变化的环境。当前中国经济正处于转型发展阶段，国内各企业转型发展的程度体现了国家转型发展的水平。打造一个稳定、开放、低碳、安全、高效的弹性供应链关系到中国经济在国际上的地位。

2021 年 5 月 19 日，知名数据研究机构高德纳(Gartner)对外公布 2021 年全球供应链 25 强排名，思科、高露洁、施耐德电气等悉数上榜，阿里巴巴和联想两家中国企业也位列其中。自 2005 年起高德纳每年发布全球公司供应链排行榜，在推出全球的供应链领导者的同时着重分析和展示他们在供应链运营时的最优策略，此举被认为是业内唯一跨行业评价供应链水平和成熟度的标尺。

入围 2021 年高德纳全球供应链 25 强榜单的企业，必须符合 4 项标准：列入《财富》全球 500 强或福布斯全球 2000 强的制造商、经销商和零售商；公开财务数据；年营收超过 120 亿美元；且实体产品营收大于 50%，即 60 亿美元。此外，高德纳会参照入选公司最近 3 年的总资产收益率、库存周转水平、收入增长水平、ESG(环境社会治理，即企业社会责任)等硬指标，以及同行评分和分析师评分等软指标来综合评分。2021 年的榜单主要从 3 个层面进行评选——目标驱动型的企业、客户驱动的业务转型和数字化优先的供应链，这也正是全球供应链发展的重要趋势。

4. 智慧供应链的三个层次划分

在信息化、网络化和数字化改变世界的进程中，将智慧供应链分化为三个层次。第一个层次应是功能内的资源配置优化，如仓储中的箱装球理论、运输中的旅行商路径规划问题等，高校科研院所的优化方法基本上属于这个层次。第二个层次则是功能间的资源配置优化，如大数据、云计算等支持的“以运分储”“以储代运”等，仅仅是通过定性优化其收益就远超越第一个层次的优化能力，许多靠直觉参与其中的企业就容易成为创新的主体。

第三个层次是供应链上下游企业间的资源配置优化，如2020年中央提出新基建的目标之一就是通过坑口发电、特高压输变电到东南沿海来替代传统的“西煤东运”“北煤南运”——以铁路运输从蒙西、山西和陕西的煤炭到东南沿海地区发电，实现了煤电运一体化。尽管有统计分析，依赖“坑口发电＋特高压”的煤电运一体化总成本并不比传统“运输＋发电”的总成本低多少，但随着能源即时转变技术如风电、光电的使用，其利用效率和低成本存储形成明显的竞争优势。

5.数字化时代强调供应链金融的赋能

数字化时代的供应链体系更强调供应链金融对实体供应链的活化、赋能与风险防范。公路货运“小、散、乱、差”的根源还在于中小微民营物流企业的现金流严重不足，难以做大做强。中小微民营企业融资难、融资贵是金融体系的顽症。针对性的传统物流金融和现实中的供应链金融只是在增强主体信用或置换核心企业主体信用上做文章，实际上只能称作供应链节点金融，无论是金融机构牵头，还是核心企业牵头，或者核心企业财务公司牵头，依然还存在着贷款人与第三方监管合谋的动机和难以监控的系统风险。数字化支持的供应链金融（可以成为供应链金融3.0）则完全脱离对主体信用增强的逻辑，而是利用数字化对融资资产、产业链贸易场景和业务往来实际经营能力的穿透性而形成对主体信用的减压和松绑、对经营能力的高效监控、对业务运营的有效监管和全供应链体系的有效闭环监测。首先，成本越来越低而效率越来越高的万物物联使得视频监控对大宗货物可以高效实时地共享其体积和重量，智慧物联网使得芯片控制了件杂货和箱装货的监控与共享，以保证监控对象的真实性。其次，利用区块链技术与供应链体系本质上的天然优势互补和劣势互避，根据供应链上下游企业的博弈特征而利用区块链“去中介化”和“去信任化”能力，又根据区块链只适合于非金字塔形组织架构的非效率而利用供应链少有的平行联盟关系，形成“双链融合”，实现对真实监控后的有效监管，从而真正实现供应链整体的中小微企业自身业务和运营能力成为风险防范主体，这才是未来的供应链金融。

(三)智慧供应链的概念

1. 基本概念

随着"互联网+"数字经济时代的来临,越来越多的现代创新生产与管理模式随之涌现且用于企业的生产管理实践活动中。从传统供应链转型升级的敏捷供应链、大数据供应链、物联网供应链这些创新性的管理模式在很大程度上提高和优化了企业供应链的运作效率,大幅度提高了供应链各环节涉及企业的协同效率,弱化了供应链在单个风险事件中的应对抵抗能力。物联网技术与现代供应链管理有机融合的智慧供应链应运而生,这也是未来企业供应链发展升级的有效途径。

供应链是通过打破组织内部及组织之间存在的业务和信息孤岛,有效地规划和管理产业链上产生的供应采购、生产运营、分销和所有的物流活动,主要体现在产业链相关方之间的协调和合作,实现商流、物流、信息流和资金流的高效整合。"智慧供应链"这一概念最早由复旦大学博士后罗钢在2009年上海市信息化与工业化融合会议上提出的,主要通过有机结合物联网、互联网、云计算等信息技术与现代供应链管理的理论、方法和技术,在企业内部以及企业之间构建的智能化、数字化、可视化、自动化、网络化的技术与管理综合集成系统。在《国务院办公厅关于积极推进供应链创新与应用的指导意见》中提到,"打造大数据支撑、网络化共享、智能化协作的智慧供应链体系",这与供应链与互联网、物联网深度融合是一个概念。通过有效地设计供应链模型、供应链绩效分析、供应链透明化、供应链风险评估等实现供应链体系的智慧化。

与传统供应链相比,智慧供应链最大程度上消除了供应链中信息不对称造成的影响,通过实现信息流、资金流及物流的有效对接在根本上提高供应链上各企业的运作效率。应用智能化、数字化以及网络化技术的现代物流系统从而体现供应链的"智慧化"。智慧供应链具有以下特点。

(1)技术渗透性更强

现代信息技术为供应链的决策者提供高效的运营工具,提高供应链的管理和运营效率,智慧供应链通过各种方式将物联网、移动互联网、云计算、大数据、人工智能等新一代信息化技术作为支撑点,在数据信息获取上也采取可视化的方式,并依托技术革新实现供应链管理的变革。

(2)信息整合性更强

智慧供应链依托高度开放共享的智能化信息网络,系统有效解决了企业各职能部门及各相关企业之间信息系统的异构性问题,实现了商流、物流、信息流、资金流的无缝对接,从而使供应链中的信息具有更强的整合性与共享性。

(3)组织协作性更强

智慧供应链上各企业通过信息的高度整合与共享,使企业可以及时有效地了解供应链内外部的各种信息,并根据实际情况随时与供应链上下游企业进行联系沟通,做出有针对性的调整与协作,从而大幅提升供应链的运作效率与效果。

(4) 操作可视移动性更大

物联网技术的高效发展结合云计算、大数据、人工智能等一系列以现代信息化技术为支撑的智慧供应链,在数据信息的传递和获取上体现了最大程度的移动化、碎片化以及智能化,现代供应链的信息也主要以图片、视频等可视化方式直观体现。

(5) 信息延展性更强

智慧供应链是以先进的互联网信息化技术为支撑的,供应链中的各类信息具有更强的流动性、整合性与共享性,企业可以随时与供应链上下游的其他成员进行沟通交互,从而大大增强了供应链的延展性,有效解决了传统供应链中因信息层级传递而造成的效率下降问题。

2.智慧供应链的建设思路及特点概览

(1)建设条件:三个基础,一个推动力

①成熟的信息系统:构建智慧供应链需要成熟的内部信息化系统,能够让各项业务顺畅运行。此外,大脑分析的结果,能够回传至业务系统并控制执行。

②全面可靠的数据:企业已经积累优质可靠的数据,能够让智慧大脑方便获取实时的业务数据、历史数据,并基于这些数据建立模型,进行加工分析。

③创新的技术:数据的运算分析、结果的执行,都需要新技术强大的运

算能力和成熟的分析模型。

④推动力：企业内在的、外在的变革需求与供应链重构，将推动智慧供应链的规划和建设。

(2)功能设计思路：业务场景＋创新技术

打造智慧供应链核心功能。智慧供应链最终目标是服务于日常的内外部供应链运行，因此，如何让智慧化落地，如何实现技术赋能，需要基于供应链业务找到应用场景，比如：预测模型、派单模型、计划模型、排产模型、物流线路模型、陆港联运模型、费用计算模型等。

(3)建设特点：地图化

供应链越复杂，在运行的底层逻辑和展现上就要做到越简单，便于人工查看、跟踪和分析决策。因此建议如模拟个人的地图出行一样，为供应链规划订单路径，从宏观上不仅能整体掌握产供销的地图分布情况及供应链运行情况，也能够连接底层的数据，从微观上跟踪和处理供应链的问题。

(4)具备的能力：智能＋预测＋敏捷

①机器学习：在智慧供应链平台搭建完成后，需要具备机器学习能力，通过对每次的决策结果进行跟踪，与预期结果进行比较，分析差异和问题，逐步优化模型和数据库，使得准确率、及时性得到长期的逐步的提升。

②预测性：智慧化供应链需要具有预测功能，类似地图不同时间段的拥堵预测、路况预测，基于对未来产能的评估、市场销量的预测、原料价格的预测，进行未来化决策。

③敏捷性：供应链的影响因素非常多，包括订单变化、库存变化、市场变化等等，发生变化的时候，需要及时做运算分析并给出新的解决方案。

二、传统供应链转型升级为智慧供应链的路径

(一)基于数字化赋能的智慧供应链实施路径

2020年的新冠疫情导致的生产停摆、物流不畅、产品滞销等一系列问题，都对全球供应链体系产生了巨大的冲击。但疫情的冲击及其带来的风险挑战，也同样激发了多元化、智能化等新的趋势，新一轮科技创新和产业变革也正在引领全球供应链加速重构。后疫情时代，以智慧供应链为代表

的创新技术将开启一个新的格局。

1. 传统供应链的升级与优化

赵先德等编著的《高效协同：供应链和商业模式创新》中提出："如今的竞争，不再是企业和企业的竞争，而是供应链和供应链之间的竞争。"由此可见，供应链的升级与智能化对未来企业转型至关重要。随着全球供应链的复杂度正在急剧增加，企业也在遭遇前所未有的挑战。科学技术的发展也使得全球商品可取代性增强，很多商品出现供大于求的现象，全场景全渠道销售的趋势显现；消费新需求层出不穷，商品生命周期变短，而新冠疫情、自然灾害以及难以预测的无常事件造成的不确定性在增强甚至导致供应链中断。

很多跨境企业面临着复杂的全球布局，而疫情和全球局势的变化导致了供应链变化，这会遇到难以预料的竞争和干扰，又存在后疫情时期动荡的经济环境，以及监管的变化。同时供应链管理领域也出现了很多新的技术，如物联网、人工智能、机器学习。这些变化促使企业的供应链需要有更高敏捷性和适应性，也正是这些内外部环境的改变，迫使企业必须走向供应链的智慧化。

相比于传统供应链"计划—寻源—生产—交付"的固有模式，智慧供应链有三个典型特征：一是需求响应更快，成本更高效且可持续性强。二是多渠道间预测、仓储、运输、交付同步实现，减少了系统导致的延迟。三是边缘计算技术带来实时可视性，以及机器学习驱动实现的供应链流程梳理优化能力。

传统供应链的数据来源于企业内部 ERP 系统，更像企业内部封闭的系统，所以会存在数据孤岛，系统及供应链上企业之间不连接的问题。供应链的本源其实就是数据的来源，企业内部订单、交易和库存系统等等，能否接受外部信息，这是区别传统供应链和智能供应链的关键。智慧供应链是指利用移动计算、物联网、云计算、人工智能技术、网络与通信技术、安全技术等一系列新兴技术对传统供应链的升级。

2. 人工智能助力智慧供应链

麦肯锡预计，未来 20 年，仅通过在供应链和制造环节中应用 AI，企业便可每年创造 1.32 万亿美元到 2 万亿美元的经济价值；同时 87%的企业软件将内嵌 AI 能力,83%的企业软件将包含基于云的 AI 开发服务。2018 全球人工智能与机器人峰会(CCF-GAIR)上京东集团副总裁、大数据与智慧供应链事业部总裁裴健结合京东集团内部在人工智能领域的实践经验,提出“智慧供应链——人工智能在零售业的创新前沿”的概念。人工智能应用于供应链上各环节的操作,包括存货布局、智能选址、智能补货、需求预测以及滞销处理等等。通过一系列的人工智能算法,京东可使整个仓储的周转周期降低 27 天,缺货率降低 15%,滞销占比减少,使得库存健康管理得到提升。

在高效供应链基础上,智慧供应链实际上是连接了消费者、供给和场景的一个端到端的完整链条。这个链条,可以分成三个大的部分:第一部分是智能消费,通过使用人工智能技术,把消费的场景细分,能够让客户在合适的时间进行相应的消费,可以做到所想即所得。第二部分是智能物流,其目的在于快速、高效、安全地把相应的货物送到用户的手上。第三部分是智能供应,通过基础设施的建设和人工智能技术的应用,快速响应各种供给侧的需求,把用户的声音、客户的声音从消费端快速传到供给端,进行相应的按需定制。无论是提高响应、精准供应,还是理解用户需求,按需定制,这些环节都需要大量的人工智能技术,在大数据的基础上进行相应的分析(见图 5-6)。

京东目前正进行送货无人机、机器人等产品的研发与测试,物流仍占据京东智慧供应链关键环节,供应链也会基于物流进行搭建,京东利用强大技术手段,测试无人机、机器人等物流设备,进而实现构建全球供应链的目标。同时,京东也会根据各地不同的经营、客户需求,以及不同的业务和技术,进行相应战略布局,和当地业界一起,用京东行业经验,应用人工智能、智慧供应链,提高自动化水平,对供应商和品牌商进行支持。

3. 数字化赋能智慧供应链管控

随着全球各企业供应链趋向全球化和复杂化的发展,供应链运营者需要鸟瞰整个供应链网络,以确保统筹所有环节按预期执行。“控制塔”这一名词来源于机场,即空中交通控制塔,往往是机场最高的建筑物,用于指挥、调度机场内的飞机起降。IBM 对供应链控制塔的定义:“供应链控制塔传统上被定义为整个供应链中数据、关键业务指标和事件的连接、个性化的仪表盘。供应链控制塔使企业能够更全面地了解、优先考虑并实时解决关键

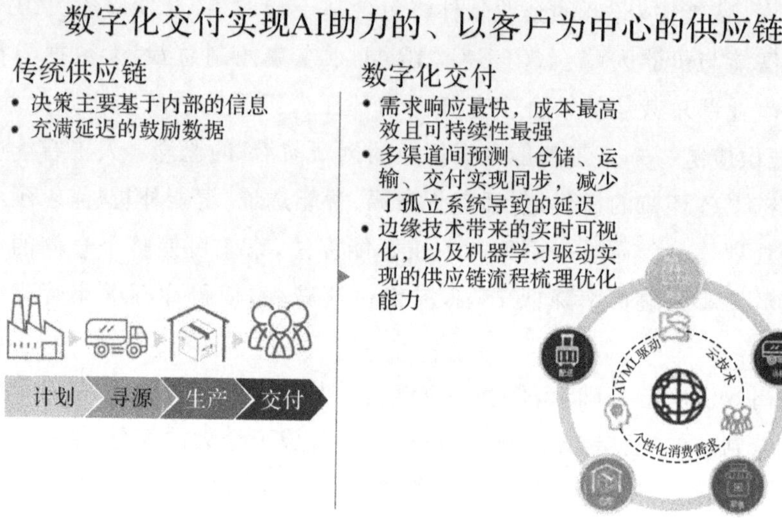

图 5-6　人工智能助力智慧供应链

问题。”业内专家认为，数字化供应链控制塔（以下简称控制塔）是端到端管理的最佳方法。控制塔已逐渐成为企业特别是大型全球化的制造业，在其延伸的价值链上获得可见性和作出智慧的供应链决策的重要工具。控制塔为供应链管理者提供了一个中心枢纽，利用大数据来提高可见性，既满足在客户需要的时间和地点为其提供所需的产品，又实现供应链优化运营成本节约的目标。一个标准的供应链控制塔针对不可预见的外部事件提供整个供应链的端到端可视性，最终帮助企业更好地预测中断、提高弹性、管理异常情况并应对计划外事件。

（二）基于区块链创新智慧供应链生态体系

1. 区块链技术的核心与发展

区块链是一个信息技术领域的术语，从科技层面来看，区块链涉及数学、密码学、互联网和计算机编程等很多学科技术问题。从应用视角来看，简单来说，区块链是一个分布式的共享账本和数据库，具有去中心化、不可篡改、全程留痕、可以追溯、集体维护、公开透明等特点。这些特点保证了区块链的“诚实”与“透明”，为区块链创造信任奠定基础。而区块链丰富的应用场景，基本上都基于区块链能够解决信息不对称问题，实现多个主体之间的协作信任与一致行动。从本质上讲，它是一个共享数据库，存储于其中的数据或信息具有“不可伪造”“全程留痕”“可以追溯”“公开透明”“集体维护”等特征。基于这些特征，区块链技术奠定了坚实的“信任”基础，创造了可靠的“合作”机制，具有广阔的应用前景。2019 年 10 月 24 日，中共中央政治局第十八次集体学习时，习近平总书记强调，“把区块链作为核心技术自主创新重要突破口，加快推动区块链技术和产业创新发展”[①]。区块链已走进大众视野，成为社会的关注焦点。

区块链的核心技术主要有以下几点。

(1)分布式账本。分布式账本指的是交易记账由分布在不同地方的多个节点共同完成，而且每一个节点记录的是完整的账目，因此它们都可以参与监督交易合法性，同时也可以共同为其作证。跟传统的分布式存储有所不同，区块链的分布式存储的独特性主要体现在两个方面：一是区块链每个节点都按照块链式结构存储完整的数据，传统分布式存储一般是将数据按照一定的规则分成多份进行存储。二是区块链每个节点存储都是独立的、地位等同的，依靠共识机制保证存储的一致性，而传统分布式存储一般是通过中心节点往其他备份节点同步数据。没有任何一个节点可以单独记录账本数据，从而避免了单一记账人被控制或者被贿赂而记假账的可能性。也由于记账节点足够多，理论上讲，除非所有的节点被破坏，否则账目就不会丢失，从而保证了账目数据的安全性。

(2)区块链非对称加密。存储在区块链上的交易信息是公开的，但是账户身份信息是高度加密的，只有在数据拥有者授权的情况下才能访问，从而保证了数据的安全和个人的隐私。

(3)区块链共识机制。共识机制就是所有记账节点之间怎么达成共识，去认定一个记录的有效性，这既是认定的手段，也是防止篡改的手段。区块链提出了四种不同的共识机制，适用于不同的应用场景，在效率和安全性之间取得平衡。区块链的共识机制具备“少数服从多数”以及“人人平等”的特点，其中“少数服从多数”并不完全指节点个数，也可以是计算能力、股权数

---

① 习近平在中央政治局第十八次集体学习时强调 把区块链作为核心技术自主创新重要突破口 加快推动区块链技术和产业创新发展[EB/OL].(2019-10-25)[2019-11-25]. http://jhsjk.people.cn/article/31421403.

或者其他的计算机用以比较的特征量。"人人平等"是当节点满足条件时，所有节点都有权优先提出共识结果，直接被其他节点认同后并最后有可能成为最终共识结果。以比特币为例，采用的是工作量证明，只有在控制了全网超过51%的记账节点的情况下，才有可能伪造出一条不存在的记录。当加入区块链的节点足够多的时候，这基本上不可能，从而杜绝了造假的可能。

(4)区块链智能合约。智能合约是基于这些可信的不可篡改的数据，可以自动地执行一些预先定义好的规则和条款。以保险为例，如果说每个人的信息(包括医疗信息和风险发生的信息)都是真实可信的，那就很容易在一些标准化的保险产品中，进行自动化的理赔。在保险公司的日常业务中，虽然交易不像银行和证券行业那样频繁，但是对可信数据的依赖是有增无减的。因此，笔者认为利用区块链技术，从数据管理的角度切入，能够有效地帮助保险公司提高风险管理能力。具体来讲保险公司风险管理主要分投保人风险管理和保险公司的风险监督。

新一轮科技革命正以颠覆现有产业格局之态势，重塑世界经济生态。作为信息领域的战略性前沿技术，区块链连同诸产业的协同化发展必将成为科技变革的战略要地。随着区块链技术应用场景日趋多样，"区块链+供应链"协同化发展必将促成传统供应链向新型供应链转型。其间，以主体耦合、交易机制耦合、智能合约耦合为内核的区块链创新耦合机制，将成为新型供应链生态体系的重要技术经济特征。区块链技术带动物流供应链业的转型升级，也促成供应链体系逐步由传统向智慧转型，行业驱动力由内需推动向信息交互转换。当前，区块链技术与行业供应链系统融合发展尚存在技术壁垒及诸多制度缝隙，搭建新型供应链生态体系，应建构互信共赢的供应链数据共享网络，建构政府引导、机构支撑、市场主导的行业区块链技术标准体系，实施"以链治链"的技术驱动型新型供应链行业监管模式。区块链技术在融合行业发展，创新经济社会发展机制的同时，也要求我们警惕可能存在的技术风险。

2. 区块链在智慧供应链中的应用

区块链技术符合现代供应链管理的需求。首先，区块链的链式结构，可理解为一种能储存信息的时间序列数据。这与供应链中产品流转的形式有相似之处。其次，供应链上信息更新相对低频，回避了目前区块链技术在处理性能方面的短板。从企业的角度而言，实时了解商品的状态，可以帮助企业优化生产运营和管理，提升效益。区块链上的每一次交易信息（交易双方、交易时间、交易内容等）都会被记录在一个区块上，并且在链上各节点的分布式账本上进行储存，这就保证了信息的完整性、可靠性及高透明度。区块链的这些特点，使得其在供应链当中的应用有很多优势。

三、传统供应链转型升级成智慧供应链的成效

党的十九大以来，我国进入了中国特色社会主义新时代，在这一新的历史方位下，国际国内、各行各业都发生了深刻的时代变革，科技、经济、产业和市场都进入了全新的发展时期。智慧供应链是以物流互联网和物流大数据为依托，以增强客户价值为导向，通过协同共享、创新模式和人工智能先进技术，实现产品设计、采购、生产、销售、服务等全过程高效协同的组织形态。《高效协同：供应链和商业模式创新》当中提出："如今的竞争，不再是企业和企业的竞争，而是供应链和供应链之间的竞争。"供应链的升级与智能化对未来企业转型至关重要。2020 年的新冠疫情，导致的生产停摆、物流不畅、产品滞销等一系列问题，都对全球供应链体系产生了巨大的冲击。但疫情的冲击及其带来的风险挑战，也同样激发了多元化、智能化等新的发展趋势，新一轮科技创新和产业变革也正在引领全球供应链加速重构。

党中央、国务院对供应链发展高度重视，国务院明确"打造大数据支撑、网络化共享、智能化协作的智慧供应链体系"的工作要求。"现代供应链"已上升为国家战略，"提升产业链供应链现代化水平"和"加快数字化发展"为供应链转型发展指明了方向。打造具有绿色化、数字化、网络化、智能化、规范化特征和智能采购、数字物流、全景质控三大业务链为支撑的内外高效协同的现代绿色智慧供应链管理体系，积极服务国家碳达峰、碳中和目标。

（一）数字化赋能供应链创新发展

随着相关业务电子化的发展，越来越多的企业建成适应个体的特色化现代智慧供应链体系，重点从构建绿色供应链、实施绿色采购、打造绿色物流、深化全景质控等方面，推动企业数字化转型，节能减排措施落地，保障企

业碳达峰、碳中和工作有效实施。

以国家电网有限公司为典型代表的企业，充分应用现代数字化技术，创新打造“5E(ECP、ERP、EIP、ELP和ESC)一中心”供应链数字化管理平台，有力支撑物资管理现代管理体系，推动了物资管理全流程可视、全业务智能、全链条协同，实现了物资管理全流程、全业务数字化转型。

ECP形成业务一条线。电子商务平台(ECP)将采购规则和流程固化在系统中，平台系统自动导入招标要求、投标响应、资质业绩、企业信用、不良行为、用户评价等内外部信息，实现计划、招标、评标、质量、供应、履约、结算、不良行为处理等全流程业务平台操作、在线协同。物资管理业务实现全网“标准统一、操作透明、流程固化、过程受控、全程在案、永久追溯”合规管控要求，同时大幅提升采购效率、效益及效果。

ERP形成资源一盘棋。企业资源管理系统(ERP)打通公司发展规划、建设、运营、财务、法律等各专业壁垒，将需求提报、生成采购订单、合同流转会签、资金支付等采购流程中不同部门间的信息系统贯通起来，统筹各方面资源，推动供应链资源集约管控。

EIP实现物联一网通。电工装备智慧物联平台(EIP)实现国网公司与上游制造供应商生产系统的互联互通，构建工业互联网，对供应商订单排产、备料检测、工艺节点、质量控制、出厂试验等关键数据信息实时监测，订单产品的每一道生产工艺数据在线记录，形成更高效、更柔性、更韧性的供应链、产业链协同发展方式。

ELP形成物流一张网。电力物流服务平台(ELP)把电力企业、供应商、物流服务商紧密连接在一起，凝聚社会物流企业，运力资源、交付过程实现全程可视，提供物流资源和数据的共享服务，打造全新的电力物流服务生态圈，实现价值创造和服务增值，推动社会物流资源共享。

e物资实现移动一体化。移动应用(e物资)实现所有互动业务在手机终端一键办理，让业务“掌上办”“移动办”。合同内容在线确认、电子签章线上签署、合同结算在线办理、“三单”(交接单、验收单、质保单)等业务实现掌上办理，状态自动推送，状态进度实时可查，创造友好营商环境。

ESC实现管理一中枢。供应链运营中心(ESC)作为现代智慧供应链的“一中心”，汇聚“5E平台”业务信息，对计划、招标、质量、供应进行数据挖掘，不断深化物资管理在运营分析、价值创造、风险预警、资源配置等方面的应用力度，以数据赋能供应链管理质效提升。

(二)推动全供应链业务数字化转型

依托“5E一中心”，运用“大云物移智边链”技术，形成智能采购、全景质控、数字物流三大业务链融会贯通，合规监督贯穿始终，内外高效协同的国网数字供应链体系。

(1) 创新智能应用，推进绿色采购

全面应用电子化招投标。全流程电子化招投标，全程在线操作，在线自动授标，实现投标工作无纸化，降低供应商参与投标成本；采购计划精准预测，智能申报。采购策略智能制定、评标参数自动比对、绩效评价自动应用、价格实时监控预警、不良行为自动否决，辅助专家优质高效评审；积极鼓励绿色生产。将低碳、绿色、智能化的相关指标纳入供应商评价体系，逐步提高招标评审中绿色低碳生产与施工评价比重，提倡绿色环保生产，助力“双碳”目标实现；便捷助力投标活动。免费在线提供招标(采购)文件、资格预审文件、废旧物资竞价文件，构建标准化、结构化、数字化的供应商资质业绩信息库，助力供应商实现投标文件一键生成、智能提报；随时受理资质核实与资格预审申请。通过ECP平台，随时受理供应商资质核实申请，合理安排核实批次，更好满足供应商需求。建立常态化资格预审机制，随时接受供应商申请。开展保证金保险替代业务，在公司各级采购活动中，持续推进投标保证、履约保证金保险应用，减少供应商资金占用，缓解资金压力，提高业务办理效率，支持供应商健康发展。

(2) 深化全景质控，实现质量提升

按照事前管控、事中监督、事后闭环的全程管控，突破传统管理模式，构建了资质核实低碳便捷、物资监造抽检智慧高效、检测能力在线可视、不良行为处理公开透明的全过程、多维度全景质控业务链。

事前管控，夯实质量管控基础。通过全品类供应商在线注册，开展“体检制”资质能力信息核实，全面掌握供应商基本信息、资质业绩、生产制造等情况，在ECP上建立结构化的供应商信息库，实现供应商信息全方位数字化管理。开展质量保证体系运行情况评估，结合供应商资质能力复核，开展供应商质量管理体系运行情况评估，对体系的连续性、完整性、有效性进行检查和评价，引导供应商严格执行质量管理体系，确保产品质量。开展平台间数据共享和大数据挖掘，贯通 ESC 与 ECP、EIP 平台数据通道，建立电网设备的驻场监造、抽检和 EIP 远程监造的质量特征值分析数学模型，提供检测信息共享、ESC 大数据分析的立体数据网络，为选好选优设备夯实基础。

事中监督，严把设备制造质量关。通过标准数据接口及物联技术，全面应用电工装备智慧物联平台（EIP），强化制造过程质量管控，产品制造关键环节数据信息实时交互，实现传统驻厂监造数字化转型，打造电工装备产业“透明化工厂”。充分整合省、市级检测中心和仓储管理资源，建设“检储配”一体化基地（TRDB），形成重点配网物资“先检后储、集中入库、按需配送”的运营模式，着力提高配网物资质量抽检效率和供应时效。推进质量检测资源可视化，实现检测结构化数据实时上传 ECP，缩短检测报告出具时间，杜绝人为干扰因素。

事后闭环，从严践行契约精神。建设输变电线路材料二维码质量追溯模块，对铁塔、导地线、绝缘子、金具四类物资开展二维码质量追溯，实现一键扫码，电网物资设备原材料等信息一目了然。严格履行合同，对履约期间发生质量问题的供应商，严格按照合同约定，实施违约金索赔和质保金扣除。在线开展专业绩效质量评价，严格实施供应商不良行为处理，处理结果在 ECP 平台上公告，评价和处理信息自动关联到招标评审环节，引导供应商重质量、讲诚信。

(3) 推广数字赋能，打造绿色物流

打造绿色物流平台，实现多订单资源整合，降低碳排放和社会物流成本，物流仓储供需双方在线对接，实时跟踪重点物资运输位置与状态，实现运输可视化，确保物资精准供应；推进合同结算智能化。推广应用电子签约、结算电子单据、发票智能验审、账款自动结算智慧管理，一键操作合同电子签章，发票智能结算、款项自动申请，提高结算支付效率，全方位打造智慧结算模式，为供应商提供合同结算“一次都不跑”的贴心服务；推进供应链金融服务实体企业发展。深入推进产融协同，构建供应链金融生态图谱，协同金融单位为广大电网物资供应商提供满足需求的保证金保险、应收账款融资等供应链金融产品，服务实体经济发展。

（三）实现供应链全面智慧运营

应用供应链大数据，实现运营分析提质增效、资源调配稳定供应、风险预警保障合规、数据应用创造效益、应急调度统一指挥；决策智慧转型。运用人工智能等技术，推进流程优化、运营决策，在采购、物资供应、质量监督、供应商管理等方面，从“经验判断”转型为“数据画像”，推动供应链自我完善、优化提升；资源统筹调配。将供应链中的实物资源、协议库存、供应商库存、合同订单、产能及运力等资源，整合形成“数字资源池”，实现全网资源“一盘棋”统筹调配，最大限度发挥物力资源价值，提升业务智能水平。

四、典型案例

经济全球化显著改变了国际市场，传统供应链正在朝着全球一体化方向发展，在此背景之下，智慧供应链对企业显出尤为重要的作用。以下通过风险管理、成本控制、可视性和客户管理的案例分别体现智慧供应链对提升当代企业运营效率的作用。

(一)风险管理：Cisco 规避一份风险，带来十倍收益

1984 年 12 月，思科系统公司(Cisco Systems)在美国成立，创始人是斯坦福大学的一对教师夫妇：计算机系的计算机中心主任莱昂纳德·波萨克(Leonard Bosack)和商学院的计算机中心主任桑蒂·勒纳(Sandy Lerner)，夫妇二人设计了叫做“多协议路由器”的联网设备，用于斯坦福校园网络(SUNet)，将校园内不兼容的计算机局域网整合在一起，形成一个统一的网络。这个联网设备被认为是联网时代真正到来的标志。如今思科系统公司已成为公认的全球网络互联解决方案的领先厂商，其提供的解决方案是世界各地成千上万的公司、大学、企业和政府部门建立互联网的基础，用户遍及电信、金融、服务、零售等行业以及政府部门和教育机构等。同时，思科系统公司也是建立网络的中坚力量，互联网上近 80%的信息流量经由思科系统公司的产品传递。

Cisco 的硬件、软件和服务产品都是组建互联网的基石。为提高整体灵活性并预防各种可能的灾难事件发生，Cisco 创建了一个供应链风险管理体系，其中包括一个灵活的指标表及一组与事件和危机恢复有关的阈值。Cisco 供应链中的每个“节点”(供应商、制造合作伙伴和物流中心)都有责任跟踪和报告其“恢复时间”，并确保在实际灾难发生前所有恢复计划和能力

建设都准备到位。

Cisco 的解决方案是该行业的首个供应链解决方案，其雏形来源于一次为确定供应链最佳实践而举办、由各行各业的供应链风险管理从业者参加的论坛。最初的设想是一个由多种流程和最佳实践构成的“开源”库，而所有参与的公司都可以利用其中的内容来确定可能的风险并进而制订弹性计划，例如备用货源、备用场所条件和风险规避方案。它起源于“业务应急计划”，目的在于了解供应链中的弱点和弹性。2008 年中国发生了严重的地震，Cisco 通过其颇具前瞻性的业务应急流程确定出可能的威胁，并及时在会导致客户或收入损失的异常事件发生之前就启动了风险规避计划。Cisco 可以确定哪些节点受到影响，亦可以评估事件发生前后几小时内可能会带来的影响。通过这种影响评估，Cisco 可以与其供应商和制造伙伴协作以避免任何环节出现异常情况。

当今社会风险的形式千变万化。近十年来，预警信号接踵而至：有毒的食物和玩具、随时可能出现的恐怖行径以及最近席卷全球的经济危机。随着供应链变得更加复杂且紧密相连，风险管理也应当全面展开，扩展到企业所能控制的范围之外。智慧的供应链将风险视为一个系统问题。其风险规避策略是通过利用数百万个智能对象来报告诸如温度波动、偷窃或篡改等威胁信息。它还可以在共同的风险规避策略和战略中与供应链合作伙伴进行协作。若有问题出现，它在扩展的供应链中以并发的方式利用实时连接做出快速响应。毋庸置疑，智慧的供应链之最大优势在于它可以在整个网络中对风险进行建模和模拟。

这种智能技术不仅有助于开发一种可持续的供应链，推动以合理的方式使用自然资源，而且还能给供应链所涉及的社区团体带来正面的影响。例如，这种供应链通过引入智能系统来提高效率和可靠性，从而可以节约能源和资源。这种连通性虽然可以使得社会学家和环保主义者发现并抨击企业的细小过失，但也可以用来检测自身潜在的问题、支持风险控制活动中的协作并展示出客户和供应链合作伙伴应对需求时的高度透明性。精密的分析可帮助管理者评估一整套社会和环境因素。

（二）成本控制：AAFES 加强协作以降低客户成本

The Army and Air Force Exchange Service（AAFES）是美国一家军事

机构，主营业务是以颇具吸引力的价格向现役军人、保安人员、预备队成员、退伍军人及其家属销售军用商品并提供各种服务。AAFES 将其收入的 2/3投资于提高军队士气、支助福利和退休计划。该机构将所赚的每一分钱都用于提高军队成员及其家属的生活质量，多年来它也一直致力于寻找创新方法以求降低运营成本。2007 年，一个宝贵的合作机会令其非常高兴，即与同行 Family and Morale, Welfare and Recreation Command(FMWRC)组织共享服务模型，从而达到双赢的局面。这两家机构拥有相同的客户群，而且产品分类也很相似。

从 European Theater 开始，两家机构组建了一支联合团队，调查总运输成本，并确定采购、分销和运输等环节中的合作机会。例如，团队发现，AAFES 首先将所有货物都卸载并存储在 FMWRC 仓库，然后货物被分别运往各 FMWRC 场所。由于这些货物直接被运往各 FMWRC 场所，省去运往 FMWRC 仓库的环节。通过这类协作，两家机构通过提高运输量降低了单位交货成本，无需再运输价值为 230 万美元的库存，人力成本降低了 80 万美元。

智慧的供应链具有与生俱来的灵活性。这种供应链由一个互联网络组成，连接了供应商、签约制造商和服务提供商，可随条件变化做出适当的调整。为实现资源的最佳配置，未来的供应链将具备智能建模功能。通过模拟功能，供应链管理者可以了解各种选择的成本、服务级别、所用时间和影响质量因素。

(三)可视性：AIRBUS 的高可视性精准供应链信息

AIRBUS 是世界上最大的商务客机制造商之一，它担负着生产全球过半以上的大型新客机(超过 100 个座位)的重任。随着其供应商在地理位置上越来越分散，AIRBUS 发现它越来越难以跟踪各个部件、组件和其他资产从供应商仓库运送到其 18 个制造基地过程中的情况。为提高总体可视性，该公司创建了一个智能的感应解决方案，用于检测入站货物何时离开预设的道路。部件从供应商的仓库运抵组装线的过程中，会途经一个智能集装箱，这种集装箱专用于盛放保存有重要信息的 RFID 标签。在每个重要的接合点，读卡机都会审查这些标记。如果货物到达错误的位置或没有包含正确的部件，系统会在该问题影响正常生产之前向操作人员发送警报，促使其尽早解决问题。

AIRBUS的解决方案是制造业中规模最大的供应链解决方案，它极大地降低了部件交货错误的影响范围和严重程度，也降低了纠正这些错误的相关成本。通过精确了解部件在供应链中的位置，AIRBUS将集装箱的数量降低了8%，也因此省去了一笔数额不小的运输费用，并且还提高了部件流动的总体效率。借助其先进的供应链，AIRBUS可以很好地应对已知的及意料之外的成本和竞争挑战。

供应链可视化包括将离港的货物情况、签约制造商组装线上正在生产的每个部件、销售中心或客户库房中正在卸载的每个货盘情况。但是，这种无所不在的可视性并不需要供应链合作伙伴付出任何额外的努力。简单来说，有了这种可视性后，共享就会变得更加容易。

在智慧的供应链中，各环节运营商将承担更多的信息报告和共享工作。关键数据将来源于供应链中涉及的货车、码头、货架和部件及产品。这种可视性不仅可以用于实现更佳的规划，而且可以从根本上实现实时执行。这种可视性还可以扩展到供应链运营领域中。智慧的供应链可以跟踪土壤情况和降雨量，优化灌溉，监控交通情况，调整运货路线或交货方式，追踪金融市场和经济指标来预测劳动力、能源和消费者购买力的变化。

(四)客户管理：Nuance公司优化库存，提高客户服务质量

Nuance公司(Nuance Communications)是最大的专门从事语音识别软件、图像处理软件及输入法软件研发、销售的公司，是全球顶级的机场零售商之一，其业务范围遍及五大洲。公司位于澳大利亚的免税商店常常出现某些货品不够，而其他商品的库存却很多的情况。为了更好地为客户提供服务，并实现效益更大的增长，Nuance公司决定将其手工库存跟踪和定购系统更换为更加智能的预测和库存优化系统。该解决方案可以分析实际销售数据以及销售趋势、客户购买偏好、促销计划和预计的航线客运量，从而计算和提交补货订单。

早在2007年10月，Nuance公司在悉尼机场最大的免税商店使用智能库存优化系统，如今，该公司在澳大利亚的其他商店也装上了这个智能系统。除了从根本上缩减补充库存所需的时间，该解决方案还支持更准确的需求预测，可以使库存降低10%到15%，并增加销售量。

普通供应链主要与客户互动，进而提供及时、准确的交付品，而智慧供应链则在整个产品生命周期（从产品研发、日常使用到产品寿命结束）都与客户紧密联系。通过大量使用智慧的供应链，Nuance 公司可以从源头获取需求信息，例如，货架上抬起的货物、仓库里运出的产品或显露磨损迹象的关键部件等信息。实际上，每次互动都是轻松与客户合作的机会。智慧供应链还能洞察客户与众不同之处。经过深入分析，智慧供应链可以进行详细的客户分类，并为他们量身定做产品。

第六章　现代敏捷供应链

一、敏捷供应链的基本概念与特点

(一)敏捷供应链的概念

敏捷供应链(agile supply chain,ASC)背景是在20世纪90年代末期,随着计算机与网络技术的日渐成熟,互联网以及以互联网为平台的各种网上应用如火如荼,在给传统产业带来无限商机的同时,也带来更多的挑战。生产企业之间的竞争已达白热化状态,产品生命周期愈来愈短,产品更新换代速度愈来愈快,为企业盈利的新产品寿命比工业社会的产品寿命明显缩短。

随着BTOB(企业对企业)、BTOC(企业对顾客)等各种模式电子商务的应用,全球物流配送系统的迅速发展,跨地区、跨国界网络交易行为的边际成本趋平,任何一家企业都面临国际化、全球化的市场竞争。许多消费者不再满足于毫无个性的流水线产品,他们更希望能够影响、最好是亲自参与到产品的设计制造过程中来,而网上开办的个性订购使这种需求成为可能。随着竞争环境的剧烈变化,依靠单个企业内部资源孤军奋战的竞争形式显得力不从心,跨企业甚至跨行业的联盟竞争成为网络时代的主流。协作突破企业边界,促使供应链观念从线性向网络变革,由此产生了敏捷供应链的概念。

敏捷供应链,是指在不确定性、持续变化的环境下,为了在特定的某一市场机会中获得价值最大化而形成的基于一体化的动态联盟和协同运作的供应链,以核心企业为中心,通过对资金流、物流、信息流的控制,将供应商、制造商、分销商、零售商及最终消费者用户整合到一个统一的、无缝化程度较高的功能网络链条中,形成一个极具竞争力的战略联盟。

敏捷性是美国学者于1990年初提出的一种新型战略思想,当时提出这种战略思想主要是针对制造技术领域,目标是提高制造系统对外部环境变化的应变能力。在竞争日趋激烈、市场需求更为复杂多变的网络时代,有必要将敏捷化思想运用于整条供应链管理,其实质是在优化整合企业内外资源的思想上,更多地强调供应链在响应多样化客户需求方面的速度目标。同原来的一体化供应链观念相比,敏捷供应链有着显著不同的内涵。

战略目标:传统管理思想的灵魂是高成本、低效率,而这一思想的理论假设是认为消费者偏好更多地倾向于价格和制造质量。一体化供应链管理没有摆脱传统企业管理思想的束缚,质量和价格依然是其主要战略目标,敏捷供应链观念则顺应时代潮流,将战略目标定位于对多样化客户需求的瞬时响应。

资源观念:一体化供应链管理也强调对资源的充分利用和挖掘,但是其资源观念局限于企业内部,敏捷供应链从扩大的生产概念出发,将企业的生产活动进行前伸和后延,把上游的供应商和下游的客户纳入企业的战略规划之中,实现对企业内外资源的最佳配置。

供应链驱动方式:依赖传统生产组织方式是很难真正实现以需定产的,因为缺乏即时按单生产的能力,一体化供应链管理只能按照从供应到生产再到销售的推动生产方式进行,结果造成各个环节大量库存的堆积。敏捷供应链在敏捷制造技术、信息技术(IT)及并行工程技术(OE)的支持下,成功地实现了客户需要什么就生产什么的订单驱动生产组织方式,降低了整条供应链的库存量。

组织机构构建:新战略依赖新型组织机构,敏捷供应链的成功实施依赖于虚拟组织的构建,即若干相互关联的厂商,基于战略一致性而构成的动态联盟。与传统的实体组织相比,虚拟组织具有如下几个特点:一是超组织性,它不一定是一个独立的法人实体,而是为了特定目标或项目由相关结点企业形成的联盟;二是动态性,虚拟组织不是一成不变的,当市场需求或组织目标发生变化时,原先的组织即刻解体;三是网状组织,它改变了传统的等级分明的金字塔结构,允许信息横向传递与交流,使信息利用更为充分及时。

与结点企业的关系:一体化供应链观念没有超越企业的边界,依旧把供应商看成讨价还价的利益博弈对手，把客户看成服务对象，敏捷供应链突破以往框架，重新定位与上下游节点企业的关系，与供应商结成利益一致的合作伙伴，客户则被看成是企业能够创造价值、使产品增值的重要资源。

(二)敏捷供应链的特点

敏捷供应链区别于一般供应链系统的特点在于，敏捷供应链可以根据动态联盟的形成和解体，进行快速的重构和调整。敏捷供应链要求能通过供应链管理促进企业间的联合，进而提高企业的敏捷性。在敏捷供应链中，如何实现对各企业之间的物流、信息流进行计划、协调和控制，使得能够取得共赢的结果，并对整个供应链进行全面的优化管理，及时响应外界条件的变化，增加企业对外界环境的响应速度，是敏捷供应链管理的主要任务。

1. 市场敏感

所谓市场敏感是指企业应该掌握并对实际需求进行反应。企业的生产计划应该以市场需求为驱动，而不是基于对历史销售数据统计分析的需求预测。企业能够以最快的速度通过供应链响应定制客户的需要，整个供应链保持持续的动态，以充分满足核心企业响应客户的需要。戴尔公司不像其他企业一样对最终成品保有库存，而只是对部件如硬盘、内存、键盘等持有少量库存，用户通过戴尔的因特网根据自己的需求对机器进行在线配置并下订单。当收到客户下的订单后，戴尔的电子商务系统将自动向工厂下达制造工单并向相关的供应商发出采购订单。

2. 虚拟链

通过使用信息技术在供应链上下游的各个环节之间共享数据形成一个虚拟供应链。许多在供应链上游的企业不能掌握供应链末端最终用户实际需求，这些企业只能根据其直接下游客户的订单安排生产计划，由于最终用户的实际需求在从供应链下游向上游传递过程中产生的扭曲形成所谓的“牛鞭效应”，即最终用户实际需求的微小变化会导致上游企业订货量的大幅度变动，而敏捷供应链可以有效消除“牛鞭效应”的问题。思科公司是应用因特网实现虚拟供应链的典范。超过90%公司订单来自因特网，而思科的工作人员直接过手订单不超过50%，思科公司通过公司外部网连接零部件供应商、分销商和合同制造商，依次形成一个虚拟的适时的供应链。当客户通过思科的网站订购一种典型的思科产品如路由器时，所下订单将触发一系列的消息给其生产印刷电路板合同厂商，同时分销商也会被通知提供路由器的通用部件，如电源。思科那些生产如路由器机架组装成品的合同制造商通过登录思科公司外部网并连接至其生产执行系统，可以事先知道可能发生的订单类型和数量。

3. 流程集成

流程重组意味着在合作伙伴之间协同运作，在采购商和供应商之间实现协同工作、产品共同开发、通用系统以及信息共享。通过这种流程集成的方式，企业可以更关注其核心竞争力开发，把其他活动外包出去。敏捷供应链从扩大的生产概念出发，将企业的生产活动进行前伸和后延，把上游的供应商和下游的客户纳入企业的战略规划之中，实现对企业内外资源的最佳配置。现在有许多零售企业如沃尔玛实施供应商管理库存（VMI）。供应商时刻监视其客户（这里是指零售企业）库存，当库存下降到一定水平的时候，供应商会自动对其进行补仓。零售企业也会及时提供销售数据给供应商，为供应商决定补仓数量提供决策依据。而零售企业本身则从库存管理业务中解放出来，可以用更多的精力研究客户需求的开发、更多适销对路的商品，为客户提供更好的服务。

4. 基于网络

供应链应该是像网络一样联系在一起的合作伙伴的联合体。个体企业不再是以单独的形式进行竞争，而是以供应链网络的形式进行竞争，最终能够胜出的将是那些能够更好组织、协调和与其合作的，使其所处网络能够提供更好、更贴近和更快的服务给其最终用户的企业。日本最大的移动电话服务提供商日本电报电话公司从 1999 年开始提供手机上网服务“i-mode”。到 2002 年初 i-mode 用户已经达到 3000 多万人，根据 DoCoMo 公司调查，多数用户每天使用 i-mode 发送电子邮件和上网浏览，另据统计，到 2001 年 4 月有将近 30％股票买卖是通过 i-mode 进行的。i-mode 能够取得如此成功，与其独到的合作伙伴战略是分不开的。NTT DoCoMo 作为其合作伙伴，主要特点是 i-mode 只专注其提供信息传输服务的功能，并为其上下游企业获取利润和发展空间提供便利，以此迅速扩大 i-mode 的网络效应。首先，NTT DoCoMo 通过开放与协议使得手机等通信设备生产商能够容易地生产与i-mode功能匹配的手机，提高了i-mode手机的市场影响力和占有率，也促进了i-mode手机价格的下降，使得更多的用户能够买得起i-mode手机。其次，当NTT DoCoMo开发i-mode协议时考虑到与现行网站广泛使用的HTML协议的兼容，使得其为网站开发的内容能够很容易地转化为i-mode手机可以阅读的形式，吸引更多用户使用i-mode手机浏览网站。再次，i-mode的收费策略也吸引了网站内容提供商乐意为i-mode制作网页，提供服务。在i-mode之前网络内容提供商要亲自向用户收取信息费，而i-mode则对经过NTT DoCoMo审核的i-mode内容提供商代为向用户收取信息费，使得内容提供商的收入得到了保证。最后，i-mode的定价策略也促使了用户能够长时间在线，以往的移动通信都是按使用时间来收费的，而i-mode则推出按数据传输量来计算费用，从而使用户可以长时间在线而不必担心支付高额的通信费。

二、敏捷供应链的设计原理

(一)敏捷供应链技术

在供应链管理系统中，随着动态联盟的组成和解散，如何快速地完成系统的重组是核心内容之一。这就要求各联盟企业的信息系统也能进行重组，采用有效的方法和技术，实现对现有企业信息系统的集成和重组。保证现有企业的信息系统和联盟企业的其他信息系统之间的信息畅通，是供应链管理系统要重点解决的问题。供应链管理系统的另一项核心研究内容是多种异构资源的优化利用。在跨企业的生产计划调度和资源控制方面，联盟内各企业的信息系统往往是异构的。如何有效地利用这些资源，支持它们之间的协同工作，是供应链管理系统必须解决的关键问题。敏捷供应链管理的研究与实现，是一项复杂的系统工程，它牵涉一些关键技术，包括：统一的动态联盟企业建模和管理技术、分布计算技术，以及互联网环境下动态联盟企业信息的安全保证等。

1. 统一的动态联盟企业建模和管理技术

为了使敏捷供应链系统支持动态联盟的优化运行，支持对动态联盟企业重组过程进行验证和仿真，必须建立一个能描述企业经营过程和产品结构、资源领域和组织管理之间的相互关系，并能通过对产品结构、资源领域和组织管理的控制和评价，来实现对企业经营管理的集成化企业模型。在这个模型中，将实现对企业信息流、物流和资金流以及组织、技术和资源的统一定义和管理。为了保证企业经营过程模型、产品结构模型、资源利用模型和组织管理模型的一致性，可以采用面向对象的建模方法，如统一建模语言（unified modeling language，UML）来建立企业的集成化模型。

2. 分布计算技术

由于分布、异构是结成供应链的动态联盟企业信息集成的基本特点，而 Web 技术是当前解决分布、异构问题的常用代表，因此，我们必须解决如何在 Web 环境下，开展供应链的管理和运行。Web 技术为分布在网络上各种信息资源的表示、发布、传输、定位、访问提供了一种简单的解决方案，它是现在互联网使用最多的网络服务，并正在被大量地用于构造企业内部信息网。Web 技术有很多突出的优点，它简单、维护方便、能够很容易地把不同类型的信息资源集成起来，构造出内容丰富、生动的用户界面。但是，随着应用的不断深入，Web 技术一些严重的缺陷也暴露了出来，主要有 Web 技术所依赖的传输协议 HTTP ，从本质上来说，它是一个面向静态文档的协议，难以处理复杂的交互操作；Web 效率低，对复杂和大规模的应用越来越不适应；Web 服务器负担越来越重。

三、敏捷供应链运行的优势

互联网经济时代，尽管企业所面临的竞争环境发生变化，市场需求不确定性增加，知识更新速度加快，但是企业所必须遵循的最基本竞争原则却没有改变，要获得成功，就必须取得差异性竞争优势。企业竞争的优势主要通过向客户提供超过竞争对手的高质量服务或者同效的服务但低于竞争对手的价格而体现出来。因此，竞争优势可以描述为，在公司的任何维度或特征中所存在的不对称性或差异性，这些维度或特征使公司能够比竞争对手更好地服务于顾客并因此创造出更好的顾客价值。敏捷供应链是一种全新理念，它将突破传统管理思想，从以下几个方面为企业带来全新竞争优势。

1.速度优势

速度优势中的速度就是最快地满足消费者的个性化需求，企业能及时提供顾客所需要的产品和服务，而企业实行敏捷供应链战略的一个重要竞争优势就在于速度。在传统企业运作方式中，从接受订单到成品交付是一个漫长的过程：首先，企业要将所有的订单信息集中汇总到计划部门，由计划部门分解任务，从采购原材料开始，从前到后按工艺流程完成订单生产，除了必备的作业时间，中间不可避免地产生诸多等待现象。企业如果按敏捷供应链观念组织生产，其独特的订单驱动生产组织方式，在敏捷制造技术支持下，可以最快速度响应客户需求。敏捷供应链增加了对市场反应的灵敏度，通过供应链上多个合作企业的信息共享，可以全方位地对市场情况做出响应，由此提高了企业的反应速度。同时，由于各个企业都专注于自己的核心优势，可以减少产品的生产与物流时间，实现供应链的即时销售、即时生产和即时供应，将消费者的订货提前期降到最低限度。

2.个性化服务

依靠敏捷制造技术、动态组织结构和柔性管理技术三个方面的支持，敏捷供应链解决了流水线生产方式难以解决的品种单一问题，实现了多产品、小批量的个性化生产，从而满足顾客个性化需求，以此尽可能扩大市场。

首先，敏捷制造技术的突破，计算机辅助设计(CAD)、企业资源计划(ERP)、精益生产技术(JIT)等是敏捷供应链的主体核心技术，没有敏捷制造技术，敏捷供应链思想便成为没有具体内容的空壳。其次，动态变化的组织结构形成虚拟组织，动态联盟要求各个企业能用一种更加主动、更加默契的方式进行合作，充分利用供应链上各个企业的资源，使整条供应链保持良好的组织弹性和迅速的市场需求响应速度。敏捷供应链突破了传统组织的实体有界性，在信息技术的支持下，由核心企业根据每一张订单将若干相互关联的厂商结成虚拟组织，并根据企业战略调整和产品方向转移重新组合、动态演变，以随时适应市场环境的变化。最后，柔性管理技术，敏捷供应链观念摒弃单纯的“胡萝卜加大棒”式刚性管理，强调打破传统的严格部门分工界限，实行职能的重新组合，让每个员工或每个团队获得独立处理问题的能力，通过整合各类专业人员的智慧，获得团队最优决策。

3.成本优势

成本是影响企业利润最基本、最关键的因素，降低成本是企业管理永恒的主题，也是企业供应链管理的根本任务，而供应链管理是降低成本、增加企业利润的有效手段。成本管理是一项复杂的系统工程，涉及企业生产经营的全过程和每一个环节，只有将成本管理建立在全方位的供应链管理平台上，着眼于对企业活动全过程、全方位的系统化管理和控制，才能收到良好的效果。敏捷供应链通过流程重组，在上下游企业之间形成利益一致、信息共享的关系，通过敏捷性改造来提高效率从而降低成本。一是通过对供应链整体的合作与协调，产生拉动式的需求与供应，可以在加快物流速度的同时减少各个环节的库存数量，避免浪费。二是由于供应链各个企业之间是一种合作关系而不是竞争关系，因此避免了不必要的恶性竞争，降低了企业之间的交易成本，使整个供应链的成本降低。

四、敏捷供应链管理实施策略

国际贸易活动涉及各类企业、服务部门和政府主管部门，其供应链网络更为复杂。在此，依据参与国际贸易活动各方的单位属性，将它们简单分成四种类型，分别是生产制造型企业、贸易服务商、国际物流提供商，以及海关、检验检疫、口岸、税务等政府管理部门。国际贸易进展的顺利程度通常会受制于这些企业和部门之间、国与国之间的相互协调、合作情况，其中任意一个环节对突发事件应变能力的滞后性、适应市场变化能力的脆弱性都会影响到整个供应链的效率。对于国际贸易中心这个全球贸易供应链网络中的重要枢纽点而言，其供应链敏捷性应体现在以下几个方面。

（一）信息交流畅通敏捷

对于生产企业而言，如果需求信息只是在供应链上各节点企业之间逐级独立地传递，就会导致信息的扭曲放大，产生“牛鞭效应”。这往往会给企业带来过多的库存积压或者过大的滞销成本。为了消除“牛鞭效应”及其带来的不良影响，通常要求企业供应链上各节点之间能共享信息。与之类似，贸易中心除了在其供应链的信息接入企业和部门内部要求信息交流通畅，与各自上下游节点的信息沟通充分及时外，更要提供一个信息集聚、分享、交流的电子信息平台，形成一个时刻保持畅通的网状组织，以避免在生产企业、贸易商、物流企业和政府部门之间产生信息屏障，相互隔离，形成信息孤岛。通过这种电子信息平台，贸易供应链上不同类型的国内外企业和服务商、政府管理部门都参与到合作、协调、资源共享的贸易网络环境中，能对外界的变化做出最快的反应和调整，有利于增强贸易中心对贸易要素的集聚力和辐射力（见图 6-1）。

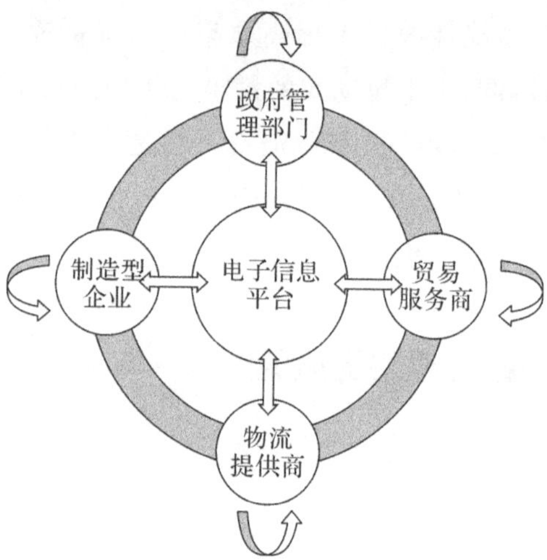

图 6-1 电子流通示意

（二）需求变化反应敏捷

日益个性化的顾客需求、日益缩短的产品生命周期使市场需求呈现出多变、快变的特点，贸易的物质形态和品种也随之相应改变，由此会使贸易形式、物流服务、政府管理等也发生变化。上海国际贸易中心的供应链敏捷性应体现在它能够捕捉市场的任何细微变化，寻求并建立能够快速反应的机制，形成市场开放度与贸易便利化程度高，各类要素流动顺畅，真正做到快速、敏捷。

（三）突发事件处理敏捷

在全球经济一体化发展日益深入的当下，全球化研发设计、采购、生产、销售、维修将不同国家和地区紧密联系起来，突破了以前生产制造、销售的疆性范畴。随着整个供应链网络不断拓展延伸，其受到突发事件影响的概率也在增大。2011 年日本地震海啸对全球汽车产业的影响很大，类似的突发事件在较长时间内对正常的国际贸易产生了巨大的影响。对于上海这样一个欲建成具有国际国内两个市场资源配置功能的国际贸易中心，其供应链的敏捷性还应体现在当诸如此类突发事件发生时，上海国际贸易中心能够发挥市场资源配置的功能，在全球范围内吸纳、凝聚、利用各类资源，以最快的速度指导、协助企业调整供应链上、下游节点，尽快构建新的供应链，使生产、销售和贸易能够迅速恢复甚至有更新的发展。

五、敏捷供应链的建设构想

按照《上海国际贸易中心建设"十二五"发展规划》，"到 2015 年，基本形成比较完备的国际贸易中心核心功能框架"；"到 2020 年，完成建成具有国际国内两个市场资源配置功能，现代服务业发达，万商云集，服务长三角地区、服务长江流域、服务全国，与我国经济贸易地位相匹配的国际贸易中心"。结合"十二五"的建设目标规划，以及上文对上海国际贸易中心敏捷供应链内涵的剖析，下面将分别从参与国际贸易活动四个类型单位的角度提出加强敏捷供应链建设的构想。

（一）构建制造型企业敏捷供应链

国际贸易中心的形成在于大量内外贸易的集聚，先进制造企业为贸易中心的形成提供重要的产业支撑。因此，构建制造型企业的敏捷供应链是建设具有敏捷供应链的上海国际贸易中心的必要举措。产品的研发、生产，销售地的分散，市场需求供给的波动，自然灾害等非人为事件的影响，都会考验企业的供应链敏捷性。对于制造型企业来说，其供应链的敏捷性须体现在以下几方面。

1. 生产能力敏捷性

主要表现为企业的产品生产产量和生产品种的柔性，即企业能够根据消费者需求的变化迅速调整生产，能够快速、敏捷地对产品的产量和品种进行适度改变，并且不会令企业生产成本大幅增加。企业可以采用柔性生产系统，以增强企业适应外部环境变化和抵抗外部环境干扰的能力。

2. 生产周期敏捷性

主要表现为企业产品的生产周期能根据市场的急切需求而缩短，或者企业会根据订单信息调整生产，使产品的生产周期更加灵活机动。企业可以采取推式和拉式相结合的生产策略，在产品从研发设计到零部件生产、组装、销售等不同的分界面进行推拉结合，即较好地发挥延迟策略对产品生产周期的调节作用，同时有效控制库存。

3. 生产成本敏捷性

此处的生产成本是指生产制造型企业在生产产品过程中所发生的各类成本之和，涵盖采购成本、订单处理成本、生产设备购买成本、生产运营成本、库存成本、人工成本、管理成本等多方面。生产成本敏捷性体现在良好的成本控制管理上，在生产产量和品种发生改变的情况下，能较好地控制成本的增加。这就要求企业能与供应链上下游企业之间保持良好的合作关系，适时建立战略合作伙伴关系，并加强企业自身内部的生产运营管理，将企业的生产成本控制在最理想的范围内。

4. 交付能力敏捷性

生产企业的交付能力直接影响到下游客户的满意度，通常用订单履行率来进行衡量。较低的订单履行率往往会导致较低的客户满意度和较高的失销成本。生产企业要提高交付能力的敏捷性，须加强与供应链上下游企业的信息交流，可适时择机介入上游供应商的生产环节指导生产，以保证按时按质提供企业生产所需零部件、原材料等，也可通过与下游客户的紧密联系及时掌握库存变动，及时生成订单信息以指导生产，缩短提前期，以此提高企业交付的敏捷性。

（二）构建敏捷的物流服务系统

随着专业化分工的加强，很多企业的物流服务都采取外包的方式，由专业的第三方物流服务提供商提供专业的运输、仓储、配送等物流服务。因此，物流服务系统可继续细分为物流基础设施系统、物流信息服务系统、物流技术装备系统和物流方案规划系统。

1. 快速高效的物流基础设施网络系统

港口、空港、货运站等交通基础设施和仓库、配送中心是该网络系统的重点节点，公路、铁路、航运线路是连接线，由此构成了一个包含多种运输方式的综合性物流基础设施，比如集装箱通过水运（海运）方式到达港口卸下后可以直接通过进港铁路线路运输离港，反之也一样，由此提高货物在港口的集疏运效率；也可以通过加强对重要枢纽点，如海港、空港、火车站、大型配送中心的选址、周边交通环境、“最后一公里”交通连接、内部交通微循环系统的改善来实现。

2. 快捷便利的物流信息服务系统

在现代物流发展中信息无疑占有非常重要的地位，及时、快捷、便利的物流信息服务是构建敏捷物流服务系统所不可或缺的。可以利用 GPS、GIS、RFID、二维码等先进的物流信息技术快速获取地理位置信息、运输线路信息、仓储信息、销售信息等，以在物流服务系统中迅速地传递、交换信息。

3. 智能敏捷的物流技术装备系统

先进的技术装备是获得物流服务系统敏捷力的重要推动力。可以通过应用自动化、智能化的物流技术装备，如自动化立体仓库、自动导引车 AGV（automated guided vehicle）、智能式搬运车 AHV（automated handling vehicle）、卫星通信技术、物联网等提高物流服务系统的效率和敏捷性。

4. 智能优化的物流方案规划系统

上海要想建设成为具有国际国内资源配置功能的国际贸易中心，在物流服务系统方面除了基础设施、物流信息系统、物流技术装备系统的建设，还应该充分整合物流资源，设计智能优化的物流方案，为企业提供高级别的物流增值服务。如为企业设计进出口贸易的运输线路、仓储选址、集拼业务、多式联运系统等，以降低企业和社会物流成本，提高物流基础设施、装备的利用率，提高物流服务系统的效率和资源配置能力。

（三）构建敏捷的贸易服务商系统

贸易商是连接直接参与到商品交易行为中的买卖双方的纽带，是寻找并提供商机，将卖方的商品卖给买方的中间人。对于欲建成具有国际国内两个市场资源配置功能、现代服务业发达的上海国际贸易中心来说，敏捷的贸易服务商在整个贸易链中占有非常重要的地位，当国内外市场需求发生变化时，他们能迅速捕捉这些信息并反馈给生产制造型企业，以更好地满足市场需求；当突发事件造成贸易供应链上某个环节突然断裂时，他们能在全球范围内及时寻找到合适的新的供应商加入供应链中，以维持生产和贸易的正常进行。而在其中，信息交流交换的畅通敏捷性不容忽视。传统的贸易商服务单一，更多的服务和功能主要停留在商品的交易环节，这显然不适合具有敏捷供应链的上海国际贸易中心发展需要。目前，我国的一些贸易服务商由于商业利益的问题，彼此之间基本处于分立单干状态，相互缺少交流往来，这在很大程度上会影响贸易中心在国内国外两个市场上的资源统一配置协调。按照对上海国际贸易中心敏捷供应链内涵的理解，一个敏捷的贸易服务商系统应从以下方面进行加强。

贸易商须由传统的单一贸易撮合功能向能为客户提供多功能、一体化、高附加值集成服务的贸易服务商转变，并且加强贸易服务商之间的信息交流和资源共享。进行市场调查和贸易分析须具有市场走势分析预测、预警功能，可为用户提供贸易地图、市场准入地图和投资地图，提供一系列分析任务，包括出口市场筛查，识别和比较进口关税壁垒，分析以投资吸引为目的的 FDI 现金流，能为客户提供全方位解决方案，促进贸易发展。以贸易供应链为纽带，融合供应链上的所有重要关联企业，通过横向、纵向的协同整合及合作经营，在货物贸易流通的交易、加工配送、金融服务、物流服务、电子商务等各个环节渗透，最大限度地提供敏捷的贸易服务，创造最大化的供应链整体价值。

（四）构建敏捷的政府管理服务

国际贸易行为的发生不可避免地会涉及税务、海关、检验检疫等政府管理部门，他们的工作模式、工作效率会对国际贸易产生很大的影响。世界银行组织在 2007 年首次提出用物流绩效指 LPI（logistics performance index）衡量国际贸易体系中供应链系统的绩效，其中，海关和边境管理机构的通关效率是其中非常重要的影响因素，所占权重很高，约（20.7），仅次于物流服务（如运输企业、报关行）的质量与竞争力的权重（21.0），远高于基础设施的(10.4)、跟踪和追踪货物能力的(11.49)。原因主要是通关效率的提高不仅可以缩短国际贸易货物的物流时间,降低物流成本,促进国际贸易的发展,更对国家和地区经济产生良性推动作用。根据世界银行公布的数据,2012 年我国物流绩效指数 LPI 位列全球 155 个国家(地区)的第 26 位,但其 6 个指标的排名中,海关的排名为全球第 30 位,落后于基础设施(排名第 26 位)、国际航运(排名第 23 位)、物流质量和成本(排名第 28 位),由此反映出我国的 LPI 指数在一定程度上受到海关工作效率的影响。我国与排名领先的国家相比,海关在贸易物流的便利化水平方面还比较滞后。

近几年,我国海关大力推进业务改革,陆续推出区域通关改革、分类通关改革、通关作业无纸化改革试点等措施,不断改进监管和服务,在提高通关效率、降低通关成本方面取得了一定的成绩。但是,与国外海关的差距敦促我国海关还需要继续在构建贸易便利化环境方面不断推出更多更好的改革措施,包括制定更便利的通关政策,调整监管模式,加强与税务、检验检疫等部门的合作。由于这些不同行政部门之间垂直化、条块化的分割管理,加强部门之间合作,提高信息交流的敏捷性、联合执法的敏捷性尤为重要,这将有利于构建一个敏捷的政府管理服务系统,提高上海国际贸易中心的供应链敏捷性。

与企业的实体性质和纵向一体化管理模式不同,国际贸易中心是一个虚拟性机构,具有相对松散的管理模式,因为贸易中心所涉及的贸易商、生产商、物流商、政府管理部门等多种企事业单位之间彼此独立又相互影响。因此,构建一个统一的电子信息平台对于加强这些单位之间的联系,实现信息及时传递和共享具有非常重要的意义,将有利于国际贸易中心的横向一体化管理,有利于及时协调不同单位和部门之间的合作,以信息化促进贸易功能快速发展完善,提高贸易中心的供应链敏捷性。但是,仅有一个统一的电子信息平台对于国际贸易中心的敏捷供应链管理而言还是远远不够的,还需要该平台具有更快更及时的信息传递交流、更多更开放的端口和更丰富更高附加值的功能。其中,快捷的信息交流是实现敏捷供应链管理的基础;更多更开放的端口是指能够接入不同部门、企事业单位的电子信息平台系统,在更广泛的层面实现资源共享和信息传递;更丰富更高附加值的功能是对上海国际贸易中心的完善与提升,使之在现代服务业发达、万商云集的基础上，更具有一定的国际国内两个市场资源配置功能。具体而言，可以包括：利用电子信息平台进行商贸信息、物流信息及时滚动发布，打破制造型企业、贸易服务商、物流服务提供商和政府管理部门之间的信息壁垒，形成一个信息高度公开共享的电子信息平台，为相关企业提供撮合信息，实现资源的有效配置。在该电子信息平台上开发需求预测功能，使之能够结合历史数据和市场的波动分析，采取数理统计分析方法进行市场需求预测，对整个贸易供应链体系加以监控，同时保障货物的安全等。

六、典型案例

ZARA 演绎供应链极速传说

Inditex 公司是西班牙排名第一，全球排名第三的服装零售商，在全球 52 个国家拥有 2000 多家分店。旗下拥有 ZARA、Pull and Bear、Massimo Dutti 等 9 个服装品牌，ZARA 是其中最成功的一个，被认为是欧洲最具研究价值的品牌之一。

每一季推出的独特款式对 ZARA 品牌的成功相当重要。但是可能许多人没有发现，在快速引领潮流推出新款的背后，供应链系统贯穿了整个流程：从每款服装的设计一直到分配到每个分店，Inditex 每年提供 1.2 万种不同的产品项目供顾客选择，从设计理念到成品上架仅需十几天。这一切不得不归功于 ZARA 公司独特的供应链管理，即强大供应链管理系统及其 IT 系统支撑，使其成为全球服装行业中响应速度与弹性管理的标杆企业，被称为“时装行业中的戴尔电脑”。

ZARA 创始于 1985 年，它既是服装品牌，也是专营 ZARA 品牌服装的连锁店零售品牌。ZARA 公司坚持自己拥有和运营几乎所有的连锁店网络的原则，同时投入大量资金建设自己的工厂（目前有 22 家自有工厂）和物流体系，以便于“五个手指抓住客户的需求，另外五个手指掌控生产”，快速响应市场需求，为顾客提供“买得起的流行时装”。也就是说，在企业创始之初，就很明确地将战略安排设计好，让 ZARA 有了很坚实的基础，并且在十几年的发展过程中很完整地贯彻了包括品牌、运营模式、制造以及物流体系的战略安排。

进一步对 Inditex 运作模式的研究发现，ZARA 为顾客提供“买得起的流行时装”战略的成功得益于公司出色的全程供应链管理，以及支撑供应链快速反应的 IT 系统应用。ZARA 公司采取“快速、少量、多款”的品牌管理模式，这一模式保证了公司与时尚同步，持续开发新款式，快速推出新产品。ZARA 的每种款式在每个专卖店推出的数量都只有几件，造成人为“缺货”，影响消费者的购买意向。这种模式，需要 Inditex 实现快速设计、快速生产、快速出售、快速更新，实现专卖店商品每周更新 2 次的目标。

ZARA 的战略要求公司在全年中必须不断而持续地推出大量各种各样的新产品。ZARA 的高级经理 Diaz 认为公司经营的是“时装”，不是传统的卖衣服。顾客购买是因为他们喜欢“时装”，而不是喜欢公司本身。对于顾客来说，ZARA 公司的连锁店意味着，他们可以在那里找到最新的、限量供应的“时装”。在某种程度上，由于公司经营的是“时装”(但价格却不高)的形象，连锁店的存货水平非常低。由于低库存的方针，每天营业后经常可以看到空空的货架，连锁店非常依赖有序而又迅速的新产品来补充货源。

ZARA 的成功基于两条商业规则：了解顾客，提供他们所需要的商品。这是整个 ZARA 模式运作的起点，模式中最关键的环节就是有效信息的及时流动。首先，商店经理注意到某一款式的裙子特别畅销，就使用因特网向 ZARA 总部发送新的订单，同时，他还向总部建议增加新的色彩和款式。其次，设计师和产品经理接到信息，并将它与来自其他 ZARA 店经理的信息进行匹配。再次，设计师拟定出新款式，并将之发送到西班牙的 ZARA 工厂中，在那里，工人们进行裁剪、染色和缝纫。最后，生产好的服装经过 ZARA 的配送中心，在 48 小时内到达各门店。

ZARA 成功的因素很多，不仅仅取决于其成熟稳健的敏捷供应链，还有 ZARA 采取的垂直整合的生产管理，在设计方案确定后，生产计划和采购人员开始履行订单流程的管理，制订原材料采购计划和生产计划，监视库存的变化，分配生产任务和外包生产，跟踪货源的变化情况，防止生产不足和生产过剩。保证 ZARA 产品时尚元素的同时减少了原材料的损失，降低了产品的平均成本，保证了商品的低价。而大多数产品自行生产则保证 ZARA 对于订单信息的快速反应，缩短反应时间，保证产品的及时供应。

ZARA 敏捷供应链的具体措施由以下几个部分组成。

(一)市场需求反应速度

1.保持对时尚的激情

在ZARA总部,时装设计师随时与遍布全球的商店负责人保持联系,以便及时获悉新的流行线索。此外,他们还经常出差,到各地倾听顾客的声音。这些设计师翻阅时尚杂志,参加时装展示会和交易会,出入咖啡馆、餐厅和酒吧,有时甚至从音乐节目中捕捉时尚灵感。很多人在看完音乐节目后就开始模仿歌星的装束,而ZARA只需几天时间就可以推出相应的新款。在时尚界,人们的口味往往会被最近的周末大片或是麦当娜的最新专辑所左右,速度就是一切,但是在与时尚高速赛跑这一点上,没有人做得比ZARA更出色了。

2.顾客导向

ZARA的策略是顾客导向的,商店的经理每天都保持与地区经理之间的联系,直接传递顾客关于服装颜色、款式、裁剪的反馈信息。地区经理再与ZARA的大型的设计团队联系,为他们提供适时的顾客需求信息。ZARA的产品不存在一种固定的风格,它随时都会根据消费者的口味而改变,ZARA品牌在此基础上为自己树立了一种快速变化的整体形象,因此,有人就把ZARA称为“形象品牌”,它与“商品品牌”的区别就在于完全以消费者为中心。

ZARA完全理解了消费者的购买目的,就是立即拥有“流行”的服装。对消费者来说,“流行”就是时尚杂志上看到的服装和明星们在电视里穿的衣服。ZARA希望顾客在进入商店后可以找到最流行的款式、享受热情的服务和低廉的价格。但是,公司经营策略中最重要的一条是让顾客明白,一旦他们中意一件衣服就要马上购买,否则下个星期在货架上就可能找不到这件衣服了。这样做的目的在于培养消费者一种由紧俏商品引起的购买欲。

(二)信息管理速度

互联网改变了整个世界的秩序,带来了电子商务的发展,从而改变了人们从事商务活动的方式。许多公司已从中获得了巨大的利益。卓越的网络运用者具备敏锐的市场洞察力，他们坚持不懈地追求创新，懂得从信息中挖掘出有价值的资源。

ZARA 的竞争力主要来源于对信息技术的敏锐运用。所有的 ZARA 店都与总部形成电子化的连接。商店经理监控商品的销售情况，并把这些信息连同顾客的要求一起传送至总部。通过把分散在全球的时尚追踪者的意见综合起来，设计师可以获得实时的信息，有助于对新服装的原料、裁剪和价格做出决策。

真正使 ZARA 与众不同的是一个网络，它可以将商店、设计室和工厂相连接，这种连接使总部与零售现场的信息保持同步。每家 ZARA 店面就是一个流行情报侦测站，每销售一件商品，他们就将消费者的身份、商品的特征录入联网计算机，这些信息能如实反映各种产品的销售状况。位于西班牙西北海岸的 ZARA 总部收到信息，经过分析，决定如何设计下一批款式、采购哪些纺织品原料、生产多少数量，以及每家店要运送多少不同种类的货物。

(三)设计速度

ZARA 公司还经常不失时机地利用顶级服装大师的创意作品，它悄无声息地把 T 型台上的新款时装变成价格低廉的时髦装束。关于产品设计，ZARA 认为经营服装根本没有必要寻求创新设计，因为几乎所有的服装公司每年都会公布不计其数的新款服装。ZARA 的艺术总监和设计团队只需要从中选择并在细节上作适当的改变，这些选择和改变的依据都来自顾客，即信息会从销售点和目标顾客群常去的活动场所传向总部，这些信息能指导产品设计，保证推出的款式始终都定位于顾客的需求。

(四)采购速度——后向一体化

ZARA 经营策略中，一个具有竞争力的特点是后向一体化，即把供应商纳入企业中，业务涉及设计、面料和染色等环节。与大多数成功的企业家一样，奥特加是一个管理上的怪才，为了保证服装的质量，他很早就开始进行后向一体化，大量投资于西班牙北部工业区的纺织精加工业务，这是一种资本密集型企业。现在，他拥有 18 家纺织品设计和精加工企业。这样一种生产机制有助于公司不断产生新理念，并将之注入集团的各条生产线，同时，这个机制也有助于公司最大程度地降低与生产和运送程序有关的成本。ZARA 的运作模式建立在垂直一体化的基础上，这种整合使生产链的各个环节都拥有更好的成本控制，这正是奥特加建立 ZARA 公司的初衷。

（五）生产速度

Inditex 声称在它的计划书中，公司的内部工厂大约生产 50％的 ZARA 商品，剩余部分则由第三方来完成，但是，ZARA 的内部生产模式包括一部分直接控制下的外部生产，这部分生产由位于西班牙和葡萄牙的外部工厂制作，ZARA 与这些生产车间保持一种长期稳定关系。

整个生产运转的方式如下：一旦奥特加赞同一款长裤或衬衫的设计，面料先被裁剪好，然后运往已经形成网络的小车间，这些车间主要位于加利西亚和葡萄牙北部，有 350 多个，没有一个是属于 Inditex 所有的。工人主要是来自贫穷城镇和村庄的家庭妇女，她们想通过这种方式来补贴家用。预先裁剪好的面料配上简单易懂的说明，工人们把这些服装制作完成，接着就把产品送到 La Coruna 的 ZARA 配送中心，再由配送中心将产品配送到各门店。

第七章　现代大数据供应链

一、大数据驱动下的供应链智能化变革

数字化供应链是基于互联网、物联网、大数据、人工智能等新一代信息技术和现代化管理理念，以价值创造为导向、以数据为驱动，对供应链活动进行整体规划设计与运作的新型供应链。数字化供应链以数字化手段提升供应链的速度和效能，不仅为企业带来经济效益，而且在更大范围内和更深层次上影响着国民经济循环的速度和质量。提升流通效率，是推动居民消费升级的题中应有之义。

2022 年政府工作报告指出，推动数字经济健康发展。统筹推动 5G 网络、人工智能、大数据等新型基础设施布局，协同推进数字产业化和产业数字化，打造数字经济新优势。维护网络安全，健全完善规则制度，提升监管能力和水平，推动平台经济规范健康持续发展。持续深入推进国家数字经济创新发展试验区建设，实施数字化转型试点。加快构建全国一体化大数据中心体系，促进算力资源布局优化。

2022 年 3 月 15 日，信息消费工作交流推进会以视频会议形式召开。会议指出，将完整、准确、全面贯彻新发展理念，按照高质量发展要求，紧扣供给侧结构性改革这一主线，加快提升产业供给能力，积极引导释放消费潜力，持续加大宣传推广力度，营造良好消费环境，大力释放消费潜力和内需动力，加快新一代信息技术与实体经济深度融合，推动扩大和升级信息消费迈向新阶段，在更高水平、更深程度激活消费市场，打造数字经济新优势。

数字化供应链源于大数据、人工智能、区块链、5G 等新兴数字技术与供应链各个环节的融合创新，在多维应用场景中创造新的价值和增长点。数字化供应链以数字化平台为支撑，以供应链上的物、人、信息的全连接为手

段，构建一个产品设计、采购、生产、销售、服务等多环节高效协同、快速响应、敏捷柔性、动态智能的生态体系。

（一）企业数字化驱动

在大数据时代，人们的消费标准提升了，对商品质量的判断力也越来越强，消费升级的速度越来越快。数字化供应链具备融合创新、生态链接和柔性定制三大特性，对培育我国经济发展新动能、拓展经济发展新空间以及促进居民消费升级具有重要意义。可以说，谁在供应链上有优势，谁就能在竞争中占得先机。为此，应着力提升供应链自主可控能力和数字化、全球化组织协同能力，重点打造安全可控、开放多元、富有创新的数字化供应链韧性体系。

数据显示，2021 年，中国国内生产总值突破 114 万亿元，增长 8.1%；人均 GDP 突破 1.2 万美元，商品消费市场规模稳居世界第二。全国人大财经委副主任委员尹中卿说，内需潜力大是我国经济发展的优势，要实施好扩大内需战略，推动消费持续恢复，积极扩大有效投资，在稳增长、调结构、惠民生方面发力。完善收入分配制度，多渠道促进居民增收，提升消费能力。

大数据技术在物流产业中的应用，促进了物流企业供应链网络的变革。在“互联网＋”环境下，供应链网络环境在不断变化，为现代物流企业的发展提供了机遇和挑战，网络零售行业快速发展，消费者的利润与企业的发展高度融合，物流企业供应链升级是物流产业发展需要，也是社会发展对物流企业供应链发展提出的新要求，大数据背景下，企业实现数字化驱动，通过对物流企业的数据分析，供应链优化与创新发展是必要的。

供应链数字化转型包括技术层面的转型与管理层面的转型，其中管理层面的转型是主要因素。在供应链管理的发展过程中，许多卓有成效的管理实践，例如 VMI（供应商管理库存）和 CPFR（协作计划预测和补给），都依赖管理思想的进步而非技术本身的进步。对制造企业供应链数字化转型的研究也应更加关注管理思想本身的变革。因此，本书认为制造企业供应链数字化转型的内涵是：以技术为依托，以管理思想的进步为内核，从而实现传统供应链管理向数字化供应链管理的转变。

制造企业供应链数字化转型是对供应链管理的一种变革，任何一次变革或者升级都需要首先明确变革的目标。所以，在对制造企业的供应链进行数字化转型之前，需要对供应链数字化转型的目标进行分析。首先，供应链管理的实质是解决企业内部和企业之间的协作与外部市场需求之间相适应的问题。其中，外部环境是制造企业供应链数字化转型的主要动因，供应链数字化转型的首要目的是满足外部环境对供应链管理提出的需求。另外，企业内部和企业之间的协作效率低下是驱动供应链进行数字化转型的另一个动因。虽然制造企业的供应链管理已经经历过几次重要转型，但是依然有很多供需不匹配以及协作效率低下的问题难以解决，制造企业供应链的数字化转型还需要解决当前供应链中无法解决的问题(例如牛鞭效应、连锁反应、曲棍球棒效应等)。

1. 企业供应链数字化转型基本原则

(1)系统性原则：制造企业供应链数字化转型作为一项系统工程，在管理供应链的数字化转型时，要注意对系统组成要素的分析。在供应链数字化转型的管理过程中，不同的要素之间是相互依存、相互作用和相互制约关系，不仅要对转型管理的组成要素进行全面考虑，也要厘清各个要素之间的功能关系与结构关系。在对供应链数字化转型机理进行分析时，尤其要注意转型机理的系统性原则，以保证企业对供应链转型管理的理论认识能够全面而有效，继而指导供应链数字化转型的成功实践。

(2)效率性原则：供应链的数字化转型复杂且漫长，企业需要经历几年的时间才能够完成这一规模庞大的管理变革。所以，在转型之前制订一项完整而分阶段的战略计划来指导转型过程的逐步实施具有重要作用。在计划的制订中，需要厘清各个要素在整体系统中的功能、地位以及重要性，从而有重点、有主次、高效地对供应链数字化转型进行管理。从效率提升的角度制定供应链数字化转型管理方案能够帮助企业合理分配资源与精力，实现事半功倍的效果。

(3)业务性原则：供应链管理具有不同的模式与管理特点，不存在一种通用的管理信息系统能够适应所有企业的供应链管理。虽然供应链转型的机理普遍适用于制造企业，但是在转型的管理过程中，企业需要结合自身的具体业务情况(例如企业的运营模式、生产工艺过程、供应链管理流程、产品的市场特点等，甚至包括地理和政治因素)来制定转型的决策内容。不同的业务情况决定了转型管理中各个不同要素的重要性与相互影响程度的大小。因此，企业需要对供应链转型中的各个因素结合具体业务，进行权衡与优化，才能制定合理的转型管理决策。

2. 供应链数据价值

《经济学人》杂志宣称"世界上最有价值的资源不再是石油，而是数据"。该出版物指的是社交媒体上的个人数据和用户偏好的商业化，这如今已为该行业的巨头创造了数十亿美元的资产。同样的道理也适用于供应链数据。与石油不同，数据没有内在价值。一堆随机数据本质上是没有价值的。然而，如果利用得当，供应链数据可以像任何公司资产一样真实且有价值。特别是通过数据获取的对供应商、客户和市场的深入洞察，可以极大地改善供应链计划和执行的各个方面。在过去的七年中，MHI 年度行业报告记录了将供应链数字化、对企业和行业造成冲击，以及造成数据爆炸的创新技术的兴起和应用。如今，供应链的每一个环节都越来越多地使用传感器，由此产生的数据范围和规模在未来只会继续扩大。对这些数据流进行适当的整理和集成可以推动供应链巨大的变化和改进。因此，把信息和数据洞察力视为下一代供应链的货币是完全合理的。

与客户拥有深厚的双向关系的企业将在未来的经济中蓬勃发展。可见性和透明性是创建和维护这种客户联系的关键因素。客户亲密关系要求在客户自己能够表达他们的需求和兴趣之前，企业就能预测到他们的需求和兴趣。它还要求企业能够在相对较短的时间内满足需求，同时避免人为地抬高成本。当企业试图利用数据来为决策和操作提供信息时，他们首先必须能够捕获、收集和集成多个来源的数据，许多企业都在努力实现这一目标。田纳西大学哈斯拉姆商学院信息系统与供应链管理专业进行的一项调查显示，在 500 多名受访的业务经理和高管中，将近 85% 的人表示，他们公司并不善于捕捉、处理和集成来自多个数据源的数据流。对企业来说，努力克服这一重大问题是至关重要的，特别是对供应链可见性的缺乏是导致产品短缺和产生劣质品的关键因素，这两者都会对客户的亲密度和信任产生负面影响(见图 7-1)。

在未来，供应链可能会集成实时可视化工具和预测分析能力，为所有利益相关者增强供应链透明度。有关公司、供应商和采购地点的信息可以随时提供给整个供应链上所有的利益相关者。每一笔交易，从订单到现金，都

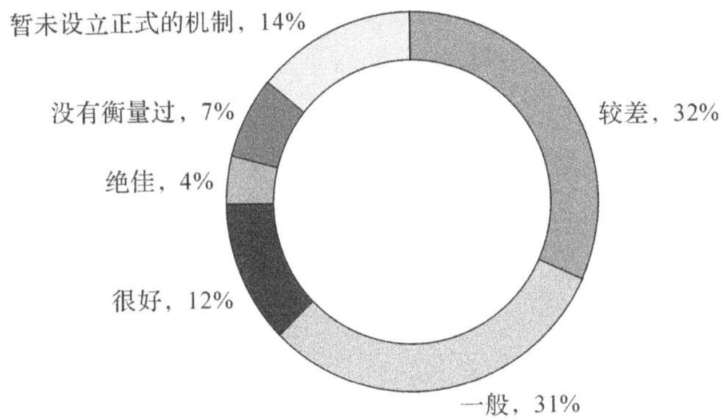

图 7-1　调查结果——管理数据流的熟练程度

实现透明可见。客户可以在整个交付过程中随时得到通知，在某些情况下，还可以更改他们的订单(包括可以更改交付时的首选交付窗口)。此外，对于交付过程中的异常情况，以及交付完成的状态更新，客户也将收到实时的提醒。

许多领先的公司将使用全新的数字化功能来加深他们对客户和市场的理解，以产生和维持营收的增长。他们将能够识别并专注于最有价值的客户关系，优化客户对产品和服务的需求，并通过现有渠道和新渠道实现盈利增长。

(二)基础设施数字化

物流产业基础设施数字化对促进现代物流产业发展是重要的，现在世界各国物流产业都注重供应链优化与管理创新，管理创新是提高工作效率，保障物流产业可持续发展的重要因素。基础设施数字化对实现资源共享，提高工作效率等都起到重要作用。

1. 从场景出发，构建产业链条的数字化底座

快递行业之所以远远跑在传统物流的前面，其很大原因在于电商巨头们对快递行业的“收编”，一定程度来说，快递并不只是物流行业的一部分，更多的是电商产业链条的一个环节。在电商产业生态中，所有场景和生产要素都要求数字化，在这个过程中，快递行业可以说是“顺势而为”，也可以说“身不由己”地完成了全链条的数字化基础设施建设或改造。回到 B2B

传统物流领域，这要求物流企业或车队也要基于对场景的理解，构建一个数据可以在各个场景之间通联流转的基础底座，我们可以将其理解为智慧物流的IaaS（见图7-2）。以G7为例，通过将GPS盒子等各类传感器在车队中的普及应用，构建了一张由150万辆物流卡车组成IOT网络，从单一场景出发，多维度的数据收集，进而进化成整个行业的数字化基础设施。

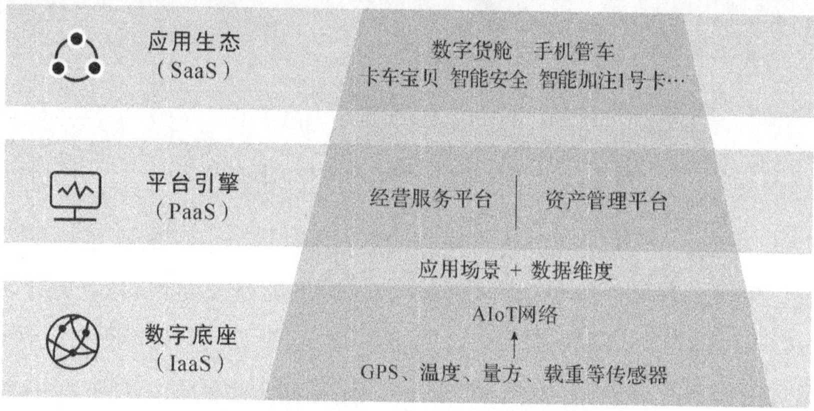

图7-2 智慧物流“新基建”的建造过程

2. 从痛点出发，构建连接管理与运营的平台引擎

从满足物流企业和车队老板降本增效这两个最核心需求来看，需要这些数据在内部管理与外部运营这两个领域的各个场景中流转，提高整体效率，需要一个连接管理和运营、兼容数字底座和应用的平台引擎，也就是智慧物流的PaaS。其实行业中也有类似概念的平台系统，但由于对产业链条中的场景理解不够，数字底座的渗透率有限，因而这些平台系统的功能和体验都有非常大的局限性。G7的做法是通过经营服务平台和资产服务平台这两个平台引擎来解决上述问题。前者解决车队加油、ETC金融服务、工资、税金、运费结算，甚至后市场的轮胎、润滑油等车队运营一系列日常高频需求的问题；后者给物流企业带来成本结构的改变，以前需要自持车队，如今采用运力租赁的方式，使资产由重变轻，人力成本下降，由此带来的是经营管理效率的提升。必须明确，建设智慧物流PaaS平台的核心需要直接指向成本、时效、安全这三个行业长期沉疴的核心痛点。

3. 自动驾驶，补足智慧物流“新基建”的最后一环

阿里、京东、苏宁乃至顺丰都在自动驾驶赛道竞逐很长一段时间了，像

阿里菜鸟的末端配送无人车“小G”已经经过了多次迭代，还与一汽解放联手发布了自动驾驶卡车“公路高铁”；京东的无人配送小车多次曝光；苏宁物流也曾在2018年先后推出过无人配送小车“卧龙一号”和无人重卡“兴龙一号”。物流行业中，除了G7投资了赢彻科技，另外一个物流巨头满帮也投资了自动驾驶研发公司智加科技，根据满帮的规划，自动驾驶车辆未来要占到1/3，满帮还要自己组建自动驾驶重卡车队，自己运营。电商巨头和物流企业之所以死死咬住自动驾驶不放，其内在逻辑都只有一个，即智慧物流的闭环还需靠自动驾驶补上。自动驾驶技术应用在商用卡车上，将大幅改善人们的工作和生活状态，用自动驾驶技术来补充货运司机，将减轻工作强度，降低事故发生率。与此同时，通过技术将车辆的全生命周期打通并且形成数据，把每公里的成本都核算清楚，这样就能做到更加精细化的管理。有数据显示，自动驾驶或可为运营商带来5%～10%降本和效率的提升。从现状看，自动驾驶确实是能大幅度改变物流行业生产力的基础工具。

(三)供应链数据可以驱动价值的其他领域

1.运营与供应链

供应链可以通过对活动、风险、成本和价值的分析来优化运营流程和资源：

①确定供应链中哪些环节可以降低成本；

②确定如何更有效地组织物流运输；

③检测哪些效率低下的流程造成的影响最大。

制药行业就是一个很好的例子。制药行业更高的供应链透明度有望减少库存，从而帮助该行业挽回约250亿美元的损失。此外，获取数据、在整个制药过程中集成数据并加以有效利用，可为制药行业每年节省58亿至66亿美元。

2.人力资源优化

公司可通过以下方法改善员工工作表现、留住员工和提高生产力：

①优化换班模式；

②计划资源需求；

③识别和分析高绩效人员的指标。

随着全球数据量持续呈指数级增长，分析计算能力和分析工具也随之增长——云计算和开源数据分析工具等创新技术降低了存储和分析海量新数据的成本。当今最重要的前沿技术之一就是物联网(IOT)，它是从数据中获取价值的基础(见图 7-3)。将物联网定义为智能化的、设备相互连接的世界，而这些设备所产生的数据可以帮助企业进行业务转型。传感器网络提供数据存储库，通过分析这些数据可以获取公司决策和行动所需的有效信息。

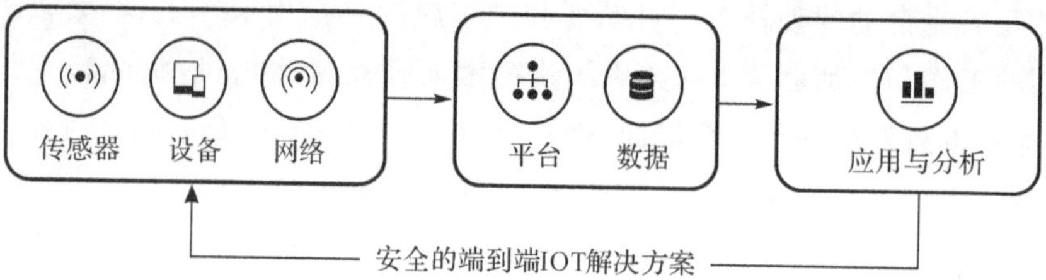

图 7-3　数字化价值获取的核心

同时，历史数据分析已经成为重中之重。展望未来，未来的供应链可能会利用数据来提供预测性和规范性分析，使组织能够探索新的可能性，产生数据驱动的见解、做出大胆的决策，驾驭颠覆者的力量，并产生突破性的结果。

领先企业通过以下方式从数据中获取价值：

①通过大数据工具、认知分析和机器学习，将实时传感器数据转化为可操作的见解数据；

②结合应用真实和虚拟世界的混合现实，将“超级工程师”转变为远程专家团队，通过手机、平板电脑或特殊眼镜可从任何地方访问远程专家团队；

③使用智能电器、报警器、云视频和门禁系统实时监控和控制资产；

④通过无线多状态传感器收集和学习设备的重要信号，从而能够在故障发生前进行预测；

⑤跟踪、监控并保持产品和库存的实时更新；

⑥通过智能产品扩展服务和支持，从而深化客户关系。

（四）大力创新供应链金融

供应链金融，指围绕核心企业，以核心企业信用为依托，以真实交易为背景，为产业链上下游企业提供的金融服务。在传统供应链金融业务模式下，业务主体包括供应商（上游企业）、经销商（下游企业）、核心企业、银行、仓储机构以及物流公司等，业务模式主要包括三种，分别为应收账款融资模式、保兑仓融资模式以及融通仓融资等模式。在技术层面的创新包括区块链，在发票交易数据对手信息的创新方面包括联易融等。

1. 保兑仓融资模式

在供应链中处于下游的企业，往往需要向上游供应商预付账款，才能获得企业持续生产经营所需的原材料、产成品等。对于短期资金流转困难的企业，可以运用保兑仓业务对其某笔专门的预付账款进行融资，从而获得银行的短期信贷支持。

保兑仓业务除了需要处于供应链中的上游供应商、下游制造商（融资企业）和银行参与外，还需要仓储监管方参与，主要负责对质押物品的评估和监管；保兑仓业务需要上游企业承诺回购，进而降低银行的信贷风险；融资企业通过保兑仓业务获得的是分批支付货款并分批提取货物的权利，因而不必一次性支付全额货款，有效缓解了企业短期的资金压力。保兑仓业务实现了融资企业的杠杆采购和供应商的批量销售，同时也给银行带来了收益，实现了多赢的目的。它为处于供应链节点上的中小企业提供融资便利，有效解决了其全额购货的资金困境。另外，从银行的角度分析，保兑仓业务不仅为银行进一步挖掘了客户资源，同时开出的银行承兑汇票既可以由供应商提供连带责任保证，又能够以物权作担保，进一步降低了所承担的风险（见图 7-4）。

2. 供应链创新模式

创新能力是一个企业发展的核心能力，大力创新供应链金融是现代物流企业发展的核心因素。供应链金融业务范围得以扩大，逐渐向电商企业延伸，有关部门需要采取引导和鼓励政策，确保电商企业获得良性发展。供应链金融发展中，需重视资源整合，发挥金融机构的辅助作用，为供应链优化创新提供金融条件。

区块链是一项基础性技术——它有潜力为供应链金融行业的经济和交易制度创造新的技术基础。对解决供应链金融领域的众多问题具有重大意义。首先,网络结构方面,区块链基于点对点的网络结构,使得参与方能够对等、网状协作。这为没有显著的层级或从属关系的参与方之间的跨机构协调提供了便利;无需在组织结构上进行协商,只要将业务规则固化到区块链的初始设置中即可,简单快捷。其次,系统稳定方面,区块链具有高度稳定的特性,能够作为供应链金融运作的基础平台,满足开展供应链金融业务对系统稳定性的基本要求。再次,信任体系方面,各个节点可以在无信任基础下进行安全交易。区块链最大的作用是可以有效解决信任问题。区块链上的数据安全性高、交易无法撤回,同时应用区块链技术的供应链金融系统往往会进行较为严格的身份认证与反洗钱认证,构建了区块链的信任体系。最后,存储技术方面,分布式、集体维护的存储方式使交易者可以匿名,实现交易信息完全透明。参与者共同维护一个数据——全体可见的账本,通过数据的分布式加密存储,数据不可篡改,从而使完整性得到了有效保障。

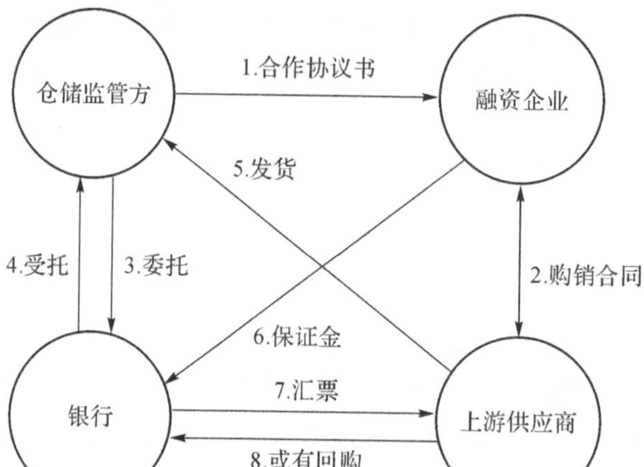

图 7-4　保税仓金融模式流程

二、大数据驱动下“双循环”格局的形成

新冠疫情与逆全球化趋势暴露了中国产业链和供应链的安全隐患,“十四五”规划纲要提到,要提升产业链供应链现代化水平。数字化供应链是促

进产业链、供应链稳定、畅通国民经济循环的重要一环。亟需探寻数字化供应链的核心要义和发展路径，研究其促进国内国际双循环的作用机理以及推动数字化供应链发展的关键因素，以更好发挥数字化供应链在构建新发展格局中的重要作用。

(一)数字化供应链的特点和核心要义

目前产业界对数字化供应链没有一个公认的定义，从价值创造过程看，数字化供应链源于大数据、人工智能、区块链、5G等新兴数字技术与供应链各个环节的融合创新，在多维应用场景中，创造新的价值和增长点。从主要特征上看，数字化供应链以数字化平台为支撑，以供应链上的物、人、信息的全连接为手段，构建一个产品设计、采购、生产、销售、服务等各环节高效协同、快速响应、敏捷柔性、动态智能的生态体系。从变革趋势上看，数字化供应链顺应数字经济时代消费的个性化、高端化、多元化的发展趋势，适应消费者更优体验、更高效率的要求，驱动生产以消费为中心，由大规模制造向柔性制造、准时制造和精益制造演化。

从当前数字化供应链的渗透和发展来看，呈现三个维度的发展方向：一是从采销两端向中间环节延伸。与生产、交付环节所涉数据庞大、主体多，应用场景复杂不同，采购、销售环节数字化就绪度更高，更易开展供应链数字化转型。二是从链状结构向网状聚合发展。在数字化技术帮助下，传统链状供应链聚链成网，逐步从企业内部协同发展为供应链合作伙伴之间内外协同，数据共享，风险共担模式。三是从大型企业向中小企业覆盖。大型企业对供应链的速度、敏捷度、柔性、协同度有更高的要求，创新意愿更强烈，而中小企业往往迫于成本压力搁置转型。

数字化供应链以数字化手段提升供应链的速度和效能，不仅为企业带来经济效益，而且在更大范围内和更深层次上关系着国民经济循环的速度和质量。数字化供应链有利于优化产业微循环。一是数字化供应链精准对接供需，拓展了消费零散、有限的增量空间。在生产和销售环节，C2M(用户直连制造)模式向企业开放数据资源，通过销售数据分析预测，把消费者的个性化需求反馈到生产上，减少了中间环节，以高质量的供给激发消费需求扩大。二是数字化供应链降低供应风险，增强了产业循环系统的韧性。在采购环节，数字化采购帮助企业预测采购需求和支出结构，实现对供应商的分级评价和风险预警，保证供应更加可靠。在物流环节，数字化物流使中小企业依托仓配网络、数智技术优化供应线路，以此降低库存，提高周转率，获得丰富、稳定的仓配资源。

（二）以数字化供应链推动形成“双循环”格局

首先，以数字化供应链带动国内大循环。一是数字化供应链助力产业集群形成，增强国内产业的自我调节能力。借助数字化供应链平台，产业在地理空间和虚拟平台叠加融合，融通大中小不同规模企业，商业、服务业等不同功能形态的企业，上中下游全产业链企业，形成更具有影响力的产业组织，保障核心企业供应，提升中小企业的市场开拓能力。二是数字化供应链推动城乡区域要素双向流动，促进国内产业协调发展。在城乡循环上，数字化供应链打通农产品下行通路，为农产品开辟销售新渠道，配套相应的流通网络以及金融服务，形成城乡供应的双向流通。在区域循环上，数字供应链平台使供应链在更大空间范围内延长和重组，把传统区域分工体系纳入虚拟空间的分工体系中，有利于推进国内产业空间新布局。三是数字化供应链发挥资金、科技等循环枢纽的作用，激发国内产业活力。数字化供应链克服传统供应链金融的弊端，加速供应链资金流动，有效控制企业融资风险，释放了供应链上下游企业的活力。如供应链中大数据的使用解决了银行和企业信息的不对称，区块链对供应链金融传输中的信息实行了全程保真，提高了核心企业主动作为的积极性，也让各级供应商小微企业依托核心企业获得资金支持。

其次，数字化供应链畅通国内外双循环。一方面，数字化供应链把国内供应链向国际延展，提升对国际供应链掌控能力。数字化供应链连通国内和国际市场，依托跨境电商平台汇集全球各地的采购商、供应商、服务商，多渠道发力有效避免单一市场断供风险。在疫情防控期间，跨境电商成为外贸出口的主流模式，发挥了稳定国际供应链的关键作用。在 2020 年前 5 个月我国货物贸易进出口总值同比下降 4.9％的情况下，经海关跨境电商平台进出口的贸易额逆势同比增长 20.9％。另一方面，数字化供应链催生外贸新业态，拓展了国际合作的空间。数字化供应链推动跨境供应链向数字化、智能化、简约化发展，为外贸企业提供信用保障、外贸综合服务和金融服务等一体化服务，有力支撑数字贸易等新贸易形态的发展。同时，也为企业开辟了更加多元化的营销和供应渠道，提高了国内企业国际合作的主动性。

要充分发挥数字化供应链的潜力，以下几个因素将起关键作用。一是企业“愿不愿”，即企业是否具备发展数字化供应链的基础，并愿意发挥主动性，投入相应的资源，包括制定战略规划、持续资金投入、信息系统升级、相关人才引进等，并承担数字化供应链升级失败的风险。二是政策“行不行”，即政府能否为企业提供供应链数字化转型相关的政策激励和保障。如能否对大数据、区块链、5G等新兴技术在供应链领域的集成创新应用企业给予财政资金支持或融资优惠，能否支持产学研多方联动培育实用型的数字化供应链人才。三是环境“好不好”，即是否有适合数字化供应链发展的市场环境，如是否有成熟的解决方案提供商为企业提供数字化供应链的多元应用场景；数字化供应链相关标准、评价体系是否建立，对企业数字化供应链的能力实施综合客观评价；企业数据保护制度是否健全等。

三、大数据供应链成本控制体系构建

企业的供应链一般分为两种类型：一种是外部供应链，另一种是内部供应链。外部供应链主要涉及的是企业之外的合作伙伴，比如供货商、物流合作伙伴、零售商、消费者等，这部分组成了整体销售网络。而内部供应链则是企业中的各个部门在经营活动中逐步形成的供需网络，比如采购、销售、仓储、物流等。采购部门在整个内部供应链中主要负责的就是原料物价的谈判和确认。其中，存在的最大问题就是不少企业为了降低人力成本会大幅度精减采购的人数，实际上采购的前期调查更胜于后期真正委派去采购的人数，如果采购人员过少会导致采购执行力度不足，缺少必要的审核环节，容易造成徇私舞弊，加之采购部门相对独立，缺乏与生产部门之间的有效沟通，很可能造成采购不足或者过剩的情况。销售部门是企业备受重视的部门，但是受到传统销售模式的影响，现今不少企业缺乏多类型的销售模式，尤其是网络化发达的今天，不少企业还是使用流量明星带货的形式，忽略了网络平台、直播购物的兴起，造成销售成本的极大浪费。仓储部门现在的问题主要就是货物的过度积压以及记录情况不规范，这就导致了各部门之间无法准确了解库存量，造成部门之间沟通缺失，增加库存成本或缺货成本。物流部门现在已经逐渐没落，这主要是因为物流行业的兴起，不少企业开始与第三方企业合作，而不是自己投资建立企业内部的物流部门。

在企业发展过程中须重视供应链的优化创新，成本控制居于关键地位，需要企业长期坚持，这就需要企业就供应链成本进行综合分析，制定发展规划，运用大数据评估未来发展动态，从各环节入手实施有效的成本控制。因此，构建大数据供应链成本控制体系是现代物流企业发展的必由之路。

（一）依靠大数据建立的成本控制体系

大数据控制成本所需要形成的程序体系，按照时间主要分为三个部分：事前的预测部分、事中的控制部分以及事后的分析部分。大数据技术主要包含的程序内容有数据处理、数据存储和数据筛选，其中数据处理部分主要是针对数据进行初步的筛选、分类和转化。当前成本控制主要是通过大数据分析，参照以往的成本投入案例，预判未来可能产生的成本投入，再以企业预计的成本进行有效比对，分析细节中可能造成成本升降的主要原因，适时调整企业的投资计划，保障成本处于可控范围之内。大数据分析结束之后，企业也可以详细分析每个环节产生的成本差异，查漏补缺，进行成本投入计划的修订，拟定新的举措来保障成本可控。

大数据的应用可以降低且优化内部供应链的成本，企业以大数据的实时监控成本投入环节的每一个变动情况，了解变动对整体成本投入高低的影响，从而建立有效的应对机制，提升企业对成本控制的力度，优化企业的产能结构，促使总成本下降，以保障企业的核心竞争力。

（二）采购环节的成本控制

首先，采购环节产生的成本按照时间划分可以分为：采购前成本、采购中成本以及采购后成本。前期主要是供货商与采购人员协商所投入的交易成本；中期则是在采购过程中的运输和价格成本，这部分成本还包含了包装、装载和运输的成本；后期成本主要是库存的费用和存储人工费用等。其次，大数据对采购成本的控制方式。大数据在采购活动中的应用主要出现在采购的前期，采购人员需要通过大数据的分析了解当前市场的变化内容以及筛选合适的供应商，这部分就需要采集大数据资料进行筛选和比对。而需要大数据完成的分析内容主要就是针对购买原材料的成本信息以及供货商的相关信息两个方面。大数据首先筛查的是货品质量、企业要求、材料数目等。通过大数据能够做出最初的质量比对，快速地筛选出符合标准的供应商。再通过供应商的选择，从中筛选出价格最优、质量最好、最符合企业生产标准的供应商进行合作，从而达到降低成本、提升企业效益的目的。

（三）销售环节的成本控制

大数据对销售阶段成本控制的途径，主要就是通过市场调研形成成本数据对比，将各个环节的成本投入降到最低，从而有效控制销售成本。在销售成本预测方面，大数据能够通过分析核心用户的喜好倾向来判定企业客户对应的偏好类型，在这过程中还能够有效预测出潜在客户的购买习惯，从而有效扩大市场需求，在成本投入不变的前提下产生更多潜在客户关注度，从而有效提升企业的经济效益。

（四）物流环节与库存管理中的成本控制

物流成本和库存成本的有效控制在经济分工更加细化的现在已经逐渐被行业所取代，不少企业不再建立自己的仓库或者是物流，而是利用大数据筛选出合适的合作伙伴进行专业化合作，不仅能够有效地降低人工成本，而且能够提供更加专业化的服务，有助于企业将主要的力量放入自身产品提升中来，达到双向共赢的目的。

（五）企业多元化业务下内部供应链的成本管控

多元化业务的企业，当存在内部业务单元相互提供服务或产品时，为了避免内部考核时各自业务单元利润贡献度孰多孰少的争议，需要制定合理的内部供应链结算价格，将公司内部各业务单元相互提供服务或产品的标准化清单列出来，对清单的每一项列出内部结算价格，以示公平公正，减少内部管理消耗。企业的管理者要抛弃陈旧的管理观念，对内部供应链有全面、清晰的认识，以供应链的各级管理为基础，深刻理解内部供应链结算价格给企业运营带来的便利，促进多元化业务内部管理效率的提升，更重要的是通过内部人员的建议，可以发现降低内部成本的多种倒逼性措施，最终降低公司的整体运营成本。多元化企业利用先进的信息化、数据化和系统化管理模式，结合企业自身发展的特点和管理实际，进行高效的资源分配，走具有自身特色的内部供应链管理新路。

四、大数据驱动下的供应链协同创新

供应链是由核心企业及其上下游节点企业组成的链条，其具有复杂性、动态性、横跨多技术领域、多行业、多节点企业，且具有各节点企业关联性强等特点，这决定了供应链持续发展必须走协同创新之路。信息、资金、服务、知识等数据流贯穿了供应链中核心企业与其上下游企业协作的各个环节，从而产生大量数据集，这是供应链企业协同创新过程大数据的主要来源。供应链协同创新涉及核心企业、上下游节点企业等多个创新主体，各节点企业作为独立个体，其内部自身的知识创新与产品创新的协同必会产生大量数据，并支撑企业内部的日常管理、运行与持续创新。供应链各节点企业间的协同主要借助知识共享平台、信息交流平台、资源服务平台、技术创新平台等实现，各平台中的创新要素在协同过程中流动和扩散。随着 Internet 技术的快速发展，分布在其中的各类交互信息和知识呈大量增长态势，最终以大数据的形式储存。

（一）供应链企业协同创新关系

供应链各节点企业内外部及其协作产生的大数据的开发和利用是协同创新的核心。大数据环境下，来自供应链与多个节点企业内外部交互的大量分布式数据，扩充了“知识”的范畴，伴随大数据分析处理技术与物联网技术、云计算技术的不断融合，大数据的储存、挖掘成为可能。利用分布于协同创新过程中多种来源的大量数据，供应链上各节点企业将其拥有的创新资源及其在产品创新过程中的各个环节协同整合，形成以核心企业为“盟主”、各节点企业为参与主体的战略联盟创新，而核心企业与其上下游节点企业间是一种资源互补关系，表现为稳定的联盟关系。因此，供应链企业协同创新过程中链条上各企业间协同创新关系的实质是创新过程中大数据流的应用，即如何将不同领域的大数据相融合进行创新活动，这就需要建立一种理论框架，就是所谓的机制，一种大数据环境下的供应链协同创新机制。“机制”是相对于系统而言的，一个供应链可看作一个系统，系统必有其自己的一套机制，供应链节点企业间的协同创新过程也必协同创新效果达到最优，是协同创新过程大数据流与关系的特征体现。

(二)协同创新过程的大数据流构成与关系特征

大数据流是一种无法用传统的数据处理模式进行管理的、海量的、高增长量的、高速度的数据集合。大数据流的本质是大数据技术，它将数据分析为信息、将信息提炼为知识应用到创新活动中，其由大数据分析技术和大数据处理技术两类关键技术构成。大数据分析技术包括数据挖掘、自然语言处理、机器学习等，大数据处理技术则包括分布式系统、MapReduce、Hadoop 等。协同创新过程中大数据流的应用，即大数据分析与处理技术的应用，其特征本质上体现在协同创新所包含的机制体系中，而非某一单一机制。供应链企业协同创新体系是一个由决策机制、信任机制、知识共享机制、创新激励机制、效益分配机制五个机制组成的机制体系，体系中各个机制之间相互影响、相互作用，则是协同创新过程中大数据流的表现实质。五个机制具体内容如下。

(1)决策机制。在供应链协同创新过程中，各节点企业由于信息不对称、信息获取成本较大，很难转变为真正意义上的协作，决策机制就是将分布于协同创新过程中多种来源的大量数据，利用 Hadoop 分布式文件系统 HDFS 进行存储、采用 MapReduce 分布式并行处理技术进行处理，在实现供应链整体效益最大化前提下，使各个节点企业选择决策方式：集中决策还是分散决策。其中，集中决策由核心企业作为决策主体，其他节点企业只是参与主体；分散决策由各节点企业自主执行，某节点企业无法强制另一节点企业执行决策。

(2)信任机制。供应链信任是供应链各个节点企业在目标不同、信息不对称情况下形成的心理状态和主观预期。该信任有程度性、传递性、动态性、非对称性等特点，如由供应商 A、制造商 B、销售商 C 组成的三级供应链，制造商 B 是核心企业，供应商 A、销售商 C 是从属企业，B 对 A 和 C 都信任，A 和 C 对 B 也很信任，因为 B 对 A 的信任，C 对 A 也会信任，这种信任的传递体现了一种间接的信任，且信任程度是一种动态变化过程，从初始的信任产生，到通过持续合作利益目标的协同、信任增强，增加合作收益与效益分配的公平性，最终促进节点企业间的资源共享，减少整个供应链的总成本，增加供应链的整体效益，使整个供应链健康稳定发展。

(3)知识共享机制。供应链节点企业间知识共享机制是知识挖掘、知识传递、知识吸收的动态过程。首先,供应链各节点企业通过市场和顾客挖掘知识源,将挖掘的知识与企业原有知识进行创新后存入共享知识数据库,传统针对 Internet 上信息构建知识数据库的方法已无法满足大数据环境下数据处理的要求,因此,应以知识的多次吸收应用、反馈为目标,采用机器学习和大数据处理分析技术构建知识数据库,供其他企业共享。且知识共享是由核心企业决策,其他节点企业协同参与决定知识共享的程度与内容。节点企业间的知识共享有利于消除知识和技术壁垒,发挥高效的组织协同效应。

(4)创新激励机制。任何创新行为的持续有效进行都需要激励,尤其供应链上的企业,因其都有各自的效益目标,即使通过协同创新实现知识共享,但知识共享效果不是可以用利润精确衡量的,需要持续创新的积累,所以创新激励机制尤为重要。供应链节点企业间的创新激励机制通过人性化的激励方式,如创新工作评价与考核、创新制度、创新工作培训、创新工作环境和文化氛围、创新晋升渠道等,培养员工创新意识、增强员工创新能力,最大限度地提高企业创新竞争力。在制定创新激励机制时,各个企业的知识贡献率大小不同,应进行相应的客观公正的物质奖励和激励;应以核心企业为主体,其他企业参与,合理分配收益,使供应链整体效益达到最优;应尽量采用新颖的沟通方式、通畅的沟通渠道,使企业成员主动学习和共享知识;也应制定一定的衡量标准,对于达到标准的员工,可授予某种称号并给予一定福利等诸如此的精神奖励等。

(5)效益分配机制。在供应链协同创新环境下,核心企业与节点企业由于其规模、竞争结构等原因,必定会形成一种地位、角色的差异,如何保持整个供应链稳定持续发展,在很大程度上取决于供应链的效益分配机制。供应链各节点企业作为理性经济人,在进行效益分配时,不仅应考虑到成本、风险及绩效等因素的影响,也应考虑到决策机制、信任机制、知识共享机制、创新激励机制也影响着效益分配结果。作为拥有效益分配主导权的核心企业,如何保证效益分配的公平、合理,保障上下游节点企业的效益,是效益分配机制要解决的问题。

五、大数据驱动下的采购管理升级

当前全球正处于数字经济高速发展的时期,中国数字经济市场增速已处于世界前列，在疫情的催化之下，企业纷纷布局数字化转型，快马加鞭进行发展战略升级以避免被市场淘汰。采购是企业生产经营中关系到经营成本的重要因素，采购的数字化转型已成为企业全面数字化过程中必须面对的问题。

在企业数字化采购的大命题下，客户、供应商、服务商的关系正在进一步深化并逐渐高度整合，供应链作为连接三方的运行模式也不断地升级，演变为适应数字经济时代的数字化供应链。

新时代，企业采购管理工作通过大数据技术得到很大提升，大数据技术以其处理效率高、处理数据量大等优点，使企业采购管理工作的发展逐渐呈现出规模化发展趋向。同时，通过与物流等第三方平台的合作，对企业采购管理工作进行了高效整合，从而实现了企业采购管理工作发展规模化。而企业采购管理工作依托大数据工作平台中的北斗导航、多源物联网等功能优势，使物流信息得到共享，打造出一个全方位企业采购管理链。企业采购管理工作通过大数据技术，可将货品供应链作为切入点，寻求节约采购成本的途径。通过大数据技术，可进行完善的数据采集，有助于节省企业采购成本，提高企业利润。通过大数据技术能够严谨、全面地分析统计企业采购管理工作的相应数据库信息，从而高效处理企业日常采购任务，优化企业采购管理工作质量与效率。通过大数据处理，分析采购数据，对成本进行合理运算，精化评测体系，完善物资采购途径。在对成本进行精确评估的同时，也能借助大数据技术分析物流信息，落实物流共享资源体系。通过该功能，对企业采购管理工作进行整体考量、宏观调控，对企业采购需求、采购周期、需求与周期变动、采购批量等各方面问题以及诸多风险因素进行全面优化，实现企业采购管理工作的科学控制。由此可见，大数据技术是企业采购管理工作节约采购成本的合理手段，能够更大程度地减少企业成本消耗。

互联网时代大数据技术广泛应用，企业在采购管理工作中可实现信息资源共享。实现企业信息共享，有助于优化企业采购管理工作的运作效率。大数据技术的应用，为企业采购管理工作提供了科学性、综合性强的资源供应链数据服务，为实现企业信息共享提供了平台。企业通过大数据技术对采购物流、采购管理进行信息交流，有助于企业更好地制订物资采购计划、与物流配送服务进行对接。以上工作的落实，面对市场条件的改变，能够从整体上节约采购成本，满足企业需求。

传统供应链是“单线条链式”运作，供应链各环节层层流转，上游供应出现问题，会影响下游客户的交付。而数字化供应链颠覆了传统供应链的“单链”模式，通过“网状”的运作模式实现供应链网络各商业合作伙伴之间的互联互通。数字化供应链能够链接上、中、下游各端口，打破信息孤岛，实现信息共享、数据交换和全渠道协同。在经济发展迅速的时期，关于企业采购管理中的大数据的应用变得尤为重要。大数据在企业采购管理中的发展情况对于国家及社会有广泛影响。

（一）强化大数据技术在企业采购管理中应用的策略

1. 加强大数据在企业采购管理中的应用

加强大数据在企业采购管理工作中的应用，严格落实有关制度是企业采购管理发展的重要任务。企业采购管理中大数据的应用，对企业的良好发展有着极大的意义，应该采用先进的采购管理理念和科学的方法进行管理和控制。除此之外，企业也要谋求用制度保障大数据在企业采购管理中的应用，扩大大数据在企业采购管理中的影响。联系企业的实际发展，严格贯彻落实有关制度，扎实做好企业采购管理中大数据应用工作的制度规范，更好地贴近企业采购管理中大数据的应用，并把大数据技术在企业采购管理工作中的相关要求融入企业的管理系统，让企业采购管理工作更好地促进企业发展，推动生产经营。

2. 完善企业采购管理机构

为了保障企业的长远发展，需要对企业采购管理机构进行不断的完善，即有针对性地对企业采购管理、成本控制进行完善，通过大数据技术从根本上加强企业采购管理工作，避免不必要的损失。完善的企业采购管理机构中大数据的应用，能够有效地提高企业采购管理工作效率，让企业采购管理工作得到加强，并为企业采购管理提供保障，确保企业各项工作的顺利开展。

（二）大数据驱动下的采购管理与供应商管理

1. 供应商大数据来源

企业自身首先要具备大数据思维，要积极地构建大数据供应链。在供应链中，涉及各个层级的企业和员工，要加强对企业及各层级员工的管理，推动其构建本层级的大数据体系，并最终形成供应商管理的大数据平台。在大数据环境下，企业能够从多个维度获得供应商数据，使供应商管理人员能够通过大数据平台获得所需的关于供应商的各方面的信息，包括各种供应商指标，如质量指标、成本指标等。

2.供应商数据管理

管理采购风险的基本出发点是尽量消除信息的不对称并采用有效的风险应对措施。在社交网络已经深入渗透到社会每一个角落的现代社会，利用大数据技术来进行风险管理已经被学术界和实业界所广泛认可。大数据技术的出现增强了供应链的可视性，从而为企业进行基于数据分析的风险管理奠定基础。大数据的主要特点之一在于数据的跨界性，比如从多个渠道（包括社交网络中关于供应商的评价信息）获得的有关供应商、有关产品的直接信息以及其他相关的间接信息（如天气、其他行业或产品的信息等）都能作为供应商风险评估和采购风险管理的有效输入。

3.采购管理设想

采购管理设想总结为规范共享、灵活合规、品类贯穿。第一，通过电子采购平台的实施与落地对未来企业内部管理模式进行统一，增强业务内部共享。如：统一供应商管理入口，建立供应商自主推荐的体系；统一供应商管理库；按品类分级管理，供应商信息共享等。第二，通过模块化的设计，灵活地组合业务场景，关键节点的识别，保证业务过程的合规性。如：构建合规的业务流程，以管理规范为指导，对流程的关键节点依托规范进行设计控制，实现业务流程合规性。第三，使用采购品类贯穿各个业务场景，细化管理的颗粒度，达到以品类细化、以品类规范、按品类分析的目标。如：采购以品类贯穿，规范采购业务，按品类进行评估，科学分析，辅助决策。

（三）大数据环境下企业采购成本的控制措施

1.建立新的采购系统，增加采购成本智能化评估模块

传统的企业采购系统主要问题是缺乏管理过程量化标准，缺乏公开和透明度，缺乏有效的监控。面对当前大数据时代，企业应该重新建立一个新型的采购系统，如在 SAS 系统原有基础上添加企业适应的模块，继续开发系统的数据统计分析功能，如采购信息比较分析、采购成本降低分析、采购

成本差异分析、采购价格与采购比例对照分析等功能。在很多企业,每一位采购人员都有很多项目的各种数据,而这些数据大部分都处于保存状态,而非利用状态,需要采购人员把相关数据输入系统,实现数据的流通共享,输出更多有价值的信息数据。

2. 注重采购数据化管理,增强专业管理能力

采购的数据化管理实际上是一种管理观念的革新,需要企业决策层持续、有效的支持,企业管理者对于数据化管理的充分认识是其可以充分执行的先决条件。采购员工手中都有参与项目的数据、中标项目的数据、采购金额的数据等等。采购部门员工应主动将所参与的数据输入采购系统进行整理统计分析,用数据说话,努力为企业节约成本。此外,企业还应该培养或引进更多的大数据管理方面的人才,高素质的人才应该同时具备很多条件,拥有较高的计算机水平、专业的采购管理知识,能够很好地应用电子商务进行采购,只有同时具备以上的条件,才能提高企业的信息化管理水平。

3. 全面构建数据化交易平台

目前,采购信息化的三种模式分别是独立应用的采购系统、一体化采购系统和电子商务采购平台,独立应用的采购系统已经开始逐渐被淘汰,一体化采购系统是目前的主流,而电子商务是当前也是未来发展趋势。企业要抓住大数据带来的机遇,必须搭建链接内外的平台,通过平台充分共享大数据的价值。采购人员通过搭建的平台选择合适的供应商,但前提是平台必须有供应商选择模型。此外,全面开展大数据平台交易也实现采购管理向供应链管理的转变,供需双方可以通过电子商务的采购模式进入供应链。采购方可以快速地将采购需求信息通过商务网站或方式传送给供货方,并及时对需求进行调整,使供货方能够及时准确地了解产品信息,保证供货质量与及时性,更加有利于满足采购方的供货要求,从而使整个供应链的总成本降低。

六、典型案例

ZARA 的需求预测:大数据感知,敏捷调控

ZARA 在快速消费品领域里创造了一个供应链的神话——ZARA 每年设计 1.8 万个新样式,平均每 2—3 周就有新款上架,它可以做到 7 天生

产、14 天下柜、30 天上柜。每年共推出约 5 万种新款时装。相比另一个时尚品牌 GAP，一年也只能推出 4000 款。

ZARA 可以快速捕捉到顾客偏好并迅速做成服装，然后送到世界各地的分店，西班牙《国家报》说："设计师在电脑上设计的一件服装最快在两到三周内就可以到达顾客手中。"

ZARA 打通了和供应商的金融关系，使跟它合作的加工厂不再需要为资金而烦恼。比如某下游加工厂需要生产出价值 2000 万美元的产品提供给 ZARA。一旦缺少资金，这个工厂就无法运转。如果按照传统金融业态的方式，这个加工厂需要独立去银行担保贷款，而银行需要办理抵押手续，非常麻烦和周折。

ZARA 信息大数据分析主要由以下几个部分组成：首先，把消费者声音化成数字。走进店内，柜台和店内各角落都装有摄影机，店经理随身带着掌上电脑。当客人向店员反映："这个衣领图案很漂亮""我不喜欢口袋的拉链"，通过汇总这些细项，店员向分店经理汇报，经理通过 ZARA 内部全球资讯网络，每天至少两次传递资讯给总部设计人员，由总部作出决策后立刻传送到生产线，改变产品样式。关店后，销售人员结账、盘点每天货品上下架情况，并对客人购买与退货率做出统计。再结合柜台现金资料，交易系统做出当日成交分析报告，分析当日产品热销排名，然后，数据直达 ZARA 仓储系统。收集海量的顾客意见，以此做出生产销售决策，这样的做法大大降低了存货率。同时，根据这些电话和电脑数据，ZARA 分析出相似的"区域流行"，在颜色、版型的生产中，做出最接近客户需求的市场区隔。

其次，以线上店为实体店的前测指标。2010 年秋天，ZARA 一口气在 6 个欧洲国家成立网络商店，增加了网络巨量资料的串联性。次年，分别在美国、日本推出网络平台，除了增加营收，线上商店强化了双向搜寻引擎、资料分析的功能。不仅回收意见给生产端，让决策者精准找出目标市场；也为消费者提供更准确的时尚讯息，双方都能享受大数据带来的好处。分析师预估，网络商店为 ZARA 至少提升了 10％营收。此外，线上商店除了交易行为，也是活动产品上市前的营销试金石。ZARA 通常先在网络上进行消费者意见调查，再从网络回馈中撷取顾客意见，以此改善实际出货的产品。

ZARA 将网络上的海量资料看作实体店面的前测指标。因为会在网络上搜寻时尚资讯的人，对服饰的喜好、资讯的掌握，具有催生潮流的能力，比一般大众更前卫。再者，会在网络上抢先得知 ZARA 资讯的消费者，进实体店面消费的比率也很高。ZARA 选择迎合网民喜欢的产品和趋势，在实体店面的销售成绩，依旧亮眼。这些珍贵的顾客资料，除了应用在生产端，同时被整个 ZARA 所属的英德斯（Inditex）集团各部门应用，包含客服中心、行销部、设计团队、生产线和通路等。根据这些巨量资料，形成各部门的 KPI，完成 ZARA 内部的垂直整合主轴。ZARA 推行的海量资料整合，获得空前的成功，后来被 ZARA 所属英德斯集团底下 8 个品牌学习应用。可见，预见未来的时尚圈，除了台面上的设计能力，台面下的资讯/数据大战将是更重要的隐形战场。

有了大数据还要迅速回应、修正与执行。H&M 一直想跟上 ZARA 的脚步，积极利用大数据改善产品流程，成效却不彰，两者差距愈拉愈大，这是为什么？主要的原因是，大数据最重要的功能是缩短生产时间，让生产端依照顾客意见，能于第一时间迅速修正。但是，H&M 内部的管理流程，却无法支撑大数据供应的庞大资讯。H&M 的供应链中，从打版到出货，需要 3 个月左右，完全不能与 ZARA 的 2 周相比。因为 H&M 不像 ZARA，后者设计生产近半维持在西班牙国内，而 H&M 产地分散在亚洲、中南美洲各地。跨国沟通的时间，增大了生产的时间成本。如此一来，大数据即使当天反映了各区顾客意见，也无法立即改善资讯和生产分离的结果，让 H&M 内部的大数据系统功效受到限制。可见，大数据运营成功的关键，是资讯系统能与决策流程紧密结合，迅速对消费者的需求作出回应、修正，并且立刻执行决策。

第八章　现代精益供应链

一、精益供应链的基本内涵与技术框架

(一)精益供应链的基本内涵

精益供应链(lean supply chains),来源于精益管理,将从产品设计到顾客得到产品,整个过程所必需的步骤和合作伙伴整合起来,快速响应顾客多变的需求,其核心是减少、消除企业中的浪费,用尽可能少的资源最大程度地满足客户需求。精益供应链的出现,成为减少浪费、降低成本、缩短操作周期、提供强化的客户价值从而增强企业的竞争优势的一种有效的方法。精益供应链要求上下游共同努力消减整个流程的成本和浪费情况。单个的行业能够在内部实施精益生产,但精益供应链要求上下游企业共同合作,而并不是简简单单将诸如存货和成本推给供应商就万事大吉。实际上,这是所有供应链参与者协调一致的努力结果,只有合作才能建立精益供应链。

基于精益思想的精髓,日本丰田创建了当时最为高效的生产系统——丰田生产系统,由于生产系统的优越性,日本汽车行业在 20 世纪 70 年代崛起,大量汽车行业的对手开始争相效仿。随即精益思想扩展到供应链管理,20 世纪 90 年代精益思想开始贯穿到制造、航空航天、建筑等各行各业。精益供应链的概念也起源于精益生产,是一种将精益思想与供应链管理有效结合的新型供应链管理思想。供应链物流随着供应链管理物流环境的变化而变化,这必将导致其与传统物流有很大的差异性,改善了传统物流因缺乏整体物流规划而导致的某物品不需求时库存不断增加,当供应链对该物品有需求时又往往暂时缺货的现象。精益供应链是一个整体的结构,处于供应链上的所有企业为了共同的目标,其信息制度是高度的共享制,信息的透

明化使得供应企业快速及时地供应、需求企业及时获得所需，整条供应链实现精益化。因此，精益供应链的基本概念是：一组通过产品流、服务流、资金流和信息流在上下游之间直接连接起来的机构或组织，从产品设计到顾客得到产品，整个过程所必需的步骤和合作伙伴整合起来，快速响应并满足客户所需的产品或服务，以此来减少浪费、降低成本。

近年来，企业面临的市场竞争日趋激烈，市场需求也处于快速变化之中，不仅企业自身需要应用精益思维，而且整个供应链都要降低运营过程中的浪费。在精益供应链中，除了供应链各个环节的企业能够有效应对市场变化，整个供应链也要根据环境变化进行自身的调整与优化。精益供应链的主要特征体现为五个方面，如图 8-1 所示。

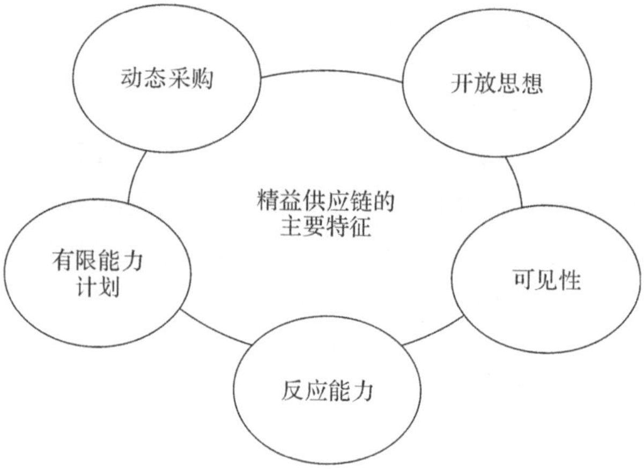

图 8-1 精益供应链的主要特征

1. 精益供应链的特点

(1)改善需求管理

精益供应链环境下生产企业的生产方式不再是传统供应链下的大规模推动式生产，采用的是精益生产，从顾客的需求到生产企业的生产再到供应商原材料的供应都是根据已知产品的真实需求而制定的。精益供应链设法“拉动”产品实时地通过使用来自销售点系(POS)的客户需求的渠道。在已知产品真实需求的情况下，这可以最大限度地减少不必要的预测需求信息，有效地避免了“牛鞭效应”。

(2)减少浪费和降低成本

不管是精益思想、精益生产还是实现精益供应链管理,关键的目标都是降低企业的经营成本,减少经营过程中的浪费。精益供应链环境下,精益生产减少了库存的浪费、高度的信息共享制减少了信息重复浪费等等,精益化管理就是要减少经营活动中一切可避免的浪费。减少浪费很可能会产生一个重要的副产品:降低供应链成本!这并不是说,所有成本都将会降低,而是供应链成本将会降低。供应商的某些成本可能会增加,但这些成本增加应该会被其他方面的成本降低所抵消。

(3)流程标准化

精益供应链作为一个整体,产品从供应商原材料的供应到生产企业生产到最终顾客,这是一个持续流动的过程,为了减少流动过程中的复杂性,提高流动的效率,必须对流动的流程进行标准化。流动的主要障碍因素是排队等候的工作、批处理以及运输,这些障碍延长了从产品或服务启动到交付的时间。在精益供应链环境下,流动具有很高的持续性和整体性,供应链中单个节点流动效率的提高并不代表整条供应链流动效率得到了提高,只有将供应链中各个节点之间的流动流程进行标准化,才能形成整条供应链的持续、高效率的流动。

(4)采用行业标准

虽然供应链中各个节点之间的流动实行了标准化,但是如果流动过程中产品的规格比如零部件没有行业标准,不能相匹配,这必然会导致整个流动的停滞。精益供应链环境下,为了提高整条供应链的效率,要求供应链中的各个节点采用相应的行业标准。产品标准化会为使用产品的客户带来好处,并可增强易维护性。然而,产品标准化会削弱产品的专有属性,使其他竞争(如高效率的供应链)更加重要。

(5)促进文化改革

精益供应链中供应商、制造商以及营销商是一个整体,他们最终的目标是向顾客快速及时地提供所需的产品。在供应链中,人是主体,要实现供应链精益化,必须对人的传统观念和传统处事习惯进行改变,当精益观念得到广泛的接受和应用时,企业文化也就得到了改革。精益技术采用方面的领先者重视在其新员工教育中进行精益技术和全面质量管理(TQM)培训。

(6)跨企业协作

跨企业协作的实现手段之一是利用团队。在精益供应链中,此类团队并不是面向职能的,也不是以其机构为焦点的,相反,此类团队具有一种较广泛的观点,并考虑什么适合于供应链。

2. 计划对精益供应链的作用

(1)计划对整个供应链的可见性

精益生产的特点之一就是可追溯性,工序中正在加工的每件产品都能与最终的客户订单联系起来,这是由拉式生产方式所决定的。这样能更好地提供客户服务,例如,某道工序由于故障需要维修,就很容易知道将会影响哪些客户订单,从而提前与客户沟通协商解决。这种生产过程的需求和供应的互相可见性在单个工厂内部是不难做到的,但在整个供应链环境中实现起来就需要更多地考虑。要做到这一点,供应链中的每个参与者必须协同逐个地对最终客户订单进行计划并把自己的计划对整个供应链公开。现代电脑与通信技术为这种需求提供了可能:当接到客户订单后,对该订单进行计划,如上游供应商通过 internet 获得该客户订单和 APS 计划结合,并通过运行自己的 APS 计划系统产生相应计划。

(2)计划的快速反应能力

在单个工厂内部,客户订单和生产线的变化都是通过广告牌信号反映到上游工序的。上游工序只有等到广告牌信号到达时才知道下游的变化情况,也就是说,资讯流的到达和物流的产生是同时的。这种做法在单个工厂内部是可行的,并能很好地控制 WIP。但是,在供应链环境中,这种做法将会造成计划延误。例如,客户订单发生变化时,这种变化逐级向上游反映,当反映到上游供应商时,已经造成了很多的时间浪费。所以,在供应链环境中,客户订单和生产线的变化造成计划的变更要在第一时间让供应链中的所有参与者知道,这样可以极大地提高供应链的反应能力。利用 internet 技术,资讯流完全可以和物流分开,进行独立的控制和处理,从而达到上述目的。

(3)有限能力计划

精益生产的另一个特点是每道工序都严格按照其下游工序的能力需求产出，尽量避免造成生产线上的库存积压，这也是拉式生产的实质所在。要做到这一点，就要求供应链中的每个参与者都必须以有限能力执行计划，任何以无限能力为假设的计划系统，如 MRP 都是不合适的，它必然会造成整个供应链环节上的库存积压，增加了供应链的成本，反过来也降低了供应链的反应能力。

(4)动态采购

在单个工厂内部，也会面临在计划的过程中做选择的问题，例如，是否使用替代工作中心？是外加工还是自制？而工厂内部的选择大多是小范围的，并且选择的分支是相对固定的。但在供应链范围内，每个参与者都面临着更多的选择，即选择上游供应商。在老式的计划模型如 MRP 中，这是不可能做到的，它至多也只能按照静态的资讯来做选择，如优先向等级高的供应商采购等。等到实际发现供应商能力不足时，才会匆忙地考虑向另外的供应商采购，而这往往是以客户服务质量为代价的。

利用现代的电脑和通信技术可以早在计划的过程中就明智地选择供应商。例如，上游供应商可利用 WEBSERVICES 作为服务的提供者，而下游供应商也可利用 WEBSERVICES 作为服务的使用者，通过标准的 INTERNET 协议，自动地在对每一个客户订单进行计划的过程中对上游供应商根据预定的规则(成本、交货速度、供应商等级等)即时动态地作出选择。

(5)开放的思想

每一个制造商都是某些供应链中的一个成员，它和供应链中的所有参与者一起协同工作，目的是为最终客户提供灵活的、低成本的、高质量的、准时的服务。要达到这个目标，最重要的一点就是要保证供应链上资料的公开性。利用现代先进的电脑和通信技术实现这一点是可以的，但由于供应链中各个参与者的管理模式和习惯不同，有些参与者可能并不希望或不习惯把自己的资料对整个供应链公开。这主要是由于在老式的生产管理和运营模式下，企业的一切活动都是以自身为中心展开的，这在以产品为中心的市场环境下是可以理解的，由于顾客的需求比较单一，企业只要围绕自己的产品下功夫，例如，提高设备利用率、降低能耗、提高产品质量等就能很好地满足市场需求。但是,在今天瞬息万变的市场环境下,供应链中所有的企业都应该把活动的中心从自身转移到客户身上来,因为无论产品质量多么好,如果它是过时的话,是永远不能产生效益的,只能是浪费。只有当供应链中所有的参与者都对客户的需求作出一致、公开、准确的反应时,供应链的功能才能充分有效地发挥,由此也可以说它是一个高效率的、低成本的、灵活的供应链。

(二)精益供应链的技术框架

精益供应链,可以定义为一组通过产品流、服务流、资金流和信息流在上下游之间直接连接起来的机构或组织,它们以客户所需的产品或服务需求作为拉动,通过高效和有效的合作,来降低成本和减少浪费。精益理论来源于生产过程,但精益的思想和技术方法应当加以扩展,在生产过程之外的供应链管理中的其他业务中加以运用,实现供应链整体效率的提高。企业要实现供应链的精益化,就必须利用各种管理技术加以管理和优化。通过分析精益技术的特征,基于管理目标的一致性,结合精益技术和供应链管理方法,构建精益供应链管理技术框架,整个管理技术架构由三个层次组成:目标层、运作策略层和方法工具层。目标层是精益供应链所应具备的特征,是供应链精益改进的目标;运作策略层综合了精益供应链运营策略,是实现精益供应链特征的支撑平台;方法工具层集成了精益生产、物流及管理工具,是构成精益供应链运作策略的基础。通过三个层次的相互作用,形成持续改进的精益供应链管理模式(见图 8-2)。

1.信息共享

精益理论强调生产由客户需求拉动。要实现在供应链层面上的拉动,就必须建立自下而上的信息共享机制。节点企业是上游企业的客户,又是下游企业的供应商。因此,最终消费者的需求信息应当对所有供应链节点企业公开透明,并从直接接触的零售商开始,及时准确地逐级上溯到供应链的各级节点企业,直至最终的原材料供应商。这样,最终客户的需求就转变成各不同级别的拉动信息。有了准确的需求信息,企业便可以依此安排自身的生产计划,减少了由预测的盲目性和不确定性所带来的各种问题。理想状态下,销售点(POS)数据被实时采集,并实时(或接近实时)上传至供应链上各企业。通过方法工具层中的电子看板技术形成准时持续流动的拉动系统，再通过运作快速响应（QR）和有效客户响应（ECR）策略，便可建立需求拉动的供应链信息共享机制，从而实现信息透明，提升供应链管理效率。

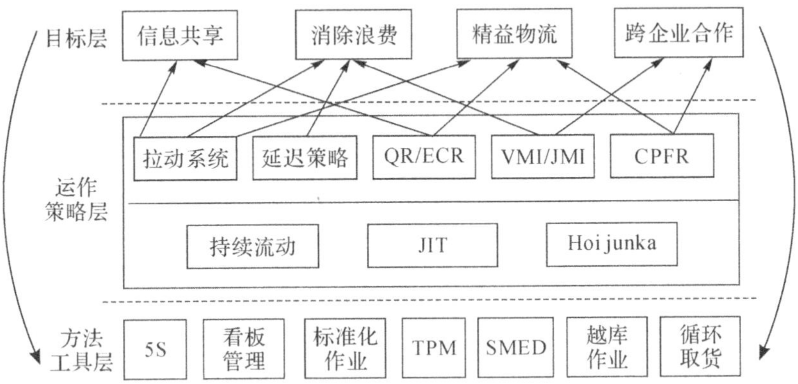

图 8-2　精益供应链管理技术框架

2. 消除浪费

精益原则的核心思想便是消除生产中的各种浪费。同样地，在供应链管理层面，消除供应链管理业务中的各种浪费，是精益供应链管理所追求的主要目标。消除浪费的前提是识别浪费。精益生产中提到的浪费主要有 7 种，包括等待、运输、过度加工、库存、返工、移动和产品缺陷。而在供应链层面，浪费的概念会有所扩大。精益生产中的浪费在供应链中继续存在，性质可能会有所变化，如：供应商的成品库存在供应链中会成为在制品（WIP）库存；加工过程中的等待对应物料或产品在不同节点企业之间的闲置等。另外，区别于生产过程的是，在各级企业的相互业务关系中，会存在大量信息浪费。各种冗余、不准确的数据以及数据和信息在传递过程中的延迟、缺失等问题，会产生浪费信息，并会随着供应链层次的增加呈指数型的变异。识别并消除上述的各种浪费是精益供应链管理技术的基本目标。精益供应链浪费种类分析表从精益生产中的浪费种类出发，给出了相对应的供应链业务过程浪费和信息浪费。利用此分类方法进行浪费识别，是实现精益供应链管理的一个重要方法（见表 8-1）。

表 8-1　精益供应链浪费种类分析

浪费类型	生产过程	供应链业务	信息
库存	多余的原材料、在制品和成品	节点企业之间多余的产品	多余、不必要的信息
过度加工	不增加客户价值的加工过程投入	多余的交易事务、物料处理及物流节点	不必要的信息加工处理
过量生产	过量、过早地生产产品	交易事务、物料处理过程中不增值的人员流动	产生、传递多余的信息
移动	不增值的人员流动	供应链上下游之间产品多余的运输	信息系统缺陷导致的信息处理过程中人员的流动
运输	物料、工具或零件不必要的移动	超出客户需求的提前期	
等待	生产加工过程中不增值的空闲时间	原材料、零部件及产品供应缺陷	信息交互过程中的空闲时间
缺陷	不符合要求的产品加工缺陷		错误的数据、信息和报告等

3. 精益物流

供应链的基本职能是将满足客户需求的产品或服务送交到消费者手中。从原材料到最终客户的物流运作对能否满足消费者需求起着十分关键的作用。利用精益技术对供应链节点企业之间以及同客户之间物料的运输、存储、加工、配送等物流业务环节加以改进，形成精益物流运作模式（见图 8-3）。精益物流同样要以准时化和均衡化作为支撑。

（1）形成同步化物流作业。客户需求拉动，需求节拍（takt time）确定生产节拍，生产节拍又同配送业务，如分拣、包装、运输等业务节拍相协调。这样，就实现了客户需求同物流作业的同步化流动。

（2）采用精益方法和工具支持物流运作。准时制要求实现高频率、小批量供货。因此方法工具层中的标准化作业和快速换模（SMED）的技术可以实现不同物流业务之间的快速转换。TPM 技术保证物流设备安全有效。利用看板技术形成逐级拉动，控制物料库存。同时采用循环取货越库作业方法降低运输成本。

（3）将作业模式向下游企业扩展，形成整个供应链的物流作业的准时化和均衡化，从而大幅度降低物流成本，提升物流作业能力。

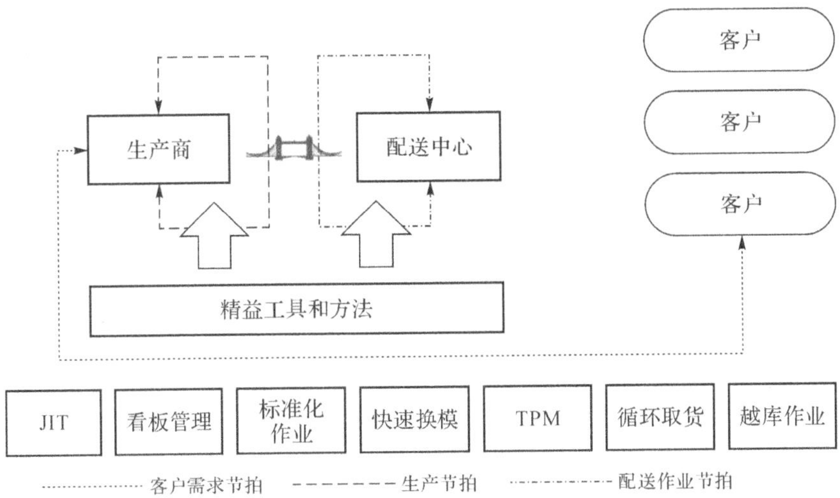

图 8-3 精益物流运作模式

(4)跨企业合作。精益供应链环境下,企业之间不再是单纯的竞争关系,而是共担风险、共同盈利的合作伙伴关系。企业之间建立协作机制,通过供应链管理和协调,实现总体价值最大化和供应链反应快速。重构供应链管理业务流程,建立开放的信息交流环境,成立跨企业供应链管理团队,放眼于供应链整体价值流管理,实施合作策略,是实现精益供应链的重要途径。通过企业协作,实施供应商管理库存、联合管理库存以及协同计划预测补给策略,是精益供应链管理实施的重要方法。

(三)精益供应链环境下生产企业的物流需求特征

在精益供应链环境下,要求供应链节点企业以满足顾客需求为目的,经过供应链上各方的信息共享与优势互补,共同提高供应链总体收益。发展精益供应链可以增强供应链的竞争优势,进而转化为市场竞争优势。它所考虑的不仅仅是供应链上的单个企业,而是把供应链上的所有参与者作为一个团体进行整体协调,使整个供应链更加系统、全面、科学。对于整个供应链,单个节点企业实现了精益化并不意味着整条供应链就实现了精益化,节点企业之间的连接也要符合精益的要求,这就要求物流供应商要有精益供应体系,从而实现以共同合作为基础,在需要的时间、需要的地点,以需要的数量、需要的质量供应需要的物品的精益供应目标。对于物流供应商来说，了解生产企业的需求特点，实现原材料在恰当的时间、恰当的地点以恰当的数量、恰当的质量及时供应是其最大的职责和目标。在精益供应链环境下，相对于传统供应链来说对物流需求要求更加严格，表现如下：

1. 及时性的供给

物流供应商的供给及时性是指供应商对顾客时间需求变化的反应能力，能够影响整个供应链对最终顾客需求的响应速度。精益供应链环境下，企业生产方式为精益生产，这种拉动式生产方式以顾客的需求为向导，只有在顾客有需求时才进行产品的生产。精益供应链环境下，企业要求供应商连续不断地按照企业的要货指令准时供货，物流供应商能否按照生产企业的要求及时供货将影响整条供应链的运行，最终影响能否及时满足顾客的需求。

2. 柔性化的供给

精益供应链环境下，企业不再采用传统的推进式生产方式，而是采用拉动式生产方式，在拉动式生产中，需求信息是从供应链的下游逐级向上游传递的。供应链上的企业需要依据市场需求来制订生产计划，经营供应链一方面可以保证供给的及时性，另一方面又可以最大程度减少库存和资金占用，这对供应链系统供给的柔性提出很高的要求。

3. 标准化的供给

精益供应链专注于整个供应链的效率和成本，而不只是关注机构中个别元素的单点效率与成本。整个供应链中的物料和流程被标准化，从而减少了复杂性。在以生产企业为核心而运转的物流供应商中，一个生产企业因为需求原材料的多样性，必然有多家物流供应商，如果其没有按照行业的标准进行标准化的供给，所提供的原材料不能与生产企业要求的相匹配，必然会导致生产线的停滞，从而造成资源和时间浪费。因此，一套合理的标准可以极大地减少供应链上的非增值型浪费。

4. 供给的质量保证

精益供应链中的供应商、制造商、营销商等作为一个整体，都是为顾客而服务的，在一系列的供应链活动中物流供应商原材料的供应是其源头，如果物流供应商所提供的原材料质量得不到保证，将影响整个供应链的正常运转，无法保证向顾客提供高品质的服务，因此，精益供应链环境下生产企业要求其物流供应商对其所提供的原材料有质量保障。

二、精益供应链的主要运行策略

（一）产品和流程模块化

将最终产品分解成可被单独制造和存储的模块，不同产品可以用相同的流程来制造。在汽车和电子行业这是一种被普遍采用的策略。例如，不同型号的汽车可以装配相同型号的电池，从而降低电池的安全库存量。Dell在收到顾客订单后，直接从供应商或仓库获取部件，在同样的装配线上组装出不同配置的计算机，这样既提高了装配速度，也降低了对资源的需求。模块化也有利于并行工程（concurrent engineering）的实施，一些工序可以并行处理从而缩短生产提前期，提高响应速度。模块化的另一个好处是增加产品的可替代性，例如当某种低端的芯片缺货时可以用高端的芯片来代替，以维护良好的声誉。

（二）延迟差异化

由于制造提前期和运输时间的存在，生产计划通常在获得准确的需求信息前排定。在传统的服装制造业中，提前期甚至长达半年至一年。延迟策略就是将同类产品中有差异部分的生产尽量推迟以获得更多有关差异部分的信息。传统的针织衫制造包括三个主要步骤：染色、缝制、分销。通常的做法是，厂家先根据对某一款式不同颜色的需求预测，将白色面料染成不同颜色，然后再将染色的面料裁剪和缝制，并经过检验和包装，成衣被发往销售渠道。而贝纳通（Benetton），一家意大利服装制造商，率先改变了这一流程，将染色这一环节延迟到缝制之后，这样可以在获取更准确的颜色需求信息后再将成衣染色，降低了需求不确定性所带来的风险，也可降低安全库存量，当今很多服装企业都采用了这一延迟策略。

在电子行业中也有很多延迟策略的实践者，例如惠普的激光打印机最早在日本制造而后分销到全球各地，但由于各地的电压不一致，需要配备不同的电源装置以及操作手册。由于发货提前期较长，各地需求往往难以预测。惠普于是重新设计了电源系统,并将未安装电源装置的裸机发送到各地,然后各地再根据本地需求装上合适的电源系统和配备操作手册。通过实施延迟策略,企业可以在不降低服务水平的前提下降低库存水平,从而节省持货成本。

(三)运用能力而不是库存

按照精益的原则,多余的库存是种浪费,因此应该通过能力来应对需求不确定性。这背后的逻辑是:能力可以转化成库存,反之则不成立。为了构造快速响应的供应链,ZARA 保持了大约 30%的冗余产能而不是将产能最大化利用,这样它能迅速完成紧急订单的生产。ZARA 总是以小批量的方式生产新款式服装,并借助自身高效的物流体系迅速将成衣配送至全球各地的门店。ZARA 追求的是极高的库存周转率,它有一条不成文的规矩:不断地将零售店面里两三个星期还没有卖掉的货物运走。

对于一般的企业来讲,如果采取这种策略,物流成本肯定会提高,风险也很大。对于 ZARA 却完全不是这样,在 ZARA,积压货物只占整个库存的 10%,相对于时装业 17%～20%的平均水平,风险就很小了。每种产品有限的数量和很短的销售时间极大地刺激了人们的购买欲望,增加了商品流通速度。在伦敦进行的一项调查表明,对于一般的零售商店而言,顾客平均每年去 4 次;而 ZARA 的顾客平均每年要去门店 17 次之多。

扩充能力的另一种策略是协调外部资源,为我所用。H&M 并不拥有自己的工厂和物流系统,而是借助外包策略和信息系统,构建了两条供应链:协调亚洲生产的高效供应链和协调欧洲生产的快速反应供应链。

H&M 认为短的到货期并不总是最有利的,因为适当的到货期就是要在价格、时间和品质之间寻求最佳平衡点。对于大批量的基础时装和童装,如果能尽早下订单是明显有利的,因此这部分产品的生产通常放在亚洲,以获得成本的优势。量小而流行性强的服装则需要较短的到货期,通常交给欧洲的供应商。

另一美国服装品牌 Gap 也采取了类似的策略。Gap 旗下拥有三大成衣品牌——Old Navy、Gap、Banana Republic,分别面对不同的客户群:Old Navy 以低价位优势面向大众;Gap 面向赶时髦的年轻客户群;Banana

Republic 则面向追求品质的高端客户。Gap 集团用三条各自独立又相互联系的供应链体系来确保三个品牌各自的特点——Old Navy 原材料供货和制造主要在亚洲以减少成本，其销售渠道密集；Gap 的供应链集中在美国中部以确保速度和柔性；Banana Republic 的供应链集中在意大利以确保品质和设计。这种供应链体系很有效，以至于很多客户不会意识到这三个品牌来源于同一个集团。在某些紧急情况下，这三个渠道又可互为补充。

(四)建立柔性的生产能力

柔性的概念来源于柔性制造系统(flexible manufacturing system)，例如一条汽车装配线上可以装配出不同型号的汽车。建立柔性生产能力的目的仍然是通过混同能力(capacity pooling)来增强企业抵御风险的能力。在两个柔性系统中，每条生产线(用数字表示)都能生产 2 种不同的产品(用字母表示)，具有一定的柔性。例如产品 A 主要由生产线 1 生产，当 A 的需求量很大而生产线 1 的生产能力不足时，如果别的产品需求量不大，则可以借用别的生产线的能力进行生产，从而避免需求的流失。

三、精益供应链下的库存管理策略

(一)精益供应链模式下的库存管理概念

精益库存管理理论主要涵盖了供应商管理库存模式(vendor managed inventory，VMI)，联合库存管理模式(jointly managed inventory，JMI)和协同式供应链库存管理，也叫协同规划、预测与补货(collaborative forecast and replenishment，CPFR)三种管理模式。供应商管理库存模式(VMI)，是一种供应链集成化运作的决策代理模式，以双方都获得最低成本为目标，在一个共同的框架协议下把用户的库存决策权代理给供应商，由供应商、代理分销商或批发商行使库存决策的权力，并通过对该框架协议经常性的监督和修正使库存管理得到持续的改进。

联合库存管理模式(JMI)，是一种在 VMI 基础上发展起来的上游企业和下游企业的权利责任平衡和风险共担的库存管理模式。JMI 策略打破了各自为政的库存管理模式，有效地控制了供应链的库存风险，是一种新的有代表性的库存管理思想。协同式供应链库存管理(CPFR)主要有三个特点:一是协同。从CPFR的基本思想看,供应链上下游企业只有确立共同的目标,才能使双方的绩效都得到提升,取得综合性的效益。CPFR这种新型的合作关系要求双方长期承诺公开沟通、信息分享,从而确立其协同性的经营战略,尽管这种战略的实施必须建立在信任和承诺的基础上,但是这是买卖双方取得长远发展和良好绩效的唯一途径。正是因为如此,所以协同的第一步就是保密协议的签署、纠纷机制的建立、供应链计分卡的确立以及共同激励目标的形成(例如不仅包括销量,也同时确立双方的盈利率)。应当注意的是,在确立这种协同性目标时,不仅要建立双方的效益目标,更要确立协同的盈利驱动性目标,只有这样,才能使协同性能体现在流程控制和价值创造上。二是规划。1995年沃尔玛与Warner-Lambert的CFAR为消费品行业推动双赢的供应链管理奠定了基础,此后当VICS定义项目公共标准时,认为需要在已有的结构上增加"P",即合作规划(品类、品牌、分类、关键品种等)以及合作财务(销量、订单满足率、定价、库存、安全库存、毛利等)。此外,为了实现共同的目标,还需要双方协同制订促销计划、库存政策变化计划、产品导入和中止计划以及仓储分类计划。三是预测。任何一个企业或双方都能做出预测,但是CPFR强调买卖双方必须做出最终的协同预测,像季节因素和趋势管理信息等,无论是对服装或相关品类的供应方还是对销售方都是十分重要的,基于这类信息的共同预测能大大降低整个价值链体系的低效率、死库存,促进更好的产品销售,节约使用整个供应链的资源。

与此同时,最终实现协同促销计划是实现预测精度提高的关键。CPFR所推动的协同预测还有一个特点是它不仅关注供应链双方共同做出最终预测,同时也强调双方都应参与预测反馈信息的处理和预测模型的制定和修正,特别是如何处理预测数据的波动等问题,只有把数据集成、预测和处理的所有方面都考虑清楚,才有可能真正实现共同的目标,使协同预测落在实处。因此,还有一个特点是补货。销售预测必须利用时间序列预测和需求规划系统转化为订单预测,并且具备供应方约束条件,如订单处理周期、前置时间、订单最小量、商品单元以及零售方长期形成的购买习惯等都需要供应链双方加以协商解决。根据VICS的CPFR指导原则,协同运输计划也被认为是补货的主要因素,此外,例外状况的出现也需要转化为存货的百分比、预测精度、安全库存水准、订单实现的比例、前置时间以及订单批准的比例，所有这些都需要在双方公认的计分卡基础上定期协同审核。潜在的分歧，如基本供应量、过度承诺等双方事先应及时加以解决。

在具体实践过程中，VMI 与 JMI 的不同之处在于前者只强调供应商单方面管理，而后者更注重二者的共同合作，CPFR 则从预测、规划、供应、补货等多方面进行统筹管理，有效降低库存，提高客户满意度。制造商与供应商利用 VMI 管理模式，可以建立长期有效的合作关系，并按照预期规划获得相应效益。

(1)有形效益。提高平均存货的周转速度与资金的利用率；制造商应当节约开销，加大仓库的增质增产能力，使其转变成扩充生产线；避免货物缺失引起的不必要损失；加强预测的准确性，减少采购失误带来的成本费用支出。VMI 管理具有合作性、互利性和协议性。

(2)无形效益。提高市场竞争力，加强供应链中企业间的合作；根据客户的实际需要，丰富业务内容，提高资金的利用效率；减少采购流程中耗费的时间，按时交付所需的原材料；按照市场不断变化的实际情况，增强接单弹性。VMI 管理模式比传统的管理方法更加有效便捷，从而创造共赢的局面。

JMI 管理模式与 VMI 管理模式在库存责任承担上有着明显的差异，JMI 认为客户与供应商应当共同承担责任，而不是单方面将责任推卸给供应商，这样可以减少风险发生的概率，使价值链成为有机的统一体。CPFR 是结合先进的数字化信息技术，建立一套完善的工作流程，将客户的实际需要作为设计的核心部分，使企业间的合作更加密切和谐，实时分享数据信息，对市场未来的发展做出合理的预测，并制订出科学有效的补货、库存管理计划。

(二)联合库存管理(JMI)的主要优势

联合库存管理(JMI)是融合了诸多先进管理思想的一种新型的企业库存管理模式。JMI 能够适应新形势下企业库存管理的需要，能够比较有效地克服库存管理中的库存过高以及“牛鞭效应”的问题，从而降低成本，提高企业效益。我们可以预测：随着中国制造分销企业的不断发展壮大，市场及其管理的规范化，供应链管理和电子商务的深入发展，JMI 技术在企业的库存管理方面会得到广泛应用，推动中国企业的发展，为企业和客户带来更多的价值。具体来看，JMI的优势主要体现在以下几个方面。

1. 信息优势

信息是企业的一项重要资源，而缺乏信息沟通也是上述库存管理中出现问题的主要原因。JMI通过在上下游企业之间建立起一种战略性的合作伙伴关系，实现了企业间库存管理上的信息共享。这样既保证供应链上游企业可以通过下游企业及时准确地获得市场需求信息，又可以使各个企业的一切活动都围绕着顾客需求的变化而开展。

2. 成本优势

JMI实现了从分销商到制造商到供应商之间在库存管理方面的一体化，可以让三方都能够实现准时采购(即：在恰当的时间、恰当的地点，以恰当的数量和质量采购恰当的物品)。准时采购不仅可以减少库存，还可以加快库存周转，缩短订货和交货提前期，从而降低企业的采购成本。

3. 物流优势

在传统的库存管理中存在着各自为政的弊端，上下游企业之间都是各自管理各自的库存，这就不可避免地会出现需求预测扭曲现象，产生的“牛鞭效应”极大地降低了企业的运作效率并增加了企业的成本。JMI则打破了传统的各自为政的库存管理局面，体现了供应链的一体化管理思想。JMI强调各方的同时参与，共同制订库存计划，共同分担风险，能够有效地消除库存过高以及“牛鞭效应”。

4. 战略联盟的优势

JMI的实施是以各方的充分信任与合作为基础展开的，JMI要想顺利有效运行，对于分销商、制造商和供应商而言缺一不可，大家都是在同一条船上。因此，JMI的有效实施既加强了企业间的联系与合作，又保证了这种独特的由库存管理而带来的企业间的合作模式不会轻易地被竞争者模仿，以此为企业带来竞争优势。

四、精益供应链环境下生产企业对物流供应商的选择

(一)不同背景下企业选择物流供应商的差异分析

1.传统供应链与精益供应链的差异分析

供应链是围绕核心企业,通过对信息流、物流、资金流的控制,从采购原材料开始,制成中间产品以及最终产品,最后由销售网络把产品送到消费者手中的,将供应商、制造商、分销商、零售商直到最终用户连成一个整体的功能网链结构。供应链管理作为一种新型的管理思想,它注重的是对整条供应链进行有效管理,其管理对象不仅仅是单个企业内部,还包括了上游的物流供应商、下游的经销商、顾客等节点及其活动,通过整合整条供应链的资源,对供应链上的资源进行有效的控制,以应对快速变化的买方市场,从而提高整条供应链的竞争力。传统供应链管理虽然集成了整个网络结构,但是并没有把精益思想应用到供应链,尤其是节点之间。随着供应链管理思想融入精益生产方式,精益供应链管理应运而生,其视整条供应链为一整体,充分调动各节点的合作积极性,各节点围绕生产企业进行服务,快速满足买方市场的需求,从原材料的采购、产品的生产到产品的销售等都实现了精益化,它弥补了传统精益生产的缺点,实现了整条供应链的精益化。精益供应链管理模式改进了传统供应链管理模式,它的精髓在于调动整条供应链的各个节点企业共同参与产品的设计与价值的创造,追求消灭包括库存在内的一切浪费,利用尽可能少的资源创造尽可能多的价值,从而能以最低的成本快速及时地满足买方市场的需求。

2.不同背景对物流供应商供应要求差异分析

精益供应链是在传统供应链的基础上经过大量的社会实践发展而来的,其对传统供应链在很多方面进行了改进,融入了精益生产的思想。对供应链实行精益化是一个漫长的过程,因为在供应链精益化的实现过程中要求生产企业与物流供应商进行紧密的合作,并且物流供应商以生产企业为核心,对其物流需求实行准时供应。精益供应链环境下,生产企业对物流供应商的供应方式的要求不再是传统供应链环境下的供应方式,要求物流供

应商对其实行精益供应。不同背景下供应方式的不同点可概括为如下几点：

(1)供应商数量减少。传统供应链环境下，生产企业往往有很多家物流供应商，而在精益供应链环境下，生产企业的物流供应商数目大大减少，甚至成为单供应源。对于单供应源，有利于生产企业能更好地对其进行管理，通过高度的信息共享制建立长期战略型的紧密合作关系，使物流供应商以生产企业为核心进行更专业的物流服务，从而大大降低了物流成本。

(2)交货准时性不同。精益供应链环境下，生产企业改变了传统的大规模推动式生产方式，而是根据顾客的需求采用拉动式精益生产方式，而精益生产方式实现的最关键的因素是物流供应商对原材料的准时供应。这要求物流供应商提高自身的生产稳定性、改善管理模式、加强对运输环节的管理等来应对生产企业在精益生产模式下对原材料供应的准时化要求。

(3)信息交流制度不同。传统供应链中各企业为了维护自身企业的利益，往往对企业的信息进行保密，而在精益供应链环境下，生产企业面对的是瞬间万变的买方市场，要快速及时地满足顾客的需求，必须与物流供应商建立信息高度共享的合作关系，让物流供应商及时获得其库存、生产需求等方面的信息，从而对其进行准时化的供应。

(4)供应批量策略不同。精益供应链环境下，生产企业生产的原动力是顾客的需求，以此来实现以顾客为导向的精益生产方式。市场的需求在时间上具有很大的不确定性，并且生产企业为了实现精益化要尽量减少不必要的库存浪费，这就要求物流供应商根据生产企业的物流需求实行多次数、小批量的供应，在减少库存浪费的同时快速满足市场的产品需求。

(二)精益供应链环境下生产企业对物流供应商的基本要求

1.精益供应链的生产运行体系

由传统的精益生产方式发展到供应链的精益生产方式经历了一个漫长的过程，因为将精益生产和供应链相结合需要从供应链的各节点、各节点的链接单元等方面进行变革，其运行需要大量的前提条件。

(1)各节点的精益化

供应链是一个包括供应商、制造商、营销商等庞大的网络结构，要实现整条供应链的精益化，就必须对其各个节点实现精益化。各个节点从设备管理、企业员工管理、产品品质管理、生产运营管理等方面按照精益化的要求进行改革，不断取消那些不增加产品价值的工作，即排除浪费，降低成本，以能够快速应对市场的需求。只有各个节点内部接受并采纳精益思想，实行精益生产方式，才能实现节点的精益化，从而推进整条供应链实现精益化的进程。

(2)节点间的链接单元精益化

整条供应链中的节点实现了精益化并不能代表已经实现了精益供应链，要实现整条供应链精益化，要求供应链中连接各个节点之间的单元也实现精益化，具体有精益供应系统和精益营销系统。所谓精益供应，即在恰当的时间、恰当的地点，以恰当的数量、恰当的质量提供恰当的物品。所谓精益营销，即按顾客的需求，在顾客需要的时间、地点给顾客提供需要的产品、服务，精益营销的核心是快速、低成本、高品质地满足顾客要求。

(3)信息高度共享的合作制度

在精益供应链环境下，要求供应链各个节点以及企业内部各部门之间在信息方面进行快速有效的共享与交流，因此有必要建立完善的信息网络设施，提供一个给供应链各个节点以及企业内部各部门进行信息共享与交流的可靠平台。精益供应链环境下，建立一个完善的合作机制是实现精益生产的必要条件之一。虽然供应链上的各个企业基于利益建立了合作关系，形成了命运共同体，但是每一个企业又是相对独立的，当共同利益与个体利益冲突的时候，企业难免为了自身利益而损害共同利益，破坏合作关系，只有建立完善的合作机制，使供应链上各企业为供应链的共同目标和利益而努力，才能保障整条供应链正常有效地运行。精益供应链的运行体系包括了供应商、制造商、顾客、精益供应系统、精益营销系统等方面，整条供应链以顾客的需求为原动力，采用拉动式生产方式，通过精益供应系统和精益营销系统对各节点进行有效连接，实现了整体的精益化。精益供应链的运行体系如图 8-4 所示。

2. 精益供应链环境下企业对物流供应商的新要求

精益供应链管理的重点对象不再是供应链上的单个节点，其注重的是整合整条供应链的资源，使供应链的整体利益最大化。生产企业和物流供

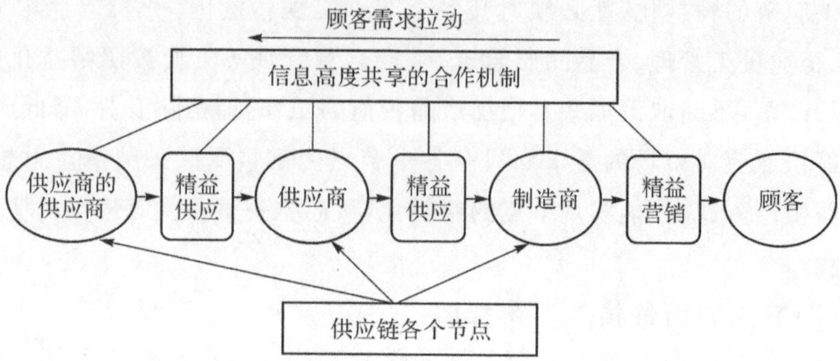

图 8-4　供应链环境下精益制造运行体系架构

应商作为供应链的重要组成成员，他们之间的合作关系随着管理思想的变化而变化，在精益供应链管理思想下，物流供应商围绕生产企业进行物流服务，其作用相对于传统供应链来说也更加重要，具体表现有以下几点：

(1)参与精益供应链设计

合理地对供应链进行设计对于降低库存、减少成本、缩短提前期、实施JIT 生产与供销、提高供应链的整体运作效率都是很重要的。在传统模式下，物流供应商是单单以一个供给者的角色加入供应链的，不需要参与供应链的设计过程，然而精益供应链赋予了物流供应商新的使命和要求，要求其在精益供应链设计的过程中根据自身丰富的物流知识在物流活动方面提出意见或者直接参加设计，以提高精益供应链在物流方面对环境的适应能力。

(2)组织协调供应链运行

精益供应链良好运行并不是说设计一个合理的精益供应链方案就行了，在其实际运行过程中主观设想和实际效果难免有很大的差异，这就需要精益供应链中的组成成员对供应链进行组织和协调，使其达到预想的效果。物流供应商作为精益供应链的重要组成成员，其在精益供应、精益营销过程中的仓储、加工、包装、运输物流活动中有着巨大的优势，而在整个精益供应链的运行过程中物流活动占了很大的一部分，所以物流供应商是供应链运行过程中物流活动组织协调的最佳选择者。

(3)对精益供应链物流绩效进行评价

在精益供应链环境下，物流企业被赋予了新的职责，即整体评价整个精益供应链中物流业务的运行，并改正和改进运行现状。物流供应商作为精益供应链的重要组成成员，其在精益供应、精益营销过程中的仓储、加工、包装、运输等物流业务中有着巨大的优势，其有职责对供应链中物流业务运行情况，即物流绩效做出专业而全面的评价，从而为整条供应链的绩效评价提供重要支撑依据。

（三）影响生产企业选择物流供应商的主要因素

1.企业自身因素分析

随着经济发展对物流的需求，物流供应商提供的服务也伴随着其迅猛的发展势头越来越多样化。在面临众多的物流供应商的可选择性时，物流需求企业不能盲目、不能顽固，首先应该分析考虑企业自身现状和发展战略。

（1）物流控制力。对于生产企业来说，选择进行物流外包就是为降低企业的整体成本，可是每个生产企业物流活动在整个企业经营活动所占的比例不同，因此物流成本占整个企业成本的比例也不相同。对于物流业务占很重要地位的生产企业来说，在进行物流外包选择合作伙伴时必然要求物流供应商有很高的物流能力来满足自身的物流需求，反之，生产企业则会基于成本的考虑，选择适合自己的物流供应商进行物流业务外包。

（2）行业性质。根据生产企业生产的主要产品可将生产企业划分为不同的行业，由于行业性质的不同，其对物流能力方面的要求必然不同，在选择物流供应商时所考虑的因素也必然有差异。例如，汽车行业在选择物流供应商时主要考虑的是物流供应商仓储能力、运输能力等因素，而食品行业在选择物流供应商时主要考虑的是原材料的质量、供应的及时性等因素。

（3）企业规模。各合作方的决策首先是基于对其他合作方所拥有的、各种经济资源的价值判断，从而选择适合自己的合作伙伴。生产企业选择合作伙伴考虑了物流供应商的资金实力与服务质量是否满足自身的物流需求，物流供应商的实力将影响生产企业的供应网络和营销网络，生产企业只有根据自身企业的规模来选择服务质量、信誉等实力与之相匹配的物流供应商才能建立长期的合作伙伴关系。

（4）产品物理特性。对于危险的化工产品和大宗的工业材料，应该选用专业的物流服务商；对于快速消费品，既需要尽可能减少库存又需要极快的补货速度，此时拥有较高物流运作水准的第三方物流具有极大的优势；对于物流服务专业技术要求比较高如口岸物流服务，物流需求企业应选用委托代理的方式。

2. 物流供应商因素分析

在考虑自身因素的基础上，企业选择物流供应商还应考察为其提供物流服务的第三方物流各方面情况。

(1)物流供应商的实力。生产企业在选择物流供应商时是综合物流成本和物流服务而考虑的，尽量花最低的成本选取最具实力的物流供应商。物流供应商的实力具体体现在价格、合作能力、物流服务水平等方面。生产企业在选择过程中，考虑花同样的成本，获得相比之下最好的物流服务或者是同样的物流服务，更有利于降低企业的物流成本。

(2)自拥资产状况。第三方物流公司是否为自拥有资产的第三方是生产企业考察物流供应商的重要因素，其代表了物流企业的专业水平。自拥资产与非自拥资产第三方在物流规模、物流管理、物流设计、物流专业化等方面都存在着巨大的差异性，能提供的物流业务服务内容和范围有很大的差别。因此，生产企业在选择物流供应商时会根据自身对物流服务内容和范围的要求，进行综合考虑，从而选择最佳的物流供应商。

(3)能否满足精益供应链的精益供应。精益供应链环境下生产企业采用的是拉动式精益生产方式，相应地其对物流供应商供应的方式的要求也有了改变，它要求物流供应商进行精益供应，而精益供应的一个重要特点是要求交货准时，物流供应商能否准时交货将会影响整条供应链的效率。

五、典型案例

乐购的精益供应链管理实施策略

乐购根据顾客购物时的期望，将客户注重的动态价值进行详细分析得出，顾客价值是通过两种方式实现的：一是减少客户在时间、金钱、精力和精神成本的损失；二是根据客户期望值为客户创造增值收益。精益供应链会对这两个不同的维度造成影响，供应链的效率和效能管理与价值提供密切相关。针对超市的杂货销售，乐购在供应链改善后对提供顾客价值所产生的影响进行了分析（见表8-2）。

表8-2　供应链改善在效率及效能层面对提供顾客价值所产生的影响

	顾客期望	效率	效能	供应链角色改善
商品	价格	√		是
	质量		√	
	口味		√	是
	卫生安全		√	是
购物篮	商品品类		√	是
	每个品类可选商品		√	是
	购物清单中的商品数量		√	是
线上（线下）购物体验	便利性			
	※停车方便		√	是
	※充足的购物篮（实体店）		√	是
	※整洁的过道		√	是
	※结账迅速		√	是
	※线上购物操作便捷		√	是
	※配送上门		√	是
	※全渠道		√	是
总结	“满足我的所有需求”		√	是
	“解决我的所有问题”		√	是

乐购在供应链优化方面主要采取以下措施：建立快速响应系统机制，采用先进的供应链管理信息系统，利用高效的信息系统对速度的提高将大有裨益，即建立一个适合于企业的信息处理系统以便实现便利店的内部之间及与供应商有效快速的信息交流。例如，利用互联网技术与EDI更加快速地与供应商进行信息交流，从而使得便利店在缺货的情况下能够很快地得到供应商的反应及快速地补货，目的是减少商品到销售点的时间和整个供应链上的库存，最大限度地提高供应链管理的运作效率。交易双方用技术有效地管理彼此间的商品流和信息流的时候，管理中接受这种新的“开放”关系的时候，快速响应才能真正发挥作用。快速响应业务成功的前提是便利店和供应商的良好关系。(1)供应商为便利店的商品进行快速补货并保证很高的存货水平；(2)便利店公司每天为供应商提供销售和存货数据；(3)双方通过各自的沟通机构达到了新的沟通水平。这种合作关系增加了销售额，加快了库存周转速度，尤为重要的是，

降低了成本。

实施快速响应需要六个步骤，分别是条形码和 EDI、固定周期补货、先进的补货联盟、零售空间管理、联合产品开发、快速响应的集成。利用 EDI 数据交换，实现 JIT 和 VMI 采购模式。成功快速响应有两个重要的先决条件：一是便利店企业的内部机构之间应建立更好的合作关系；二是便利店企业必须和厂商建立更好的合作关系。采用连续补货，借助配送中心实现当日配送到达，从而实现快速响应。另外，对门店、配送中心之间的配送方式作详细剖析，建立需求拉动的物流模式，形成“快速响应”与“最大库存水平”模型相结合的管理方式，提高消费者满足度。其中，“最大”的库存是需求的有效的保障。

配送方面，通过采用适合自身的配送模式实现快速的配送从而实现有效的顾客反应。模式一为自建配送中心，以该中心为核心向所有的门店进行配货，通过大量存储商品，做到对各门店的及时配送。模式二为采用第三方物流，即零售终端企业并不是自建物流中心，而是将配送工作委托给专门从事物流配送的企业，采用社会化分工的集约化作用，实现物流成本的最小化，或者通过非本地的产品生产商，在异地将产品生产完成后，通过第三方物流向零售终端的配送中心送货，目前多采用第三方物流方式进行配送，从而实现了整个供应链的高效、低成本运作。在现有的计算机技术支撑下，生产商、第三方物流与零售商之间完全可以实现信息的及时共享，在此条件下，当零售商收集到消费需求信息后，及时传递给第三方物流和生产商，生产商根据需求安排生产，并由第三方物流及时将商品配送至零售商的各个门店，在需求与供给保持匹配的状态下，整个供应链的库存量将大幅度降低，减少了存储成本、运输成本。

2021 年 3 月，乐购发布了一份新的气候变化“宣言”，列出了其认为可以为解决全球多重环境危机做出最大贡献的五个关键行动领域：

（1）减少能源的绝对排放；

（2）支持英国向电力运输的过渡；

（3）处理食物浪费；

（4）支持食物的可持续生产；

（5）帮助客户吃健康、可持续的饮食。

该宣言是建立在乐购采取的一系列雄心勃勃的气候目标之上。2020

年开始，乐购将“净零排放”目标向前推进了 15 年，至 2035 年，使其与全球变暖 1.5 摄氏度的轨迹保持一致。乐购还确认，2020 年的排放量比 2015 年降低了 50％，超过了 1.5 摄氏度的减排 35％的科学目标。乐购将减排归结为效率提高和低碳创新的结合。

参考文献

[1] 殷永生.敏捷供应链绩效评价指标构建分析[J].当代经济,2009(22):148-149.

[2] 杨益华.供应链信息流对国际贸易的影响分析[J].全国商情(经济理论研究),2009(3):95－96.

[3] 孙浩.保税区对上海国际贸易中心建设的促进性研究[J].开发研究,2010(6):8－11.

[4] 李红霞.先进制造业供应链整合与上海国际贸易中心建设[J].科学发展,2011(12):25－38.

[5] 匡增杰.跨国公司全球供应链管理背景下的上海国际贸易中心建设[J].世界贸易组织动态与研究,2012,19(4):27－32.

[6] 黄丙志.现代服务业供应链整合与上海国际贸易中心建设[J].科学发展,2012(2):32－46.

[7] 沈睿芳,张荣梅,赵霞.基于多 Agent 的敏捷供应链知识服务网络构建研究[J].中国管理信息化,2012,15(20):44－46.

[8] 孙浩.基于敏捷供应链管理的上海国际贸易中心建设[J].海关与经贸研究,2014,35(3):40－48.

[9] 陈伟.中外智慧物流发展的差异比较及经验借鉴[J].对外经贸实务,2016(6):86－89.

[10] 周洁.智能仓储物流中机器人技术的应用与发展探讨[J].电子测试,2020(18):115－116.

[11] 钞卫星.智能仓储物流管理系统探讨[J].中国物流与采购,2020(24):49.

[12] 陈永生,丁莉.自动化仓库控制系统的优化改造[J].物流技术与应用,2020,25 (11):125－127.

[13] 黄强. 5G技术在物流智能仓储中的应用[J]. 中国新技术新产品，2020(15):33－36.

[14] 孙婷姝. 大数据时代下智慧物流发展策略探究——以“京东物流青龙系统”为例[J]. 经济研究导刊,2021(11):51－53,60.

[15] 供应链变革下的制造挑战与物流应对[J]. 物流技术与应用，2021,26(5):124－128.

[16] 汪传雷,杨东祥,张春梦,等. 高质量发展背景下智慧物流研究可视化分析[J]. 重庆工商大学学报(社会科学版),2022(7):1－16.

[17] 梁英杰. 大数据技术用于智慧物流中的策略[J]. 大众标准化，2022(9):31－33.

[18] 杨志华. 大数据背景下智慧物流的运营分析[J]. 中国储运,2022(5):93－94.

[19] 缪亮. 数字化引领物流行业智慧升级的路径探究[J]. 中国储运，2022(5):150－151.

[20] 夏耿杰. 试论智慧物流下的配送效率提升[J]. 中国航务周刊，2022(17):43－45.

[21] 任维. 我国智慧物流存在的问题及对策研究[J]. 中国储运,2022(4):79－80.

[22] 矫利艳. 供应链视角下智慧物流模式的发展策略研究[J]. 中国储运,2022(4):182－184.

[23] 李海云. 智慧物流下的物流配送发展[J]. 中国储运,2022(4):170－171.

[24] 贵婷. “互联网＋”时代农产品智慧物流发展分析[J]. 物流工程与管理,2022,44(3):71－73,26.

[25] 王玉. 聚焦关键要素打造智慧物流园——访上海市智慧园区发展促进会秘书长王新南[J]. 物流技术与应用,2022,27(3):110－112.

[26] 王玉. 以智慧仓储撬动供应链服务升级苏宁物流加码智慧物流园区建设——访苏宁物流集团研发中心总裁陈坚[J]. 物流技术与应用,2022,27(3):118－121.

[27] 矫利艳. “智慧物流＋AI科技”驱动物流行业转型[J]. 中国储运，2022(3):152－154.

[28] 姜旭. 我国智慧物流发展痛点及破解之道[J]. 中国远洋海运, 2022(3):56—60.

[29] 王继祥. 中国智慧物流装备展望[J]. 中国远洋海运, 2022(3):62—67.

[30] 李迪. 基于创新驱动的智慧物流模式构建[J]. 中国科技信息, 2022(4):121—122.